How Performance Management Is Killing Performance—and
What to Do About It: Rethink, Redesign, Reboot

時代遅れの
人事評価制度を刷新する

タムラ・チャンドラー【著】
M.Tamra Chandler

(株)ヒューマンバリュー【訳】
阿諏訪 博一【監訳】

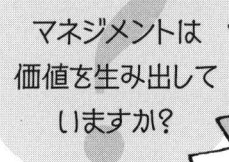

そのパフォーマンス・
マネジメントは
価値を生み出して
いますか?

HUMAN VALUE

目次

監訳者前書き

株式会社ヒューマンバリュー　阿諏訪　博一

パフォーマンス・マネジメントの変革の潮流

「『自社でもレイティングをやめたほうがよいだろうか？』という問いは、そもそも間違ったところからスタートしている」。これは、2015 年、米国で開催されたパフォーマンス・マネジメントの革新を扱ったフォーラムで CEB Company のエレーヌ・プラコス（Elaine Pulakos）氏から発したメッセージです。2012 年頃から米国企業を中心に始まったパフォーマンス・マネジメント変革の動きは、今、急速な広がりを見せています。この変化を新しい人事評価方法のトレンドの広がりと捉えるだけでは、その変化の背景にある意味を捉えることはできません。この変化は、パフォーマンス・マネジメントのあり方の大きな転換点になると捉えることができます。日本でも、「人事評価なんてもういらない」「評価制度を廃止して、なぜそれが成功したのか」「5 段階評価を廃止」など、パフォーマンス・マネジメントの革新に対する企業の取り組みについてメディアに取り上げられることが増えています。しかし、そうしたトレンドに追随し、制度だけを取り入れても、自社が望む未来を実現することは難しいといえるではないでしょうか。

現在起きているパフォーマンス・マネジメントの変革の背景にある本質は何かを探ることによって、今起きている変革が自社の未来にとってどういった意味があるのか、自社の人事評価、パフォーマンス・マネジメントをどのように変革すればよいのかについて明らかになってきます。そして、こうした背景への理解を深めることが、単なる制度の変更にとどまらずに、パフォーマンス・マネジメントの変革を自社のカルチャーやマネジメントの変革等に生かしていくことにつながるかと思います。

本書は、こうした視点からパフォーマンス・マネジメントの変革を捉え、その背景にある本質的な意味を捉えながら、具体的な変革の進め方を示しています。パフォーマンス・マネジメントの変革や人事評価の見直しを考えている方、組織のカルチャー変革、マネジメントの変革に際して、単なる概念やあるべき論の提示にとどまらずに、具体的に実現へと踏み出そうと考えている方にとって参考となる内容になっています。

パフォーマンス・マネジメント変革を３つの層で捉える

　具体的な変革の進め方は本文を触れられていますので、ここでは、もう少し、現在起きているパフォーマンス・マネジメント変革の背景にある意味を探ってみたいと思います。具体的には、現在のパフォーマンス・マネジメントの革新を３つの層で捉えて見たいと思います。

　１層目は、人事制度や運用するための仕組み、ツールです。これは、たとえば人事評価やマネジメントに携わる者にとって、直接関わってくる変化といえます。具体的には、次の４つの側面で捉えることができます。

1. 「ノーレイティング」（評価段階付けを廃止する）
2. 「ノーカーブ」（あらかじめ定められた分布率に当てはめる相対評価を廃止する）
3. 「報酬決定におけるマネジャーの裁量拡大」（評価段階に応じて自動的に報酬を決めるのではなく、マネジャーの裁量部分を増やす）
4. 「頻繁なカンバセーション」（マネジャーとメンバーのカンバセーションの頻度と質を高める）

　しかし、こうした変化は表面に現れている出来事にすぎません。そうした事象が現れている背景を含めた全体像を捉えていかないと、その本質を見誤ることになります。

　もちろん、人事評価では、どういった制度を設計するのか、どういったツー

ルを活用するのかも大切ですが、それを通じてどういったことを実現するのか、どういったマネジメントを現場で展開していくのかも大切になります。こうした人事評価を通じて実現したいカルチャーや戦略、マネジャーや従業員のマインドセット、実現したいマネジメントのあり方や働き方など、これが2層目になります。

そして、そうした戦略・カルチャー・マインドセットの背景にあるのが、3層目の人・組織・社会の哲学（フィロソフィー）です。

詳しくは後述しますが、なぜ、3層目としてこうしたフィロソフィーを取り上げるのかというと、現在起きているパフォーマンス・マネジメントの変革とは、単なる仕組みの変更ではなく、人や組織・社会のフィロソフィー革新につながるものであるという仮説が考えられるからです。そして、そうしたフィロソフィーの変革が、2層目にあるカルチャーやマインドセット、企業が実現しようとしている戦略にも影響を与えています。

1層目の検討を具体的にどのように進めるのかの詳細は、本文中にありますので、この前書きでは、もう少し、パフォーマンス・マネジメント変革を3層でどのように捉えるのか、特に、2層目・3層目に関する探求を深めた上で、日本での展開の可能性についてみていきたいと思います。

戦略・カルチャー・マインドセットからみるパフォーマンス・マネジメント変革

現在のパフォーマンス・マネジメント変革の中で、実践している企業が取り上げている戦略や実現したいカルチャー、マインドセットとしては、「カスタマーフォーカス」「アジャイル」「コラボレーション」「グロース・マインドセット」などが挙げられます。

2層目の中で、こうしたテーマが共通して取り上げられる背景には、ビジネス環境の変化に伴う、企業のあり方やマネジメントのあり方の変化、働く人の意識の変化があります。

VUCAという言葉に表されるように、現在のビジネス社会は変化が激し

く、先が予測できない、不確実な時代といえるかと思います。

　VUCA 以前の時代は、変化が激しくなく、仮に変化があっても予測が立てられる状態にありました。そこにあった世界観は、常にビジネスには正解があり、その正解を企業やマネジャーは知っており、トップダウンで、やるべきこと、目標を明確にして、それを従業員に達成させるために管理、コントロールを行っていました。そうした中で、個人の成果を高めるための取り組みを行い、成果に見合った報酬を分配していました。そのため、動機づけのあり方も金銭的報酬による、外発的動機づけが中心になっているという側面がありました。この時代は、いわゆる成果主義の展開によって、仮に最初は内発的動機づけによって始めた仕事も、アンダーマイニング効果によって、外発的動機づけに変わってしまうといったことも起きていたと考えられます。いずれにせよ、従来のパフォーマンス・マネジメントは、こうした企業のあり方、マネジメント仕方を促進させるものであったといえます。

　しかし、VUCA の時代になると、誰も正解を知らない環境の中で自律的に仕事を進めながら、個人の頑張りではなく、コラボレーションによる創発を通じて価値を生み出すことが大切になってきます。そして、個人の価値観の多様性が広がっている状況では、動機づけのあり方もより内発的動機づけ、つまり、その人に合ったモチベーションのあり方が大切になってきます。

　新しいパフォーマンス・マネジメントにおいても、目標設定や振り返り・評価（仮に段階づけはしなくても）は継続して行われています。しかし、目標を掲げて、それを達成することに焦点を当てる方法は、どうしても「決められたことやらなければいけない」という思いをかき立て、マネジメントのあり方によっては、それが恐れと不安を助長し、フィックスト・マインドセットにつながってしまいます。

　そこで、仕事をタスクではなく、自分が生み出す価値、インパクトとして捉え、その実現に向けて自ら主体的に取り組む、そしてマネジャーとのカンバセーションを通じて、振り返りの質を高め、価値の創出や成長に向けて、グロース・マインドセットを育むという循環が生まれてきます。

　目標設定や評価といったプロセス自体は同じだとしても、その背景にある意味やフィロソフィー、マインドセットがどうあるかによって、そこから起こることはまったく異なってくるのです。

　現在の企業、経営者でも、自社の戦略やカルチャーとして「イノベーション」や「カスタマーフォーカス」等、現在のビジネス社会のトレンドと極端にずれているものを掲げているところは少ないでしょう。

　しかし、仮にカスタマーフォーカスを目指し、アジャイルに変化に対応しながら、コラボレーションの質を高め、グロース・マインドセットで従業員に働いてもらおうとしても、人事評価ではレイティングを行い、上司からレッテルを貼られ、相対評価で他者と比較され、決まった目標を達成することに焦点が当てられる仕事の仕方をしていたとしたら、これは、目指す2層目・3層目と、現実に行われているマネジメントや1層目の仕組みが乖離していることになります。

　パフォーマンス・マネジメントの変革の1側面は、この1層目と2層目の乖離を解消するために行われているともいうことができます。それは、冒頭に紹介したノーレイティングやノーカーブといった方法が先行するのではなく、あくまでも2層目の実現が重要であるということにつながるものです。

フィロソフィー転換としてのパフォーマンス・マネジメント変革

　次は、現在の変革の3層目である、人と組織・社会の哲学に対する転換として、パフォーマンス・マネジメントを捉えてみたいと思います。

　「主体性を高める」「リーダーを育成する」「ビジョンを浸透させる」「従業員のやる気を引き出す」。こういった言葉は、人事やマネジャー、経営に携わる人が普段から使う言葉かもしれません。こうした言葉の背景には、企業を中心に据えた「カンパニーセンタード」といえるようなフィロソフィーがあるのではないでしょうか。今起きていることは、対比すると「メンバーの成長を支援する」「主体性を解放する」「機会を提供する」「経験を最大化する」という言葉に象徴されるように、従業員の視点で捉える「ピープルセンタード」というフィロソフィーへの転換という見方もできるのではないでしょうか。

2015 年頃から、海外の企業を中心に、人事の部署名を「HR」から「エンプロイーエクスペリメント」と変更する会社が出てきています。これも、「カンパニーセンタード」から「ピープルセンタード」へ、その役割と背景にあるフィロソフィーの転換を表す事象と捉えることができるかもしれません。

　パフォーマンス・マネジメント変革を先進的に展開しているマイクロソフトの CEO サティア・ナディア（Satya Nadella）氏は著書『ヒット・リフレッシュ』の中で、「マイクロソフトが社員を雇うのではなく、人々がマイクロソフトを『雇う』とも言える。10 万人を超える社員のマインドセットを、雇われる側から雇う側に変える時、どんなことが可能になるだろうか」と述べていますが、マイクロソフトが行っている改革の背景にあるフィロフィーの転換を示している一節といえるかと思います。

　たとえば、日本でもパフォーマンス・マネジメント変革に取り組もうとすると、企業の経営者や人事は、「自社のマネジャーにできるだろうか」「現在の業務に加えて、新しい役割を担うことができるのか」「変革を進めるためには、まず自社のカルチャー変革やマインドセットの変革が必要ではないか」という課題を抱くかもしれません。

　しかし、「マネジャーを育成してから」「組織のカルチャーを変えてから」という視点の背景には、準備や条件を整えて、あらかじめ定められた正解に向かって計画的に変革を進める「計画的変革アプローチ」があります。VUCA の時代にパフォーマンス・マネジメントの変革を進めるには、実現したい状態やフィロソフィーを明らかにした上で、実践しながら変化を捉え、その変革を生かして次の取り組みにつなげる「生成的変革アプローチ」が大切になります。

　これからは、「マネジャーは常に正解を知っている、正しい存在である」「制度は正しく設計し、ミスなく正しく運用するべき」「HR は正しいやり方を現場に浸透させる」といった従来の捉え方を手離す必要があります。マネジャーは従業員の主体的取り組みを支援する役割を担い、実践を通じてその質を高めていく。人事評価制度は、目的の実現のために機能するかどうかが大切であり、現場での実践を通じてその機能性を高め、継続的に進化を図っていく。現在のパフォーマンス・マネジメントの変革は、単なる仕組みの変革にとどまらずに、「マネジャーの役割」「HR の役割」「人事制度の役割（位

置付け)」についても、フィロソフィーの転換がベースにあると考えられます。

日本におけるパフォーマンス・マネジメント変革の展開の ために

　米国で始まった現在のパフォーマンス・マネジメント変革の潮流ですが、それでは、今後の日本での展開はどうなっていくのでしょうか。

　ビジネス環境の変化やそれに伴うマネジメントの変化については、同時代性もあり、日本でもかなり類似した状況にあると思われます。一方で、働き方や企業のカルチャー、働く人のマインドセットについては、隔たりがあるかもしれません。米国のパフォーマンス・マネジメントを扱ったカンファレンスでも、"One Size Fits All" ではなく "One Size Fits One" ということがいわれています。

　仮に目指す姿が似通っていても、現状のカルチャーや働き方、従業員のマインドセットが異なっていれば、変革の道筋は異なってくるでしょう。

　日本の現状を見てみると、雇用の流動性は、欧米に比べるとそれほど高くありません。ダイバシティの状態も異なるでしょうし、日本独自の労働慣習やそれに伴う働き方改革の影響もあるでしょう。また、新卒一括採用を取り入れている企業にとっては、業績評価よりも昇進・昇格に焦点が当たり、それがビジネス場面における従業員の恐れや不安につながるという側面が、米国企業よりはかなり高いといえるのではないかと思います。もちろん、日本独自の文化やマインドセットも影響があると考えられます。

　いずれにせよ、自社の実現したい戦略やカルチャー、マインドセット、企業としてのフィロソフィーを明らかにし、具体的なパフォーマンス・マネジメントの設計・運用を図っていくことが大切になるでしょう。

　本書は、パフォーマンス・マネジメントの革新におけるあるべき論をフィロソフィーとして伝えるものではありません。また、米国で展開されているパフォーマンス・マネジメント変革の具体的導入方法のみを伝えるものでもありません。

実現したいフィロソフィーやマネジメントのあり方と具体的な制度の設計・運用を、整合性をもってつなげるための具体的方法や、現実の企業の中で、どのように変革を進めていくのかを示したものとして、初めて日本で出版される書籍であるといえるかと思います。たとえば、ビジネスを取り巻く環境の本質的な変化を8つの側面で捉えた上で、具体的にどのように変革を進めていくかが描かれています。また、体制づくりから、枠組みを描き、どのように現実化するのか、そして具体的運用のあり方も明らかにしています。巻末には、具体的検討を進めるためのツールボックスも用意されています。

　本書に触れることによって、現状の課題感や未来に向けての実現したい状態は異なっていても、整合性をもってパフォーマンス・マネジメントの設計および実践を図りたい人に対して、自分たちの取り組みに自信を与えたり、関わる人とともに取り組みを進めるためのヒントを得られるような機会なれ

ばと思います。

前書き

パフォーマンス・マネジメントは、大きな矛盾に陥っています。

　ある側面では、すべての従業員やマネジャーにとって最も嫌われている人事の施策として受け止められており、それを裏付ける研究もあります。パフォーマンス・マネジメントは、評価される従業員へのいじめのように感じられたり、評価を行うマネジャーを、クリスマス・キャロルに登場する主人公のスクルージのように孤立させたりします。その結果として、マネジャーの存在は、従業員の行動を数値化し、確認することを意図したパフォーマンス・マネジメントのプロセスの背後に隠れてしまいます。この官僚的なプロセスによって、従業員はマネジャーからさらに遠ざかろうとし、また意味のない管理業務が生まれてしまいます。人々は、パフォーマンス・マネジメントのプロセスを自分にとって利益になるように操作しようとし、結局、パフォーマンスの向上にはつながらないといった事態が起きてしまうのです。

　その一方で、アカウンタビリティ（成果責任）が重要となる側面もあります。すべての従業員が、すべてのタスクにおいて高いパフォーマンスを発揮できるとは限りません。従業員はそれぞれ、異なるパフォーマンスを発揮します。また、実際の成果（常に良い結果を生んでいるとは限らない）よりも、自分の心づもり（通常の場合はポジティブなもの）で自身を評価することもあります。アカウンタビリティがはっきりしていないと、従業員は求められるレベルのパフォーマンスを発揮することが難しくなります。たとえば、レンタカーを洗車して返却するような人はほとんどいませんが、皆、ガソリンは満タンにして返します。それは明確なアカウンタビリティがあるからです。また、以前私は体重測定をしないで痩せることを試みましたが、私の意図が実現することはありませんでした。アカウンタビリティがないと、パフォーマ

ンスを変えたり、向上させたりすることは難しいといえます。

こうした2つの側面から、パフォーマンス・マネジメントは難しい状況に陥っています。パフォーマンス・マネジメントをまったく行わないと、アカウンタビリティが抜け落ちてしまい、パフォーマンスが低下します。一方で、複雑なプロセスを構築しようとすると、そのプロセス自体が崩壊し、同じくパフォーマンスが低下してしまうのです。

タムラ・チャンドラーは、パフォーマンス・マネジメントにおけるこうした不可解な状況を見事に描写するという仕事を行うだけでなく、いくつかの思慮深い代替案を提示してくれます。タムラはコンサルタントとして、多くのリーディング・カンパニーがパフォーマンス・マネジメントを成功させたり、失敗させているケースを観察してきました。本書は、巧みなメタファーや図解、事例を多く用いて、ひきつけられる内容になっています。彼女は複雑なものをシンプルに表し、読者の立場に立って、パフォーマンス・マネジメントを再考し、再整理しようと試みます。

まず、タムラは現状を記述することから始めます。彼女が示す、伝統的なパフォーマンス・マネジメントの8つの致命的な欠陥（第2章）に、多くの人は同調してうなずき、自分が一人ではないことを実感できるでしょう。また、良かれと思ってやっていることがうまく機能していないことを知り、身がすくむ思いをするかもしれません。

次に、可能性について述べます。彼女が示す8つのシフト（第3章）は、私たちが前進するための青写真を提供してくれます。このシフトは、ポジティブなアカウンタビリティを生み出す上で助けとなる情報や人々についての基本的な前提を示しています。

そして次には、ポジティブなパフォーマンス・マネジメントの3つの共通のゴール（第4章）を特定し、目指したい姿を想像することを始めます。その3つの共通のゴールとは、人の成長、報酬の公平性、組織のパフォーマンス向上です。この3つの共通のゴールに基づいてパフォーマンス・マネジメントを刷新するとともに、それがどのようにしてポジティブな対話を生み出すかについて示します。

こうして定義されたシフトやゴールをもとにして、彼女はPM Reboot（パフォーマンス・マネジメントの再起動）を提唱します。再起動する上で、リー

ダーは「信頼」を基盤とし、「カスタマイズ」を行うことを前提にしています。「信頼」とは、従業員とマネジャーの間に関係性を構築し、お互いに耳を傾け、意思決定を共有し、共通のゴールに向けて協力し合うことを意味します。「カスタマイズ」とは、会社や仕事の内容、個人の特性に合わせて、さまざまなアイデアや考えを適応させること（選択することではない）を意味します。標準化された厳密なプロセスを運用するというよりも、状況に合わせて、アカウンタビリティを高めるための施策を仕立てるのです。そして次に、彼女はパフォーマンス・マネジメントを再設計するための5つのフェーズを提案します。

- 体制をつくる：計画をつくり、参加者を招いて、スタートする
- あらすじを描く：前進に向けて基本方針を合わせる
- 内容を検討する：ソリューションの準備を行う
- 実行プランを練る：ソリューションを組織の状況に適応させる
- 運用する：変革を計画し、実行する

5つのフェーズそれぞれの中では、リーダーが活用できる具体的な事例やツールが紹介されています。

本書の中で特筆すべきは、パフォーマンス・マネジメントにおいて重要なことは、プロセス（ゴール設定、基準の明確化、結果の創出、フィードバック）ではなく、人々の関係性に基づいた対話であるという、これまで多くの人が実感してきた事実を認識していることにあります。しかし、彼女は「ポジティブな対話をもつ」という表面的な格言にとどまらず、生産的な対話を生み出すための具体的な指針やツール、言葉を提供してくれます。成果につながるポジティブな対話を通して、自分の部下のパフォーマンスを向上させることを望んでいるマネジャーにとっては、彼女はまるでジーニー（アラジンに出てくるランプの精）のように感じられるかもしれません。彼女は1つのやり方にとらわれているわけではありません。「信頼」を築き、パフォーマンスの向上へのアプローチを「カスタマイズ」することにコミットしています。また、必要に応じて、本書で提唱していることの根拠として、さまざまなリサーチの結果を組み込んでいます（たとえば、ホフステッドの職場における

文化など)。また、本書で紹介されている事例を見ると、彼女自身がこれまでにコーチの役割を担って、善意あるマネジャーが厳密なプロセスに則って進めるところと、アカウンタビリティを放棄するところとの間でバランスを探るための支援をたくさん行ってきたことは明らかです。

　他の特長として、本書で提唱されている原理は、営利企業にも、非営利組織にも適応できることがあります。おそらく、この原理は、アカウンタビリティに関わる矛盾が同様に存在する、社会集団や教会、また家族にも適応できるのではないかと思います。

　最終章(第10章)では、価値のある加筆がなされています。多くの人は、何をすべきか知っているにもかかわらず、実行できていません(たとえば、体に良いものを食べる、見知らぬ人にも親切にする、相手の話に耳を傾けることなどは、わかっていてもできません)。しかし、抵抗を予測し、事前に対処することで、マネジャーは変革が誤った方向に進みそうになっても、乗り越えることができます。また、本書の内容は、リーダーが変革を持続させるための7つの原則*とも親和性があります。

　本書はアカウンタビリティに関する矛盾への万能薬となるでしょうか? おそらくそうではありません。しかし、すでに壊れてしまったプロセスで無理に前に進もうとしたり、アカウンタビリティの本来の意味をすべて捨て去ってしまうよりは、はるかに役に立つものです。本書は特に、ポジティブな対話を通じて、状況に合わせてカスタマイズされた、信頼に基づく関係性を築く方法について、洞察に富んだものとなっています。従業員は、自分たちが仕事をよくできているのか否か、そして何を改善すべきかを知りたいと思っているでしょうか? 多くの場合、そんなことは望んでいないかもしれません。リーダーは、アカウンタビリティを果たすために、悪いフィードバックを与えたりすることを望んでいるでしょうか? これもおそらく多くの場合は望んでいないでしょう。しかし、マネジャーがパフォーマンス・マネジメントを Rethink(再考)し、Redesign(再設計)し、Reboot(再起動)することで、アカウンタビリティがより良い人の成長や報酬の公平性、そして組織の持続的なパフォーマンス向上につながるのです。

---

*デイビッド・ウルリッチの著書『リーダーシップ・サステナビリティ(Leadership Sustainability: Seven Disciplines to Achieve the Changes Great Leaders Know They Must Make)』で紹介されている7つの原則のこと

デイブ・ウルリッチ
ミシガン大学、レンシス・リッカート・プロフェッサー・オブ・ビジネス
RBL グループ、パートナー

序文

　パフォーマンス・マネジメントは、本当にパフォーマンスを駄目にしているのでしょうか？[*]　皆さんには、この本のタイトルは少し芝居がかった言葉に聞こえるでしょうか？　ちょっと大げさ過ぎるタイトルかもしれないことは認めましょう。しかし、エンゲージメントや生産性の向上を目指してデザインされたはずのプロセスが、実際にはその意図とはかけ離れた逆のものになってしまっていることも事実としてあります。それは、私自身の経験を振り返ってみても、またたくさんのリサーチを通しても明らかです。本書では、パフォーマンス・マネジメントがいかにパフォーマンスを台無しにしてしまうのかについて理解を深めていきます。しかし、より重要なのは、そうした状況にどう対応していくかを示すことにあります。

　本書は、今の時代に合った、カスタマイズされたパフォーマンス・マネジメントの設計の仕方について、包括的にまとめられた最初の本といえるかもしれません。しかし、パフォーマンス・マネジメントに関する本だからといって、誤解しないでいただきたいのです。この本では、今日パフォーマンス・マネジメントとして理解されているものとはまったく異なる、革命的なものを創ろうとしているのです。たとえば、「高いパフォーマンスを上げる組織を創る」「個人の成長を支援する」「集合的な能力をもとに、チームを築く」ための本といったほうがよいかもしれません。いってみれば、働く人々や組織の独自性に合わせて、パフォーマンス・マネジメントを Rethink（再考）し、Redesign（再設計）し、Reboot（再起動）するということです。

　あなたが、人事やタレント・マネジメントの専門家であろうと、ビジネスリーダーやコンサルタントであろうと、あるいはその他、組織のどこに所

---

[*]原書タイトルを直訳すると『パフォーマンス・マネジメントがパフォーマンスを殺している』となっています

属していたとしても、本書は皆さんに向けて書いたものです。組織の大小、ローカルかグローバルか、ハイテクかローテクかなどを問わず、パフォーマンス・マネジメントに対する自分たちのチームのアプローチをRethink（再考）し、Redesign（再設計）する良い時期だと決断したのであれば、そんな勇敢なあなたのために、私はこの本を書いたのです。私は2つのことを意図しています。1つは、この本を通して、一歩を踏み出す勇気を皆さんに与えることです。そしてもう1つは、皆さんが、丁寧に検討しながら、パフォーマンス・マネジメントをReboot（再起動）し、従業員に対する約束を果たしつつ、組織の戦略、文化、ニーズに合わせたものへと刷新するというプロセスをリードできるように、ガイドを提供することです。

しかし、この本は、皆さんのためだけに書かれたものではありません。経営陣やビジネスリーダー、マネジャー、メンバーに向けても書いているのです。なぜならば、このテーマに関心をもち、パフォーマンス・マネジメントのプロセスの中で果たすべき役割があるすべての人に、私は役立ちたいと考えているからです。そうした人々に対し、なぜ従来のパフォーマンス・マネジメントのアプローチがうまくいかないのか、そして皆がより良い経験や成果を生み出すために、どのように私たちの考え方をシフトできるのか（あるいはすべきか）について、理解を深める支援をしたいのです。

本書の最初のパートである、「Rethink（再考する）」は、パフォーマンス・マネジメントに関わるすべての人に向けて、そうした理解を深めることを目的として書いています。次の「Redesign（再設計する）」は、この本の中でも重要なパートです。皆さんが、自身の状況に合わせてカスタマイズしたパフォーマンス・マネジメントの仕組みを設計するためのガイドを、手順に沿って紹介していきます。こうしたガイドはこれまで存在しなかった新しいものといえます。そして、最後に、極めて重要な「Reboot（再起動する）」のパートがあります。ここでは、実行プランを練り、運用し、継続させるためのヒントや仕掛けを紹介しています。さらに付録として、ガイドやワークシート、その他ツールなどを提供するツールボックスのパートがあり、パフォーマンス・マネジメントのReboot（再起動）のプロセスを現実に適用する支援を行います。また、この本の至るところにツールボックスのアイコン❂があるので探してみてください。

　もしあなたが、未来のパフォーマンス・マネジメントをリードし、設計する役割を担っているのなら、この本は、あなたが向かいたいところに行き着くために不可欠なロードマップとなるでしょう。まずは全パートを通しで読んでみて、その後、パートⅡに戻ってRedesign（再設計）の各ステップに取り組みながら、効果的なツールやテクニック、ヒントやファシリテーションガイドを参考にするとよいでしょう。

　また、私が強くお勧めするのは、あなたの組織のビジネスリーダーや、パフォーマンス・マネジメントのプロセスの中で重要な役割を担う人に「Rethink（再考する）」のセクションを読んでもらうよう依頼することです。そうした機会を生かして、組織の中でパフォーマンス・マネジメントの見直しに関する対話を始めたり、Reboot（再起動）のプロセスにより広い範囲の人々をチームに巻き込んでいけるとよいでしょう。

　本書を読み進めると、特に2章で、従来のパフォーマンス・マネジメントが陥りがちな落とし穴を取り上げて、従来のパフォーマンス・マネジメントを軽視しているように見えるところがあるかもしれません。でも誤解しないでください。パフォーマンス・マネジメントをより良いものにしようと、懸命に時間を掛けて取り組んでいる優秀で献身的な人事（Human Resources／以降HR）の実践家の方々に対しては、称賛と尊敬の念しかありません。私は皆さんの味方であり、想像以上に皆さんと共通点があると思います。いろいろと言っていますが、私自身も年季が入ったコンサルタントやビジネスリーダーとして、数十年間、前線で一緒に戦ってきたのです。実のところ、私は日立コンサルティングで人事のリーダーをしていたときに、とても効率的で完全に従来型のパフォーマンス・マネジメントを構築したことがあります。そのときの体験が私に確信を与えてくれました。今や、従来のパフォーマンス・マネジメントを捨て去り、ストレスが多く非効率なプロセスや、往々にして周囲にネガティブに受け止められるような役割から、HRの専門家を解放すべきときなのです。

　壊れているのはシステムであって、中で行き詰っている人でないことは、間違いないと思っています。そして、そう考えているのは、私一人ではないのです。2015年の2月、ラスベガスで開催されたSociety for Human Resource Management（SHRM）のカンファレンスにおいて、私はこのテー

マについて 1250 名の HR の専門家たちの前で話をする機会がありました。そのプレゼンテーションの冒頭で、自分たちのパフォーマンス・マネジメントが本心から好きと言えるという人に立ち上がってもらうよう、私は会場に向かって尋ねてみたのです。

1250 名のうち、何人が立ち上がったと思いますか？ たった 2 人だったのです。

講演が終わった後、立ち上がったうち一人が私のところに来たのですが、立ち上がった理由は、彼の会社にはそもそもパフォーマンス・マネジメントのプログラムが存在していないからとのことでした。こうした会場の反応はおかしくもあり、同時に少し悲しくもありました。

では、皆さん自身はどうでしょうか？ 皆さんの会社で実践されているパフォーマンス・マネジメントを擁護しますか？ 皆さんや皆さんのチームが、これまでかなりの年月を掛けて築き上げてきたり、改善してきたことを考えると、最初の反応として今の仕組みを擁護したいと考えるのは無理もないかもしれません。皆さんは常に高い意識をもってパフォーマンス・マネジメントを改良し続け、より支援的で、一貫性があり、信頼のおけるアプローチを生み出そうと努力してきたことでしょう。また、別の反応としては、「ええ、確かに私は自分たちのプログラムが好きであるとは言えません。でも、そんなに悪くないところもあるし、いいところもありますよ」と考えるかもしれません。私もきっとそういうところがあると思いますし、新しいプロセスを構築しようとするときに、そうした良い点を捨ててしまわないことを願っています。

現行のパフォーマンス・マネジメントの望ましくない部分を再考するのにこの本を役立ててください。また、組織のパフォーマンス・マネジメントのプロセスにおける HR の役割をシフトし、皆さんや皆さんの同僚にとって、より楽しく、価値あるものになるよう、支援することに活用できるとよいでしょう。HR チームは、効果が上がらずイライラさせられるプロセスの秩序を守ったり、監視する役割を手放し、マネジャーやメンバーが素晴らしいと感じられるツールやコンテンツを設計する役割に就くことができるのです。レビューを終えたかどうかを一覧表にしたり、評価尺度のことで議論したり、社員が書類にきちんと記入したかどうかを追いかける業務から、HR が解放

される姿を思い描いてください。そうした頭痛の種の代わりに、人の育成に励んだり、コーチングを行ったり、勇気づけることに、より多くの時間を使いましょう。それこそが、私たちが立ち上がる理由なのです。

別の側面から見ると、この本は、新しくより良いやり方を求めて、またより豊かな経験を生み出したり、組織にポジティブな成果をもたらそうと奮闘している人たちに向けて、私自身が生きざまを示したものでもあります。この本を書こうと決断した際、私は素晴らしい著者たちのネットワークに接触しました。そして、それぞれの著者に、本を制作したり、出版したり、マーケティングを行った経験について尋ねてみました。本を書くということは、私にとって未知の領域であり、彼らからいただいた洞察は、計り知れないほど重要なものとなりました。

その著者たちの一人にジェフ・ベルマンがいます。彼と私は、素敵な晩冬の午後、ピュジェット湾を見渡せる北シアトルにある彼のリビングで、私が持ち込んだ温かい紅茶とクッキーを楽しみながら会話をしていました。私たちはしばらくの間、本を書くという行為について話し込んでいました。そして、ジェフは私に尋ねました。「ところで君はどうしてこの本を書くんだい?」そのときは、私自身はまだ明確な答えをもっていたわけではなく、答えるのに少し躊躇しました。しばらく沈黙が続いた後、彼は言いました。「私が本を書く理由は、私の頭の中にあるアイデアを表に出す必要があるからです。私には、そのアイデアを皆と共有することへの押さえがたい欲求があるのです」。

その瞬間、私を突き動かしている何かをジェフが言語化してくれたのです。長年にわたって、私は、古い考え方や哲学が、善意ある組織や人々にどう影響を与えるのかを見てきました。さらに、私は HR のリーダーたちがフラストレーションを抱えながら、より良いやり方を見つけようとしていることを知っています。それ以来、私は、人と組織の双方にとってウィン・ウィンな状態を生み出すことへの情熱に取りつかれるようになったのです。ジェフと同様に、私は自分が学んできたことやアイデア、考え方やアプローチを多くの人と共有し、従来のものを超えた何か新しいものを生み出す手助けをすることに、確かな必要性を感じました。私は、自分がもつネットワークやクライアントを越えた人々に届けなければならないと感じました。なぜな

ら、前進するための勇気とツールをもち、パフォーマンス・マネジメントを
Rethink（再考)し、Redesign（再設計)し、Reboot（再起動)する人が増えたら、
人々の働くことの意味や働き方に大転換を起こすことができると思うからで
す。

パートI

Rethink
再考する

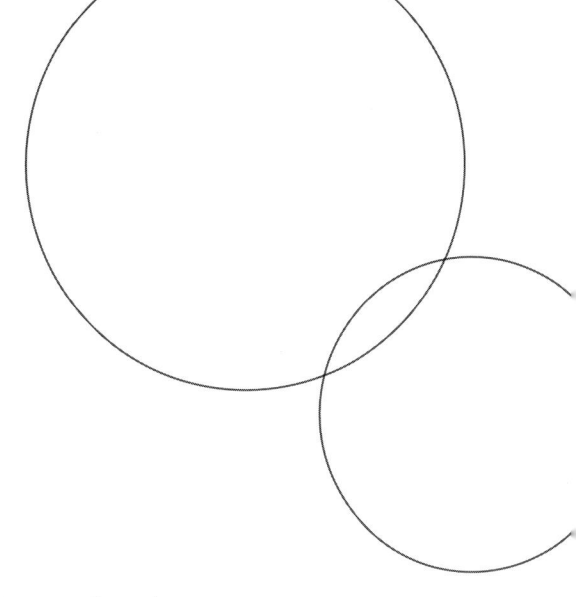

If you do not change direction,
you may end up where you are heading.

道を逸れなければ、目指していたところに到達する。

老師

※発言の出所については、諸説あります。

第1章

the PM Reboot（パフォーマンス・マネジメントの再起動）へのいざない

　ずいぶん昔のことのように感じられますが、1985年のことです。

　私は22歳で、ほやほやの新人エンジニアとして最初の仕事に就きました。仕事の内容は、ワシントン州エヴェレットのボーイング社の工場で、ボーイング747と767のプログラムを支援するというものでした。毎朝、同僚たちと車に相乗りして、6時30分にシアトルを出発し、会社の自分の席に7時15分に着くようにしていました。従業員は皆、マネジャーの部屋の前に一列に並べられた、均一な金属製の机に座っていました。誰も個人用のコンピュータは持っていません。すべてのデータは巨大なメインフレームに蓄積され、望めばプリントアウトすることもできましたが、そうした作業を担う人はほんの数人だけでした。私のグループにいる数少ない女性のうちの一人は、私たちのための秘書（アシスタントではなく、秘書です）で、彼女は1日中、電子タイプライターを叩いて過ごしていました。3人の年配のエンジニアが私の前に並んで座っていて、一人はタバコ、一人はパイプ、一人は葉巻を吸っていました。彼らがすべてを把握し、管理していました。

　昼休みになると、私たち若いエンジニアは30分の休憩をカフェテリアで過ごし、その間、年配の人たちは、家から持ってきたサンドイッチを食べながらトランプをして遊んでいました。仕事量は不変でしたが、決して圧倒的に多いということはなく、週40時間という業務時間は、与えられたすべての業務をやり遂げるには十分な時間でした。（この時代のボーイングの従業員の多くがそうであったように、私たちは会社を"the Lazy B"と呼んでいました）

私たちには、休暇と病気療養のために決まった日数が与えられていました。給料は毎年徐々に増えていきますが、ボーナスというものはありませんし、始業時間と終業時間を 30 分以上変更し、フレックスタイムを要求しようと考える人も誰もいませんでした。仕事を家に持ち帰るなど夢にも思いませんでした。ましてや、休暇中にも仕事をするなんてこの世の出来事とは思えません。

　ミーティングは狭い会議室にみんなで集まって行われます。部署をまたいで、他のエンジニアやサポートチームとコミュニケーションを取るために、私たちは連絡内容を下書きし、秘書にそれをタイプライターで打ってもらいました。何回かの編集作業の後、社内便の封筒にそれを入れて発送し、似たような封筒が返ってくるのを数日待つということの繰り返しです。みんなが同じ手順やプロセスに従っており、リーダーシップチームからのコミュニケーションの大半は、連絡票や会社のニュースレターを通して行われていました。

　その当時、仕事とはこういったやり方で行うものだと、単純に受け入れていましたし、こうしたやり方は今後もずっと変わらずに続いていくのだろうと考えていました。3 年後、私は MBA を取得するためにボーイングを退社し、戦略、業務パフォーマンス、人事人材開発（Human Resources ／以降 HR）、人に関する課題解決の分野で、リーダーやコンサルタントとして過ごす 25 年にわたるキャリアをスタートさせました。いま振り返ってみると、"the Lazy B" で過ごした日々は暗黒時代といえるかもしれません。金属製の机、電子タイプライターを打つ秘書、机の上の灰皿、そして週 40 時間の業務時間といったことしか思い出すことができないのです。その当時から現在までに、私たちは 5 人のアメリカ合衆国大統領と、いくつかの景気循環を経験し、デジタル時代と新たなミレニアム（千年紀）の幕開けに遭遇しました。

　世界中のすべての物事が変わりました。パフォーマンス・マネジメント以外のすべてが変わったのです。

　テクノロジーが風景を一変させてしまいました。私たちは常にオンラインでつながっています。いまや応答に掛かる時間は 1 日単位から分単位に変わっています。グローバル企業では、多様な年代・国籍の人が一緒に働いていますし、職場における女性の役割も、すべての管理職が男性だったボーイングの時代からかなり変化してきています。ミレニアル世代が中心の職場は特に

そうですが、自己表現を重視する新しい文化によって、人々はいまだかつてないほど、仕事に対して創造性、自律性、充足感を求めるようになりました。多くの従業員が気軽なフィードバックと頻繁な承認を求め、キャリアに関する言い分を聞いてもらえることを期待しています。チームワーク、テクノロジー、カフェでのミーティングといったワークスタイルが、オフィスの中の区切られた空間にある机に向かって一人で仕事をするというスタイルを駆逐しようとしてます。多くの人にとって、「仕事に行く（going to work）」というのは過去のものとなり、「仕事をする（doing work）」という状態へと進化しているのです。

　しかし、パフォーマンス・マネジメントに関する私たちのアプローチはいまだ、住所録を使い、マティーニ3杯付きの昼食を2時間掛けて食べていた時代から変化していません。人々を評価し、育成し、モチベーションを高める基本的な方法は、第二次世界大戦後の高度成長期以来、ほとんど変わっていないのです。[1] 第二次世界大戦後、官僚は大きな組織において、さまざまな階層をまたいで考え方を統一し、標準的な行動と成果を生み出せるような方法を模索していました。そして1950年代後半、従業員が達成すべき目標について、従業員とマネジメント側が同意することを意図したプロセスである目標管理制度（Management by Objectives：以降MBO）が出現しました。その結果、パフォーマンス・マネジメントは主に個人の業績に関するスコアカードになっていったのです。

　私がボーイングで働き始めた1980年代中頃には、MBOは企業における標準となっていて、私たちが今日知っているようなパフォーマンス・マネジメントが社会に大きく広がっていました。MBOの思想は、多くのパフォーマンス・マネジメントのプログラムの重要な要素として現在でも組み込まれており、従業員が目標を達成したかどうかを測るための手段として広く活用されています。実際に、世界の90％以上の企業、米国に限って言えば97％の企業がパフォーマンス評価を行っているというデータもあるくらいです。[2]

　私はコンサルタントとして、多くの企業の中に入り、さまざまな仕事を行い、調査してきましたが、どこの企業でもパフォーマンス・マネジメントに対するアプローチはだいたい似たようなものでした。伝統的なパフォーマンス・マネジメントでは、ほとんどの場合、年に1度の評価と、中間面談が

行われています。パフォーマンスは全従業員共通、もしくは少なくとも一般社員に共通する基準によって管理され、従業員は期首に設定したいくつかのゴールに基づいて自己評価することを求められます。その際に、コアコンピテンシーやリーダーシップコンピテンシーの定義を考慮したり、評価するように求められる場合もあるでしょう。それが個人の開発プランに反映され、必ず何らかの形でマネジャーによるレイティング（評価段階付け）があります。その上で、マネジャーが集まって、それぞれのチームメンバーの評価内容を比較するキャリブレーション（評価の調整）や、タレント・レビュー（人材の活用や育成を検討する会議）といったものを多くの企業が実施しています。これらのミーティングでは、推奨される分布率にグループやチームを当てはめたり、すべてのメンバーに順位付けを行ったりすることが目的となっています。こうした一連のプロセスが実行された結果、報酬や昇進、その他の賞与やインセンティブが決定されます。また、パフォーマンス改善プラン（Performance Improvement Plan ／ PIP）の対象となる成績不振者も特定されることになります。

　上記のような内容はとてもなじみのあるもので、特に差し障りはないように思われるのではないでしょうか？　では、なぜこうしたプロセスがここまで嫌われているのでしょう？　本を正せば、目的そのものは立派なものです。SHRM（Society for Human Resource Management）では、パフォーマンス・マネジメントについて、「業務活動の結果をモニタリングし、パフォーマンスの収集と評価を行ってゴールが達成されたかどうかを判断し、得られた情報を活用し、意思決定やリソースの配分、目標の達成状況を従業員に伝達するための組織立った手法」と定義しています。[3]これは何の問題もありません。では、どこでうまくいかなくなってしまうのでしょう？　私たちのパフォーマンスを向上させ、組織をより優れたものにすることを意図してつくられたシステムを、なぜ私たちは必要悪としか捉えなくなってしまったのでしょう？　なぜこのシステムは、企業のすべての取り組みの中で、大量解雇の次に最もネガティブな反応を引き起こしてしまうのでしょう？　パフォーマンス・マネジメントは、なぜパフォーマンスを台無しにしてしまうのでしょうか。

さざ波から大きなうねりへ

　こうした矛盾を解決しようという私の探求の旅は、数年前、私たちのシアトルのオフィスのすぐ近くにある巨大なファミリー企業の最高人事責任者（Chief HR Officer）から、パフォーマンス・マネジメントに関する報告書を書いてほしいという電話を受け取ったときに始まりました。その企業の HR チームは、パフォーマンス・マネジメントの仕組みを再設計するプロセスに取り掛かったところで、経営幹部にこのテーマに関する情報提供を行い、啓発し、議論を仕掛けたいと考えていました。リーダーたちは科学的な指向性が高いグループだったので、パフォーマンス・マネジメントの仕組みと組織のパフォーマンスとの相関を示す、しっかりとした研究に基づいたデータを彼らは探していたのです。

　私はこのチャンスに飛びつきました。多くの企業と仕事をしたり、日立コンサルティングで人事戦略をリードしていた際に、パフォーマンス・マネジメントの仕組みをゼロから構築した経験から、そろそろ新たな視点で見直すべきだと感じていたのです。まず、私は従来型のパフォーマンス・マネジメントのプロセスを完全に分解し、調査することに興味をもっていました。その意図や前提に始まり、ツール、基準、実践、そして期待されている成果と実際に生み出しているインパクトといったことまで、入念に調べ始めました。そうやって旅が始まったのです。

　私が探求の旅を始めたころには、すでに多くの学者や識者が、従来型のパフォーマンス・マネジメントがもたらす価値に疑問を呈していましたが、企業組織の中で実際に従事している人の中からは、多少の不平不満は出てくるものの、大きな疑問の声が挙がることはありませんでした。しかし、そこから勇気ある挑戦者が次々に現れ、いまやその他大勢の人々も加わり、パフォーマンス・マネジメントを見直す動きは、大きな潮流になりつつあります。私たちが集合的に抱いていたパフォーマンス・マネジメントに対する不満は、新聞や雑誌の記事、ブログの投稿、ウェビナー、HR やマネジメントに関するカンファレンスでの対話といった形で、数え切れないほど噴出しました。そうした不満の声が大きくなるに従って、私たちが抱いていた疑いを立証するたくさんの調査結果が発表されていきました。世界中の多くの組織で何十

年にもわたって実践されてきたパフォーマンス・マネジメントのテクニック
やアプローチが、まったく機能していなかったことが明らかになったのです。

　私の考えを立証する研究結果を紹介することに多くの紙面を費やしたくは
ないのですが、いくつかのハイライトをここでご紹介します。シルビア・ヴ
ォーハウザー（Sylvia Vorhauser）は、従来のパフォーマンス・マネジメン
トの欠点を以下のようにうまくまとめています。

- すべての人が嫌っている：従業員とマネジャーの双方が共に嫌っている
- 誰も上手に実践できない：徹底的なトレーニングを行ったとしても、獲
  得できないスキルで構成されているように思われる
- もともとの意図を実現できない：たとえば、パフォーマンスを向上させ
  るという意図でデザインされているにもかかわらず、それを実現してい
  ない[4]

　彼女は、従来のパフォーマンス・マネジメントを非難する多くのうちの一
人にすぎません。最近のロイターの調査では、米国の労働者の5人中4人は、
彼らのパフォーマンス・レビュー（年次評価）に不満をもっていることが明ら
かになっています。[5] CEO、マネジャー、従業員などトータル4万8000人に
行った調査においては、年度末のレビュー（評価）が効果的だと考えている
のは、マネジャーと従業員ではわずか13％、そしてCEOに至ってはたった
6％の人だけでした。[6] また、1000人を超えるHR担当者に対して行った最新
のパフォーマンス・マネジメント調査で、「パフォーマンス・マネジメントの
プロセスが個人のパフォーマンスに貢献していると思うか？」という質問に
対して、ほぼ半数の47％の人が、何らかの貢献をしているという確信がも
てないと答えたのです。[7] 最後に、マネジメントに関する研究機関であるコー
ポレート・エグゼクティブ・ボード（Corporate Executive Board）によれば、
95％のマネジャーは彼らのパフォーマンス・マネジメントの仕組みに不満を
もっており、HRのトップの90％は、パフォーマンス・マネジメントのプロ
セスで正確な情報が得られていないと考えているということでした。[8]

　もっとたくさんの研究結果が存在しますが、このくらいで要点は十分に
得られるでしょう。そして次のような疑問が浮かぶのではないでしょうか。

「もしパフォーマンス・マネジメントが、私たちが望むようなパフォーマンスを生んでいないのだとしたら、一体それは何をもたらしているのか？」その答えの 1 つとして、最近の『サイコロジー・トゥデイ（Psychology Today）』の記事は、少なくともパフォーマンス・レビュー（年次評価）の 3 割は従業員のパフォーマンスを下げることにつながっていると指摘しています。[9] 当初意図していたこととは正反対のことをパフォーマンス・マネジメントは成し遂げてしまっているのです。私たちは、このことについて熟考する時間を取るべきではないでしょうか。

このように、変化が必要だと主張する論説や証拠が次から次へと出てきているにもかかわらず、実際には大半の組織が自分たちのパフォーマンス・マネジメントのアプローチを実質的には変えていません。私がここで皆さんと考えたいのは、実際的なアクションです（多くの人はそれを過激な変革だと捉えるかもしれませんが…）。実際的なアクションとはつまり、5 段階評価を 6 段階評価に微修正するのではなく、落ち着いて椅子に腰掛け、すべてを白紙に戻して最初から考え直すといった類のことです。それは、「私たちが探し求めている成果とは何か？」「働く人々の今と未来にとって必要なことは何か？」「シンプルで効果的な方法で、そうしたニーズに応えるにはどうしたらよいか？」という問いかけを自らに行うということを意味するでしょう。

既存のパフォーマンス・マネジメントを見直し、それぞれの組織に合ったものに変えていこうと、最初に動き始めたアドビ（Adobe）やケリー・サービス（Kelly Services）、オークリー（Oakley）などの企業の話は、どこかでお聞きになったことがあるでしょう。私たちはこうした先駆者たちのおかげで彼らの経験から学ぶことができますが、彼らにとって有効なものが他の組織にも同じようにあてはまるわけではありません。重要なことは、既存の方程式を変えるべく、彼らは実際に何らかのアクションを実行したということであり、彼らと同じような思い切った行動を私たちはなぜ取れていないのか、このことを真剣に考える必要があります。いまが変化のときだと気づいているのであれば、行動を起こすために私たちが必要としていることは何でしょうか？ 変化をためらっているマジョリティ（大半の人々）がパフォーマンス・マネジメントを Reboot（再起動）するには、何が必要でしょうか？

詳細な調査を行い、さまざまな企業のたくさんのチームと広範にわたる議論を重ねた結果、私はパフォーマンス・マネジメントの Reboot（再起動）を妨げている最も大きな要因として、以下の3つのことに気がつきました。

1. 経営陣の非関与

   経営陣がこれまでずっと慣れ親しんできたものを変えることには、大きな抵抗が伴う。

2. マネジャーに任せることができない

   経営陣と HR の責任者は共に、パフォーマンス・マネジメントのプロセスをリードすることに関してマネジャーを信頼しておらず、昇給や昇格といった、人に関する極めて重要な決定を下す権限を彼らに与えることを渋る。

3. やり方がわからない

   単純に、パフォーマンス・マネジメントを全体的に変更するやり方や、特に報酬の仕組みを変更する方法について自信がない。あまりにも多くの人がいまだ、「代替手段は何か？　現状から望む状態に移行するためには、どうすればよいのか？」という問いにとどまっている。

このように、私が始めた探求の旅は、「パフォーマンス・マネジメントの周辺には確かに問題が存在し、我々は変化を必要としているが、いら立たしいことに、新たな答えを求める人々に、実践的な解決策が提供されていない」という事実に行き着きました。これまでの人生において、クライアントとともに、研究結果、ノウハウ、考え方を現実のビジネスで機能するソリューションに転換することに取り組んできた私は、一度完全にこの問題を解決し、秘密を解き明かすことを新しい自分のミッションと定めました。

この本における私のゴールは、あなたの組織のマネジャーや従業員の皆さんが、自分たちの組織やキャリアを自ら創り、歩んでいくことを手助けするためのヒントや手法を提示するだけでなく、懐疑的な経営陣の抵抗を乗り越えるためのツールも提供することです。そして、私にとって最も重要な目標

は、この複雑な問題に対してうまく立ち向かうための実践的なテクニックを読者の皆さんに身につけてもらうことです。そのために、あなたの準備が整って、白紙からのスタートを試みようとした際に、従来のパフォーマンス・マネジメントと決別し、まったく新しい道を進んでいくための確固たるアプローチを提供します。私はこれを **PM Reboot（パフォーマンス・マネジメントの再起動）** と呼びたいと思います。

　表面的なレベルで見れば、PM Reboot（パフォーマンス・マネジメントの再起動）はパフォーマンス・マネジメントのゴールを実現するという、とても複雑な道筋を、順を追って案内していくような設計プロセスともいえるでしょう。しかし、より深く掘り下げていくと、PM Reboot（パフォーマンス・マネジメントの再起動）は、これまでのマネジメントにおいて当たり前とされてきた固定観念を覆し、使い古されたテクニックを捨て去るようなことを伴う、革命ともいえるようなフィロソフィー（哲学）だということに気づくでしょう。PM Reboot（パフォーマンス・マネジメントの再起動）は、とても限定的で画一的な施策につながるカビの生えたようマネジメントに関する前提を、科学に根ざし、人々をあらゆるソリューションの中心に据える現代的な考えへと転換させます。こうした PM Reboot（パフォーマンス・マネジメントの再起動）のフィロソフィーの核は、「信頼」と「カスタマイズ」という2つのコンセプトに根ざしています。

　信頼： 高いパフォーマンスと素晴らしいエンプロイー・エクスペリエンス（従業員の体験）は、コントロールを手放し、人々を信頼したときに最も実現されやすいものです。もちろんそれは言うは易く、行うのは難しいのですが…。信頼のためには、管理監督をすることや使い古されたやり方を捨て去り、従業員とマネジャーに情報と権限を与える必要があります。信頼は、偉大なキャリアを築き、個人の強みを伸ばし、チームの力を高めることを可能にするのです。

　カスタマイズ： スーパーマーケットのウォルマート（Walmart）のパフォーマンス・マネジメントに対するアプローチと、百貨店のノードストローム（Nordstrom）のそれがどうして同じものになるのでしょうか？　本来、そ

れは異なるものであるべきです。これが PM Reboot（パフォーマンス・マネジメントの再起動）のフィロソフィーの基盤となる2つ目の考え方です。すべての組織は唯一無二な存在で、それぞれに独自の個性をもっているので、それぞれの組織に合った独自のパフォーマンス・マネジメントを行うべきです。1つの会社の中の別々の職種や部署でさえ、それぞれに大きく異なる特性をもっています。そして、個人のレベルまで掘り下げていけば、私たちは、皆それぞれに固有の特別な資質をもっていることを知っています。一人として同じ人はいないのですから、ある人にとって有効なものが他の人にとってはそうでないこともあるでしょう。さまざまな組織の独自性や個人の多様性を考慮に入れたとき、1つの企業やグループで実施しているものを他にも適用させようとする、画一的なパフォーマンス・マネジメントのアプローチはほぼ間違いなく失敗することに、私たちは自ずと気がつきます。

　これ以降の章では、信頼とカスタマイズをパフォーマンス・マネジメントのすべての側面に組み込んでいくためのやり方をご紹介していきます。多世代が共存し、相互のつながりと変動性がますます高まっている今日のビジネス環境に対して、パフォーマンス・マネジメントの仕組みを最適化させつつ、高いパフォーマンスと高い従業員エンゲージメント*を築き上げる道筋を共に模索していきましょう。

　あなたの組織に合ったパフォーマンス・マネジメントの仕組みを設計する各ステップにおいては、効果的なフレームワークやツール、ファシリテーションのテクニックだけでなく、経営陣から新入社員に至るまで、組織内のあらゆる人々を巻き込んで事前に支持を集め、受け入れ態勢を構築するためのベストプラクティスも共有します。また、PM Reboot（パフォーマンス・マネジメントの再起動）にどのような適用の選択肢があるのか、具体的に思い浮かべられるように、実際の企業事例として4つの組織タイプを紹介します。

　しかし、こうした事例やノウハウを学ぶよりも先に、私たちが最初にすべきことは、従来の仕組みの中で犠牲になっているもの、破壊されてしまっているものは何か、独自のパフォーマンス・マネジメントを構築する際に取り込むべき、根本的なシフトとは何かを詳しく調べることです。そのことを通して、自分たちが行っている従来のパフォーマンス・マネジメントを再考す

＊人と組織の関係を表す概念。従業員が組織に対して主体的な想いをもち、その成長に貢献するとともに、組織も一人ひとりの多様性を認め、それぞれが力を生かしきれる状況をつくること。

ることが重要です。

第2章

８つの致命的な欠陥

　この本を手に取って読もうとしている方は、伝統的なパフォーマンス・マネジメントは機能不全に陥っているため、新しいやり方を模索すべきだとすでに確信している方か、新たなパフォーマンス・マネジメントの潮流に対して懐疑的で、新しい何かを試すにあたってはより多くの確証が必要だと考えている方か、もしくは、単純にこの本を読むように頼まれたり、薦められたり、あるいは強制されたりした方かのいずれかでしょう。

　この章はいずれの立場の方にとっても、有意義なものとなります。すでに新しいものに移行したいと望んでいる方は、従来のパフォーマンス・マネジメントの弊害がどういった理由から引き起こされるかについてのより重要な背景情報を得られるでしょう。新しいものを試すことに懐疑的な方は、この章を通して、説得力のあるデータや専門家の見識に触れ、古い従来のやり方がベストの方法とは限らないということに確信を得るでしょう。もしかしたら、これまで当たり前だと思ってきたいくつかの前提が覆ることもあるかもしれません。ぜひ、この章で共有する内容をご自身の経験に照らし合わせて考えてみてください。これまでのパフォーマンス・マネジメントの手法が、ここで挙げる問題と多かれ少なかれひも付いていることに気がつくでしょう。

　このテーマに集中して取り組んでいた期間、私は多くの研究や事例を調べ、多様な角度から検討を重ね、クライアントの体験に耳を傾け、より良い方法を模索する企業とともに仕事を行ってきました。こうした経験から、私は、従来のパフォーマンス・マネジメントのプロセスが不信感を生み出し、エンゲージメントを下げ、人々の努力を無駄にしてしまう８つの理由を導き出しました。古いパフォーマンス・マネジメントが普遍的に嫌われる８つの理由といってもよいかもしれません。

私はこれを、従来のパフォーマンス・マネジメントがはらむ8つの致命的な欠陥と呼んでいます。

致命的な欠陥1：理論を支持する証拠がない

　従来のパフォーマンス・マネジメントがパフォーマンスの向上につながるという証拠は存在しない。

　パフォーマンス・マネジメントに時間やリソース、エネルギーを投資するのは、個人と組織の双方のパフォーマンスが向上するという成果を期待するからでしょう。しかし、率直にいって、この考えを支えるしっかりとした証拠はありません。1章で私が紹介した文献を振り返ってもわかるように、科学的な調査では、従来のパフォーマンス・マネジメントは信頼の置けない非効率なもので、その効果はとても胡散臭いものだと結論づけています。実際のところ、従来のパフォーマンス・マネジメントが生み出すインパクトは、大抵の場合、本来の目的とは正反対の逆効果なものばかりです。

　科学的な研究が解明したことと、ビジネスで行われていることには大きなズレがある。あまりにも多くの企業が、時代遅れで検証も行われていない、科学というよりは口伝されてきた神話に近い仮定に基づいて、人々やタレントに関する方針策定や意思決定をしてしまっている。[1]

　　　　ダニエル・ピンク（Daniel Pink）、『ドライブ（Drive）』
　　　　（邦題『ハイ・コンセプト』）の著者[2]
　　　　TEDトーク「ザ・パズル・オブ・モチベーション
　　　　（The Puzzle of Motivation）」

多くの研究によっても明らかになっているように、私たちは共通の感覚として、エンゲージされた人やチームが、ハイ・パフォーマンスな組織をつくることを知っています。この因果関係を認めるのであれば、パフォーマンス・マネジメントが従業員のエンゲージメントを高めている限り、そのやり方を変える理由はそれほどないでしょう。しかし、パフォーマンス・マネジメントとエンゲージメントとのつながりは破綻してしまっています。これまで行われてきたパフォーマンス・マネジメントはモラルを向上させることも、エンゲージメントを高めることもありません。もし、そこに明確なつながりがあるのだとしたら、伝統的なパフォーマンス・マネジメントの広がりに伴って、従業員のモラルが向上しているはずです。しかし、私たちはそんな様子を目撃したことはありません。それどころか、データは、このプロセスがエンゲージメントを下げることに長けた手法であることを示しています。

> ニューロサイエンスに基づく研究では、パフォーマンス・マネジメントの施策のほとんどが、その目的であるパフォーマンスの向上に対して害をもたらすものだということが判明している。
> デビッド・ロック（David Rock）、ジョシュ・デービス（Josh Davis）、ベス・ジョーンズ（Beth Jones）
> 「キル・ユア・パフォーマンス・レイティング（Kill Your Performance Ratings）」[3]

これは大変残酷な事実ではありますが、私たちは、どのように人を動機づけ、パフォーマンスの向上を促すかということに関して、間違った考えや思い込みを土台として、本来の責務を果さないような旧態依然としたパフォーマンス・マネジメントを築き上げてしまいました。目的は素晴らしかったものの、やり方が間違っていたのです。パフォーマンスの差別化をしようとして、人々の間に不健全な競争意識をつくり出し、不毛な駆け引きがはびこる余地を生み出してしまいました。公正性を担保するために標準化したプロセスや方針をつくった結果、人間性を著しく制限してしまう、極めて退屈なチェックボックスの演習問題のようなものが生まれてしまいました。マネジャーとメンバー間のコミュニケーションを活性化しようとして、マネジャーとメ

ンバー双方の合意があればいつでも行われるべき対話が、決まった時期に決まった時間枠を設定して行うようなものになってしまいました。本来は継続的に行われるべき対話を、時間と場所とアジェンダが定められた、敵対心をあおるか、あるいは当たり障りのない話に終止するだけの規則的な面談へとおとしめてしまいました。アカウンタビリティを明確にするために、具体的で整合性のあるゴールを設定するように促してきた結果、低めの目標を設定して、楽な仕事しかしなかった人に多くの報酬を与えるはめになってしまいました。

　ここで私がお伝えしたいことをご理解いただけたでしょうか？　非効果的か、場合によっては逆効果であると、科学によって判明された方法を使い続ける理由などどこにもありません。いまこそ、持続的なビジネスパフォーマンスを生み出す鍵となるエンゲージメントを確実に高めるやり方を採用し、本来の意図を確実に達成できるものにするときなのです。

致命的な欠陥2：
自分に危害を加える人に心を開く人はいない

　旧来のパフォーマンス・マネジメントは、フィードバックを受け止めることを阻害し、率直なダイアログを妨げてしまう。

　3番目の子どもが生まれたばかりの従業員になったつもりで考えてみてください。あなたが本当に欲しているのは、たった2つ、より多くの睡眠と昇給です。あなたが所属する会社では、昇給の可能性はパフォーマンス・レビュー（年次評価）とひも付いています。そして、そのパフォーマンス・レビュー（年次評価）は数週間以内に行われます。そのとき、あなたは何をするでしょうか？　ひどく忌まわしい計画に手を染めるのです。まず、すべてのプロジェクトを掘り返し、あなた自身が金色に輝いて見えるよう、それに装飾を施します。そして、その根拠を集めて上司に事前に提出した後、あなたは気合いを高め、鼻息荒く面談に臨みます。

> パフォーマンス評価によって、自分の値打ちは他人によって決められるものだと信じ込んでしまう。
>
> ディック・リチャーズ（Dick Richards）、『アートフル・ワーク（Artful Work）』[4]

　ここで一時停止をして、このときのあなたの心理状態を確認してみてください。あなたがつくり込んだ話に対する上司の懐疑的なコメントを、心を開いて聞く準備はできているでしょうか？　フィードバックを受け止めて、前向きにパフォーマンス向上に生かすことのできる精神状態にありますか？　答えはノーです。ニューロサイエンスとリーダーシップに関する専門家のデビッド・ロックは、レイティング（評価段階付け）されたり、評価を受けたりするとき、人間の脳は、辺縁系を作動させる「闘争・逃走反応」という状態になってしまうと指摘しています。[5] 人が脅威を感じたときに引き起こされるこの状態は、即座に防衛的な反応につながるため、パフォーマンスの評価という行為そのものが、パフォーマンスを低減させているというのです。[6]

　あなたの安全が脅かされているとき（もしくはそう感じているとき）、あなたは、パフォーマンス・レビューの「勝者」になろうと、自分をより良く見せることに集中しているため、今後の改善点や成長ポイントについて話し合う状態ではありません。パフォーマンス・レビュー（年次評価）は、さまざまな状況が絡み合い、ポジティブな結果を遠ざけてしまう要因が埋め込まれてしまっているのです。

これらを分析してみると、3つの大きな要因が見えてきます。

1. 上司と敵対してしまう
　　どれほど望んでいても、上司はあなたが描いたバラ色の話に賛同しません。少しでも2人の間に不一致があると、敵対的な雰囲気を高めることにしか貢献しません。

2. あなたにとっての面談のゴールは、ダイアログを行うことではない
　　あなたにとっての面談は、まず第一に自分を売り込むセールストークであり、必要性があれば、意見を戦わせるディベートになります。上司の前で、本音を話し、弱みを認めるようなことは絶対にしません。

3. マネジャーにコントロールする力を与えてしまう状況である
　　これによって、エンパワーメントとは真逆の主従関係が強化されてしまいます。

　さて、このときマネジャーの頭の中はどうなっているのでしょうか？　今度はマネジャーの立場になって考えてみましょう。7人の部下をもつマネジャーになったつもりで考えてみてください。あなたのチームはこの1年、素晴らしかったのですが、昇給やその他の報奨のために使えるリソースは極めて限られています。さらに困ったことに、経営陣は、たくさんの部下をトップパフォーマーにランクづけするマネジャーを、割り当てのバランスを壊してしまう甘過ぎる上司として、低評価にすることを明確に打ち出しています。しかし、チームには明らかなロー・パフォーマーは一人もいません。みんな献身的に働き、お互いに協力し合って、素晴らしい成果を生み出しています。あなたは心を開いて、メンバーの成功に協力的なマネジャーとしてパフォーマンス・レビュー（年次評価）の面談に臨むでしょうか？　残念なことに、答えはノーです。往々にして、マネジャーとしてのあなたは防衛的になります。どうしてそうなってしまうのでしょうか？　まったく賛同できないパフォーマンス・マネジメントのプロセスと立場を守りつつ、メンバーがもらうに値すると思っている報酬を否定しなくてはいけないという矛盾に直面し、あな

たはそこから逃れることができずにいます。士気を下げること、この上ないでしょう。

> ほとんどのパフォーマンス・レビュー（年次評価）の仕組みは、父権的な世界観を強化してしまう。これは、まずは人を疑うことや、上司は自分のスキルや能力、コミットメントについて自分よりも多くのことを知っているんだという思い込みに基づく世界観である。こうした依存関係は、エンパワーメントと逆の効果を発揮する。
>
> リック・モーラー（Rick Maurer）、『フィードバック・ツールキット（Feedback Toolkit）』[7]

では、パフォーマンス・レビュー（年次評価）が間近に迫っている以外の時期には、何が起こっているでしょう？　その時期は、みんな、よりオープンに話し合っているでしょうか？　残念ながらそうではありません。パフォーマンス・レビュー（年次評価）のプロセスによって構築された主従関係のパラダイムは、マネジャーとメンバーが率直に対話することを阻む障壁をつくり上げてしまうのです。サミュエル・カルバート（Samuel Culbert）教授は、著書『ゲット・リド・オブ・ザ・パフォーマンス・レビュー！（Get Rid of the Performance Review！）』の中で、次のように述べています。「上司と部下の面談は、率直な対話を阻害し、残りの365日で行われる2人のすべての会話に影響を及ぼしている」[8]

　評価、報酬、昇格といった自分の人生に大きな影響を及ぼす判断を下す人と、従業員という立場で、自分のパフォーマンス、ゴール、希望、不安を率直に話すことなど不可能です。そして、その重大な判断を下すマネジャーの側は、どうやったらメンバーが成長できるかということについての誠実な対話をもとうとはしません。なぜならば、パフォーマンスの質とは関係のない理由によって、従業員の期待を上げ過ぎないように注意しなければならない、あるいは期待を裏切らなければならないことを知っているからです。

　いかがでしょう？　オープンなコミュニケーションが成立する機会など、どこにもないのです。

致命的な欠陥3：良い仕事は記憶されない

パフォーマンス・レビューは強みにフォーカスするのではなく、ネガティブな要素を強調する。

　人の目というのは、ネガティブな出来事や経験のほうに向きやすいものです。そのことに対して疑いをもたれているのであれば、毎晩テレビで流れている銃撃戦や火事、カーチェイスといったローカルニュースをぜひご覧ください。こうした傾向は、マネジャーがメンバーについて考えるときにもあてはまります。強みをどう生かすかということではなく、メンバーが犯した過ちや失敗のことを自然と考えがちになるのです。

　「あのプロジェクトで彼が失敗をしたために、私が介入して事態を収拾するはめになった。その結果、1週間もスタートが遅れてしまった」などということです。こういったことを忘れることはありません。一方で、「彼は素晴らしく交渉が上手なので、会社の利益に貢献するために、そのスキルを活用することを学ぶとよいだろう」という事実は、忙しさの中でいとも簡単に忘れ去られてしまうでしょう。

　人は生まれつきネガティブな事象に着目するようにプログラムされて

いるため、バランスの取れたフィードバックといえども、その重心は常にネガティブな部分に置かれている。

ピーター・カッペリ（Peter Cappelli）、ウォートン・センター・フォー・ヒューマン・リソース（Wharton Center for Human Resources）[9]

著述家でコンサルタントのマーカス・バッキンガム（Marcus Buckingham）は、パフォーマンスと個人の強みがどのように関連しているかについての広範なリサーチを実施していますが、その中で、パフォーマンスに関するすべての会話において、上司と自分の強みについて話をしている従業員は、たったの25%しかいないという調査結果が実際に出てきています。[10]

ここで、なぜ従業員がパフォーマンス・レビュー（年次評価）のプロセスを嫌うのかについて明らかにしたいと思います。まず、従業員の視点で見ていきましょう。あなたが従業員だとして、プロのカメラマンのところに行ったと仮定してください。50から60枚の写真を撮影してもらいました。その中には素晴らしい出来映えのものもあれば、質の悪いものもあります。あなたは気に入った写真を何枚か選んで、マネジャーのオフィスに持っていき、その写真を見せながら「これが私です。よく撮れていると思いませんか？」と言いました。するとマネジャーは、あなたがカフェテリアでチリドッグを食べているときに撮影された別の写真を持ち出してきました。口は大きく開いていて、チリソースの大きな塊がシャツを流れ落ちています。そして、マネジャーはこう言うのです。「この写真のほうが、より正確に君を写していると思うよ」

要するに、パフォーマンス・レビューで多くの人が経験しているのは、突き詰めるとこういうことなのです。この1年の自分のパフォーマンスにかなり良い手応えをもって面談に向かうものの、そこでは、マネジャー（その多くは1年を通してほとんど話したことがない）は自分とは違う意見をもっているということを知るだけです。そしてほとんどの場合、マネジャーは、たった1つのネガティブな出来事に関するイメージしか持ち合わせていません。それにもかかわらず、このたった1つのイメージが、従業員に対するマネジャーの考え方や年次評価に対するアプローチに大きく影響を及ぼし、そ

の後のレイティング（評価）、昇進、プロジェクトのアサインに関する意思決定にも影響を及ぼします。これは悪いマネジャーに限った話ではありません。信頼できる人でさえ、この罠にはまってしまうのです。いったい何が起きているのでしょうか？

まず、企業は人のモチベーションを上げる要因はフィードバックであると捉えて、戦略を組んでいます。しかし、それは誰にも当てはまりません。学習機会を強く求める傾向がある人でさえ、フィードバックを嫌っていることが、研究で明らかになっています。[11] 彼らは、その嫌いの度合いが他の人よりほんの少し低いだけです。

また、発信側の期待と受け手側の感受性との間にあるズレが、実際のコミュニケーションを損ねてしまうこともあります。私たちは、たとえ褒めようとしていても、受け取る人によってはネガティブに解釈されかねないメッセージをいくつも送ってしまうものです。「あなたはこの会社で2番目に素晴らしい評価を受けたよ」といったようなシンプルな表現は、マネジャーにとっては褒め言葉にしか見えませんが、そのとき、従業員の頭には「どうしてナンバー1になれなかったのか？」といったコメントが浮かんできているのです。

最後に、仕組み自体が妨げになっているということもあるでしょう。決められた分布率に従業員を割り当てたり、ランキング（順位づけ）するような制度において、マネジャーは、自分が下した評価を正当化することに、より多くの労力を注ぐことになってしまいます。そこで扱われるのは過去の話であり、従業員のエンゲージメントを高めるような、将来を見据えて今後の成長について話し合う、キャリア志向の健全な会話をすることが難しくなってしまうのです。

> 私たちの価値が危機にさらされていると感じるほどに、それを守ったり復元しようとすることで頭がいっぱいになり、世界に新しい価値を創造する私たちの力は失われていく。
> トニー・シュワルツ（Tony Schwartz）、ハーバード・ビジネス・レビュー（Harvard Business Review）[12]

致命的な欠陥4：
島のように孤立して存在している人などいない

　　組織的な要因が、個人のパフォーマンスに著しく影響を及ぼすにもかか
　　わらず、個人に焦点が当てられている。

　再度、従業員の立場になってみて、別のストーリーについて考えていきま
しょう。あなたはとある製品部門にいます。昨年の終わりに、この組織は最
終製品のより良い品質管理のため、新しいチェック・アンド・バランス*のシ
ステムを取り入れました。しかし、このチェック・アンド・バランスによって、
あなたはこれまでより大幅な時間を割くことになり、生産性が大きく低下し
てしまいました。さらに、プロダクトデザインに関する厳しい基準も付け加
えられたことで、あなたは型にとらわれない独創的な想像力を発揮できずに
います。一方で、こうした状況下でも、あなたは会社の基準にしっかりと適
合した最終製品を生み出し、手堅い売上を上げ続けています。こうした複雑
な結果に対して、あなたのマネジャーはどのように対応するのでしょう？
どうやったら、あなたがコントロールできたこと（したがって議論する内容

---

*監督と執行を分けることで、チェック機能を強化するガバナンスの仕組み

として適しているもの）とコントロールできなかったことに結果を分けることができるのでしょうか？　その答えは、「分けることはできない」です。

　　個人のパフォーマンスを評価するときに、周囲の環境や状況の影響を分離させることができないのであれば、私たちには新しい理論が必要だ。
　　　　　　トム・コーンズ（Tom Cones）とマリー・ジェンキンス（Mary Jenkins）、『アボリシング・パフォーマンス・アプレイザルズ（Abolishing Performance Appraisals）』[13]

　残念なことに、現在のパフォーマンス・マネジメントは、個人のパフォーマンスだけを捉えるようデザインされてしまっています。これは、各個人のパフォーマンスを向上させることが組織の集合的な発展につながるという第一の前提と、評価者が、生み出された成果について、個人の実際のパフォーマンスなのか、それともそのときの状況によるものなのかを区別できるという第二の前提に立脚しています。第一の前提に関しては必ずしもそうとは言い切れませんし、第二の前提に関しては、言うまでもなく、これは不可能な作業です。

　最近の調査によれば、システム（会社内における仕事の進め方の仕組み）は、従業員一人ひとりおよび組織全体のパフォーマンスに対して、個人よりもはるかに大きな影響力をもっていることが明らかになっています。投資アナリストを対象にした最近のハーバード大学の調査では、ある銀行でスタープレーヤーだった人たちのうち、新しい会社に移っても同じパフォーマンスを再現できる人は、46％しかいなかったという事実を伝えています。[14] その理由は何でしょうか？　調査では、「スタープレーヤーの個人的な成功は、ほとんどの場合、本人の才能ではなく、（彼らを取り巻く支援構造）によって生み出されたものである」（括弧内は筆者が加筆）と指摘しています。言い換えれば、状況や環境、チームが、スタープレーヤーの大部分を構成しているのです。これは、システムを構成する個人を改善しようと一生懸命試みるよりも、システム自体を改善することにフォーカスしたほうが、企業はより大きな便益を手にできるということを意味しています。

致命的な欠陥5：私たちは機械ではない

パフォーマンスの評価やレイティングにおける公正さ、標準化が達成されることはまずあり得ない。

私たちはみんな人間です。最も優秀で聡明な人たちでさえ、驚くほど簡単に間違いを犯します。しかし不幸なことに、従来のパフォーマンス・マネジメントのシステムは、「偏見をもたず、さまざまな役割や職種の人のアウトプットを間違えることなく正確に評価できる、公平で博識な個人」という概念に強く依拠したものになってしまっています。そういう人が一人でも実在すると想定すること自体にかなりの無理があるのですから、すべてのマネジャーが同様の客観性と見識を備えていることを期待するのは不可能でしょう。ましてやスタック・ランキング（全従業員に順位をつけること）やナンバー・レイティング（従業員に評価点をつけること）の際にそれを期待するなど、馬鹿げているとしか言いようがありません。私は小数点第2位まで拡張したレイティングのシステムを見たことがあります。小数点第2位ですよ？！　4.35のパフォーマーと4.36のパフォーマーの違いを見分けられると正気で思っている人がどこにいるのでしょうか？　伝統的なパフォーマンス・マネジメントのシステムにおける昇進や給与に関する決定は、依然としてこうした微小で極めて恣意的な違いに基づいて行われているのです。まったく馬鹿げていますよね。

客観的なパフォーマンス・レビューとは、自己欺瞞であり、私たちが人間であるがゆえにもっているバイアスを、どういうわけか超越できると信じ込んでいる上司の妄想によるファンタジーである。

サミュエル・カルバートとローレンス・ルート（Lawrence Rout）、『ゲット・リド・オブ・ザ・パフォーマンス・レビュー！（Get Rid of the Performance Review!）』[15]

　実際、こうしたレイティング（評価段階づけ）のあり方が、伝統的なパフォーマンス・マネジメントに対する最も激しい批判や不満の温床となっていると思います。調査をしてみると、ほとんどの人が以下の5つのポイントに賛同することがわかりました。

1. 例外的なハイパフォーマーとローパフォーマー以外、それぞれのパフォーマンスの差を識別するのはとても難しい。

2. 職務内容の多様性が増すにつれて、パフォーマンスの比較や格付けも難しくなる。2つの部品を使って装置を組み立てる工場のライン・マネジャーと、さまざまな職務領域にまたがる大きなプロジェクトのマネジャーとでは、前者のほうがレイティング（評価段階づけ）の難易度は低いと考えられる。また、ジョブ・ディスクリプション（職務記述書）上はとても似通った仕事に従事しているように見えても、実際はまったく異なるプロジェクト、ステークホルダー、地域、業者、技術基盤を担当している人たちがいる場合もある。

3. 望ましい評価点を得るために、結果をゆがめて操作しようと企てる人がたくさん出てくる。

4. 評価の大半は、評価者のバイアス、先入観、個人的な癖や偏りによって生み出されている。パフォーマンスに対するレイティング（評価段階づけ）の約60%は、評価を受けた人ではなく、評価者の性質を反映しているにすぎないという調査結果が出ている。これは、「特異的な評価者

効果（the idiosyncratic rater effect）」として呼ばれる現象である。[16] レイティング（評価段階づけ）は、被評価者に関することを伝えてくれる情報だと私たちは考えてしまうが、実際にそこで得られているのは、評価者に関する情報である。

5. 公平公正でいるために最善を尽くしている評価者でさえ、1年間の出来事を等しく鮮明に記憶することはできない。その出来事がポジティブなものであろうとネガティブなものであろうと、1年前に起きた出来事よりも、先月に起きた出来事に重きを置いてしまうのが人間の特質である。

　機械的な仕組みの中で、人間が人間を評価しようとすることで、私たちは、本質的な人間らしさ（強みと弱みの両面を含む）を考慮に入れるのを忘れてしまいがちです。私たちは機械ではありません。にもかかわらず、どうしてこのような非人間的な方法で、人のパフォーマンスを評価するようになってしまったのでしょうか？

致命的な欠陥6：私たちは機械ではない—その2

　人材に関する意思決定を行うにあたって、パフォーマンス・レビュー（年

次評価）の結果は当てにならない。

　マネジャーがメンバーのパフォーマンスに対して公正で偏りのない判断を下すということは、実質的に不可能であるにもかかわらず、こうした評価者の不正確さによって生み出される過ちが、ここまで寛容に受け入れられてきたのはなぜなのでしょうか？　信じられないような話ですが、行われている評価の90％が、実は「目標を達成した」「目標を超えた」「目標をはるかに超えた」のカテゴリーに結果的に収まっています。[17]　つまり、マネジャーは、「正しい人」であるよりも「いい人」でいたいのです。[18]

　ここまで、レビュー（評価）がどれだけ人の気持ちをくじくのか、そして、いかに人はネガティブなことに着目しやすいかということをお伝えしてきました。しかし、いま私がお伝えしているのは、多くの人がその人の実際よりも高いスコアを得ているという事実です。これは理にかなっているのでしょうか？　少し解説させてください。人々に得点をつけるとき、つまり従業員記録に記載されるレイティングを決める際に、概して人は正確であるよりも寛容であろうとします（それは従業員の順位づけを行うスタック・ランキングを行わなければならない場合を除きますが、それはまた別の話）。しかし、いざ人にフィードバックをする場面になると、人間の本来的な性質がもたらす、そこが最も改善が必要な部分だからというシンプルな理由から、私たちはその人の弱みに焦点を当てるようになってしまうのです。こういったことを考えると、私たちにはコーチングスキルが欠如していることに気がつくでしょう。ほとんどの人は、トレーニングを受けることなしには、弱みを指摘する以外の方法で人を支援するやり方を知らないのです。私たちは、ネガティブなフィードバックによって人を成長させることができると信じ込まされてきました。パフォーマンス・マネジメント版の「鞭（むち）を惜しめば子どもはダメになる（spare the rod, spoil the child）」です。その結果、パフォーマンスを評価するときには厳しくなる一方で、レイティング（評価）をつける際には甘くなるという傾向が生まれているのです。

　しかし、ここで問題が発生します。パフォーマンス・マネジメントのスコアは、これまで、ありとあらゆる重要な意思決定のためのデータとして扱われてきました。報酬管理やサクセッション・プランニング、育成目標、従業

員のパフォーマンス・レポート（報告）などにこのデータは活用されています。もしこのデータが不正確なものであるならば、それはすなわち間違った前提の上にビジネスの意思決定を下していることであり、従業員や組織に対しての最善な投資策を選択できていないということを意味しています。問題は、たとえ良いデータでなかったとしても、こういった意思決定をしなくてはいけないというところにあります。では、伝統的なパフォーマンス・マネジメントが提供する単なる数字の羅列にすぎないデータが唯一の選択肢なのでしょうか？　それ自体が良い意思決定の妨げになっているというのに？　そんなはずはありません。

　たとえば、「誠実さ」という曖昧な価値について、その発揮度合いを数字や記号にあてはめて従業員を評価するという不合理なことをせずに、こうした複雑な意思決定を行えるようにしてみたらどうでしょうか？　私のクライアントは皆、もっとそれぞれの個性に沿った評価を行いたいと望んでいましたが、現行のプロセスが良い意思決定を行う能力を阻害していたために、その願いはほとんど叶いませんでした。このプロセスは、人間を対象に人間によって運用されるのですが、欠陥はあったとしても、人間らしさは良いことなのです。人間らしさによって複雑な問題を深く考え、他者に教えを乞い、思慮深い意思決定を行うことができるのです。私たちがより良い成果を得るためには、人間性を取り除こうとするシステムの設計をやめて、人材に関するタフな意思決定をしなくてはならないというリーダーの重荷を取り除かなければなりません。端的にいえば、人を中心に据えてデザインしていないパフォーマンス・マネジメントのシステムでは、いくらつくり直しても、必ず失敗に終わるということです。

致命的な欠陥7：協力相手と競争しなくてはいけない

他者との比較は、コラボレーションする文化を創ろうとする努力をむしばむ。

同僚と限られた昇給額や昇進の枠を巡って、ひどい場合には自分のクビをかけて、競争させられていることを想像してみてください（実際に、一定数の企業が最下層にランクされた人々を毎年解雇しています）。この競争の主要な要素は毎年のレビュー（評価）のスコアです。たぶん会社は5段階評価を用いていて、4未満の人には昇給も昇格もないでしょう。また、あなたの会社がスタック・ランキングを行う恐ろしいグループの一味で、もうすぐ同僚内での今年の順番がつけられるとします。重大なことが懸かっている上に、評価の方法が非常に恣意的だった場合に、そのことに無関心でいられる人など、ほとんどいないでしょう。ほとんどの人は、トップを目指して死に物狂いで戦うことを決意するか、身をすくめて泣き寝入りするかのどちらかに分かれることになるでしょう。

市場からは、チームやパートナーシップを志向する文化が求められているのに、パフォーマンス評価と呼ばれる人為的な産物に固執することにはまったく意味がない。

ピーター・ブロック（Peter Block）、『アボリシン

グ・パフォーマンス・アプレイザルズ（Abolishing Performance Appraisals）』の前書きより[19]

　少し考えてみてください。マネジャーとして、こうした人たちに働きかけたとして、彼らがベストを尽くすでしょうか？　パフォーマンス・マネジメントのプロセスによって動機づけされるどころか、感覚を麻痺させられてしまった人たちが、彼らの能力を最大限に発揮するということはまずありません。アルフィー・コーン（Alfie Kohn）が彼の著書『Punished by Rewards（邦題：報酬主義をこえて）』の中で、私よりもはるかに上手にこのことをまとめているので引用させてもらいます。「同僚同士での競争は、パフォーマンスを妨げるような、ある種の強いレベルの恐れを生み出してしまう。(中略)自分には競争に勝つチャンスがないと思っている人たちは、努力する気がなくなる。努力とは同僚を叩きのめすために行うものだからだ。そして、彼らは自分たちにはそんなことできないと確信している。こういう人たちは、まさに文字通り、ほぼ完全にデモチベートされた人ともいえる」[20] これは、実にうまく言い表していると思います。

　しかし、あなたはおそらくこう言うでしょう。「私はこんな人たちと働くのは嫌です。私が望むのは、すべてを自らの仕事に注ぎ込むような人です。私が必要としているは競争力のある人なのです。彼らは間違いなくよく働くでしょう」。確かに、競争に勝つために死に物狂いで戦おうとする人は、猛烈に働くことでしょう。もしくは、少なくとも猛烈に働いているように見せるはずです。しかし、そうしたことは彼らの同僚であるチームメンバーの屍の上に成り立っているのです。争いや駆け引きのはびこる環境で働く従業員が、真に卓越した成果をもたらすことは、ほとんどないということを覚えておいてください。ビジネスにおける真の成功には、チームワークやコミュニケーション、コラボレーションが欠かせないという考えは、現在ではかなり確固たる地位を得ています。中には、世の中は弱肉強食だと主張する人もいるでしょう。確かにそうかもしれません。しかし、私はここで皆さんに問いたいと思います。従来のパフォーマンス・マネジメントが命じていたやり方は、私たちが認識しているよりもはるかに大きな影響力をもって、文化的な規範を方向づけています。このことをよく考えてみてください。多様なスキ

ル、経歴、観点をもった人々がリスクを取ることを恐れずコラボレーションしているような、創造的でアジャイル（俊敏）な組織を築きたいと私たちが本当に望むのであれば、こうした理想を蝕む競争的な構造を解体しなくてはなりません。

致命的な欠陥8：私たちはパブロフの犬ではない

> ペイ・フォー・パフォーマンス（pay for performance：成果に応じた報酬）は、パフォーマンスの改善をもたらさない。

　2月の中旬、雨の月曜日の朝にあなたのモチベーションの源となっているものはなんでしょうか？　翌年の給料をほんの少し増やすチャンスを得るために、プロジェクトをぐいぐい推し進めますか？　おそらくそうはしないでしょう。確かに、昇給は喜ばしいことです（お金はいいものです。昇給を断る人などいないでしょう）。しかし、この冷え込み厳しい朝に、カップに注がれた熱いコーヒーは別にして、あなたが隠しもっている能力を発揮し、優れた成果に向けて力を注ぐ理由は、仕事によって充足感が得られ、重要性を感じているからという以外にはないでしょう。

　従来のパフォーマンス・マネジメントは、（処罰を避けたり、報酬を受け取るといった）外発的動機づけを活用することが、従業員を頑張らせる最良の方法だという仮説に則っています。しかし現在、私たちは内発的動機づけ

によってこそ、人々のモチベーションがより上がることを知っています。人は自ら個人的な意義や報酬を見出した際に、最も良い働きをするのです。[21]

　こうした発見を企業の世界に当てはめると、人々のモチベーションは、仕事自体を楽しむ、チームの重要な一部であると実感する、会社のミッションに共感するということによって高まることを意味します。反対に、悪い評価や 3％の昇給を気にしてパフォーマンスを上げているのではないということです。報酬と引き換えに、パフォーマンスを出すわけではないのです。アルフィー・コーンは彼の大規模な研究を通して、「報酬やインセンティブのプログラムの結果として、仕事の質が長期的に向上したグループは 1 つも現れなかった」と結論づけました。[22] アメリカン・コンペンセーション・アソシエーション（American Compensation Association）の発行する ACA ジャーナル（ACA Journal）は自らが行った調査で、金銭的なインセンティブがパフォーマンスの質を向上させることはないという敗北宣言をしています。多くの人の考えとは異なり、お金は偉大なモチベーターではなかったのです（ただし、不公平な分配が行われていると感じ取られた瞬間、お金は偉大なモチベーション低下の要因となります）。[23] さらには、職種や業界にかかわらず、十分な額の給与を得ている人にとっては、非金銭的な報酬のほうがさらなる現金の支給よりも、長期的なエンゲージメントを構築する上ではるかに効果的であることも明らかになっています。[24]

　本当に興味のある良い仕事を行うことで得られる満足感には、外発的動機づけは太刀打ちできません。したがって、予算という制約の範囲で報酬を限定するのではなく、自分の仕事が好きになるような機会を多く提供するという報酬によって、人々の力を解き放つほうが賢明といえるでしょう。

「ヒューストン、緊急事態です」

　自分たちの年次評価の仕組みが、組織のパフォーマンスの向上に役立っていると考える CEO はたった 6％しかいません。[25] 私たちは従来のパフォーマンス・マネジメントが機能していないことを知っていますし、なぜ機能しな

いのかということについてもよく理解しています。事実無根で、時代遅れの
ひどい思いつきにすぎない前提（8つの致命的欠陥）の上に築き上げられた
既存のシステムは、完全に壊れています。

　この話をまとめるのに、W・エドワード・デミング（W.Edwards Deming）
の『アウト・オブ・クライシス（Out of Crisis）』の中のコメントほど、最
適なものはないでしょう。

> （年次評価は）短期的なパフォーマンスを追い求め、長期的な計画を台
> 無しにする。恐れを生み出し、チームワークを解体して、競争と社内政
> 治に力を与える。レイティング（評価段階）を知らされた後の数週間、
> 人は、なぜ自分が低評価なのかを理解できないままに、自分はこの仕事
> に向いていないのではないかという劣等感に苦しむ。精神的なうつ状態
> になってしまう人もいる。レイティング（評価段階づけ）が、苦々しい
> 惨めさ、何かに押しつぶされ、あざだらけでボロボロになってしまった
> 感覚、仲間のいない寂しさといったものをもたらし、人をひどく落胆さ
> せるのである。実際には、仕事を行っているシステムが差を生み出して
> しまっているにもかかわらず、その責任を人々に転嫁させるのはあまり
> にも不公正だ。
>
> 　　　　　　　　　　　　　　　　　　　W・エドワード・デミング[26]

第3章

8つの根本的なシフト

　私たちには大きなチャレンジが待っています。コンフォートゾーン（安全地帯）を出て、これまでの常識や慣習を手放し、健全な組織をいかに築くかということに関して科学、実体験、研究が示唆していることを取り入れた、新たな世界を受け入れなくてはなりません。

　相互のつながり合いと多様化や個別化が加速する、ミレニアル世代が牽引するビジネスの世界において、時代遅れな従来の慣習を手放して、人々の力を生かすためにはどうしたらよいのでしょう？　市場において抜きん出た存在となるための、文化、構造、リーダー、プロセスをどうやって築けばよいのでしょうか？

> 最も困難なのは、新しい考えを受け入れることではなく、古い考えから脱却することだ。
>
> 　　　ジョン・メイナード・ケインズ (John Maynard Keynes)、
> 　　　『ザ・ジェネラル・セオリー・オブ・エンプロイメント、
> 　　　インタレスト、アンド・マネー (The General Theory of Employment, Interest, and Money) 』
> 　　　（邦題：『雇用、利子および貨幣の一般理論』）[1]

　変化に対して俊敏に対応し、熱意があり、献身的な人々の集団を築くためには、「人々をどう捉えるのか」ということについて、これまでの私たちの捉え方をシフトさせなくてはいけません。そしてまた、働く人々も、自らの成長やキャリアに対して自分たちが果たす役割に関する習慣や考えをシフトさせたり、いくつかの新しい考えを取り入れていく必要があります。それは、ビジネスの世界で数年でも働いてしまった人にとっては、容易なことではあ

りません。こうした新しい考えは、多くの人がマネジメントに関して教えられてきたことと相反するものだからです。

　現代において、パフォーマンスが高い組織をつくりたいのであれば、8つの「万華鏡を回しているかのような」世界観の変化を受け入れる必要があるでしょう。これらは、新しいパフォーマンス・マネジメントのすべての部分に取り入れられるべき前提となります。私はこれらを「8つの根本的なシフト」と呼んでいます。では、ドラムロールをお願いします…。

根本的なシフト1：ドアを開放する

From：隠し事　⇨　To: 透明性

　もし従業員に、信頼してもらいたい、ミッションに共感してもらいたい、ビジネス環境の変化に速やかに対応してもらいたいと望むのであれば、隠し事はすべて取り除かなくてはなりません。密室の会議、一方的なコミュニケーション、給与に関する秘密、密かに行われるレイティング（評価段階付け）といったものすべてです。もちろん、私たちのこれまでの仕事の作法が、深く秘密主義に染まっていることは知っています。それがない世界なんて、ほとんど考えられないほどです。しかし、こうしたスパイ小説じみたことから、一体私たちは何を得ているのでしょうか？　そのことについて考えてみたことはありますか？

「いやいや、私たちに秘密なんかないですよ。そういう人たちもいるでしょうけど、私たちは違います」と、あなたはおっしゃるかもしれません。それはおそらく本心でしょう。意図的に人々に隠し事をしようとはしていないのですから。多くの人が透明性のある企業文化を維持しようと頑張っていますが、自分が思っているほどの透明性が本当にあるでしょうか？　以下の問いを考えてみてください。

> 「私のチームメンバーは、パフォーマンス・マネジメントのプロセスをすらすらと説明できるだろうか？」
> 「彼らは、パフォーマンスと報酬との関連性について自信をもって話せるだろうか？」
> 「彼らは、過去のパフォーマンス評価がどのように決定されたのかを理解しているだろうか？」
> 「いま自分がどこにいるのか、そして次の役割に移行するために何をする必要があるのかを、彼らはわかっているだろうか？」

　自信をもって「イエス」と答えられる質問はほとんどないでしょう。パフォーマンス・マネジメントの仕組みに対する従業員の理解不足は、ひとえに透明性と信頼が欠如していることに問題があるのです。

　私が知っている、過剰に設計されたパフォーマンス・マネジメントを行っている会社の話を紹介しましょう。制度には4つの項目があり、その項目ごとに独自のレイティング（評価段階付け）が行われていました。従業員は、4つの異なる項目でレイティング（評価段階付け）されるのです。これだけでも十分ひどいと思いませんか？　しかし、これだけでは終わりません。4つの項目の1つである、組織内での将来性に関する項目の評価結果は、従業員本人には共有されません。総合評価にそのスコアも加味されているにもかかわらずです。これは本当の話ですよ。この制度に従って評価するマネジャーとメンバー双方にとって、どんなに気まずく、不快な会話が行われていたことでしょう。

　制度の根幹をなす原則が、評価の一部を秘匿することだったら、一体どうやって誠実でオープンな対話ができるというのでしょうか？　レビューのプロ

セスを隠して、最後に数字だけがポンと出てくる状態で、どうしてパフォーマンスが向上するのでしょうか？　評価結果がどう導き出されたのかを聞かされていないのに、どうやって従業員は自分の改善ポイントを知ることができるのでしょうか？　そして何よりも深刻なのは、こんな状態で、一体どうやって従業員は自分がチームの成熟したメンバーとして信頼される、重要な存在であると感じることができるのでしょうか？　情報へのアクセスを制限すること、特に従業員自身のパフォーマンスに関する極めて重要な情報を秘匿することは、モチベーションとコミュニケーションに危害を加える封建的な主従関係を強化する乱暴な行為としか言いようがありません。

　従業員が変化に素早く反応したり、自律的に判断できるようになったり、より大きな目的に向けて貢献したいという意欲をもつようになるには、何が起きているのかという情報が必要です。彼らは、組織全体が何を考えているのかを知る必要があるのです。自分のパフォーマンスが周囲や環境とどのようにかみ合っているのか、期待されていることに応えられているのかどうかということに関する最新の情報が、その理由とともに共有されている必要があります。会社という偉大で刺激的な存在の重要な一部を担っているという実感を彼らは得たいのです。隠し事をそのままにしておいて、従業員と組織との強い結びつきを期待することはできないのです。

　個人のパフォーマンスに関する透明性の確保だけで終わってはいけません。プロセスの運用方法、昇進や報酬額の決定方法といった、ほとんどのパフォーマンス・マネジメントの仕組みに付随するその他の要素に関しても、秘密を取り除いていく必要があります。もっと働く人たちに権力を移譲させなくてはいけません。そして、知識こそが力の源なのです。2013 年の『タレント・マネジメント（Talent Management)』に掲載された記事は、このように指摘します。「雇用主側がすべての権力と情報を握りつつ、雇用関係はこれからもずっとうまくいくという考え方は間違っています」[2] まったく同感です。

　米国最高裁判所判事のルイス・ブランデー（Louis Brandeis）は、「太陽光が最良の消毒剤だ」[3] という言葉で有名ですが、実際に彼が正しかったのです。情報をもった従業員はより良い判断を下すことができ、透明性を確保するということはリーダーや意思決定者をけん制する働きもあります。何よ

り、今日のように高度につながっている世界において、秘密を保持すること
など不可能だという現実があります。グラス・ドア＊を訪問すれば、ほとん
どの企業の役割に応じた給与幅や採用方法、従業員による口コミ評価を閲覧
できてしまうのです。もしかすると、従業員が他の情報源からではなく、必
ず私たちから知るようにしてほしい情報とは何かを考えるべきなのかもしれ
ません。働く人たちにドアを開け、彼らが望み、また得るべき知識、情報、
実態を伝えましょう。

根本的なシフト2：操縦かんを従業員に握らせる

From：経営者による操縦　⇨　To：従業員主導

　従業員を成人として扱う必要があることに異論を唱える人はいないでしょ
う。しかし、「成人として扱う」とは一体どういうことなのでしょうか？
成熟した大人は、成功するために、自分にとっての最良の仕事の進め方を知
っています。そして、成功したいと願っているので、その最良なやり方を自
ら実践します。あなたの会社で働く優秀な人材は、あなたに仕事の仕方を教
えてほしいとは望んでいないでしょう。その代わりに、組織が向かおうとし
ている方向とその理由を教えてほしいと望んでいるはずです（その行き先が

＊ GlassDoor。在職者や在職経験者が企業の評価を投稿するキャリア情報サイト

魅力的なものであれば、こうしたトップパフォーマーは「自分もその仲間に加わりたい！」と言うでしょう）。彼らは、組織に代わって最善の選択と判断を行えるよう、ツールや情報、知識の提供を要求します。ここでは、人々が自らの能力を最大限に発揮して働けるような体制や文化を構築することが、リーダーとしてのあなたの仕事の1つになります。一人ひとりが仕事で成功できるよう、彼らをエンパワーメントするプログラムを導入してください。そして、一歩下がって、彼らが自由にやるのを見守るのです。目標や戦略（What）は、惜しみなく共有しましょう。そうすれば、そこにたどり着くための方法(How)は彼らが見つけてくれるはずです。ワークライフと日々の業務内容を自分で考えて設計してよいとすることで、従業員は信頼されていることを実感し、コミットメントとエンゲージメントが高まって、さらに多くの貢献をしてくれるようになるでしょう。

このことをパフォーマンス・マネジメントに当てはめるとどうなるでしょうか？　定期的に行われる上意下達型のレビューは廃止するべきです。その代わりに、適切なタイミングに、従業員のほうから情報やリソースを求めたり、コーチングやフィードバックを依頼できるようにしましょう。その際、マネジャーは、アドバイスと支援を行うために自分がいること、そして、必要なタイミングで支援をする用意があることを、従業員にはっきりと示す必要があるでしょう。ここまで議論してきたように、従業員がフィードバックを受け止めて、それを生かすための適切なマインドをもってパフォーマンス・レビュー(年次評価)に臨むことはほとんどありません。しかし、レビュー(評価）のプロセスを、従業員の要請によって行われる対話に変えることができたならば、はるかに豊かな対話と、未来に向けたより健全な関係性を生み出すことができるでしょう。そのとき、従業員は「自分の働きぶりをどう見ているのか教えてほしい。今後に向けた話をしたい」と、本心から思っているのですから。

さらに、もしマネジャーが、従業員に対して協力し合うような双方向の関係を築くようなアプローチを取り、仕事の進捗を共有したり、どうやってその進捗を手助けできるかを尋ねたりするような頻繁で気軽なチェックイン（現状の確認）を主体とするものに変えたとしたら、従来の上司と部下の関係性は、大きな進化を遂げることになるでしょう。フィアース（Fierce）社

で働く仲間のスーザン・スコット（Susan Scott）は、「対話はそのまま関係性になる」と言っています。[4] インフォーマルなチェックイン（現状の確認）が習慣になったら、そこで交わされる継続的な対話によって、上司と部下の関係が深まるのです。

では、こうした健全な関係性が生み出す成果は何でしょうか？ 従業員は、マネジャーが自分のキャリアや成長を常に気に掛けてくれていると信じるようになり、気軽に安心して情報やアドバイスを求められるようになります。信頼されたマネジャーは、従業員の助けになる役立つアドバイスを提供する機会がたくさんあることに気づくでしょう。

フィードバックを一切求めないような人には、どうすればよいのでしょうか？ もし何か問題があるなら、そこに向き合うべきでしょう。しかし、もしその人がとても楽しそうに自身の仕事に没頭し、やるべきことを完遂しているのであれば、どうしてその集中を妨げる必要があるのでしょうか？ もちろん、こうした考えが多くの人にとって難解であることは承知しています。また、マネジャーの責任を免除しましょうと提案しているわけでもありません。その反対で、マネジャーは常にそこにいて積極的に状況に関与し続け、必要なときにコーチングをする必要があります。

こういったアプローチに変更することで、従業員とマネジャー間の信頼関係を構築することができ、長期的に見れば、堅苦しく形式張った、現行の年次の評価面談よりもはるかに大きな成果を得られるでしょう。ここでのポイントは、パフォーマンスとエンゲージメントを向上させることに尽きます。どんな形になろうとも、重要なのはプロセスに対するオーナーシップを従業員にもたせることなのです。

さらに視野を広げて、キャリアへのオーナーシップを従業員に委ねることについて考えてみましょう。何も私は、いつ昇進するかを従業員自身が決めるべきだという急進的な提案をしているわけではありません。しかし、従業員Ｘが担う次の役割を決め、そのポジションに就くための教育を、本人の関与なしにどうして始めることができるのでしょうか？ 確かに、その従業員は素晴らしいカスタマーサービス担当かもしれませんが、実は製品開発の仕事に就くことを熱望しており、それにもかかわらず彼を生涯カスタマーサービスの中に押しとどめようとするのであれば、たとえマネジャーになれたと

しても、その従業員が会社を好きになることはないでしょう。そうではなく、従業員が自分たちの望むキャリアを形づくれるよう、よりエンパワーメントすべきなのです。役割の定義を作成し、コンピテンシーを明らかにしたものを公開してください。どういった役割やポストが社内にあるのか、そうした役割に就くためには、どういった経験や教育を受けている必要があるのかといったことが皆にオープンになっている状態をつくるのです。さらには、それぞれの役割の給与に関する透明性も確保することで、従業員が自分のキャリアについて意思決定を行う際に必要な情報を提供することができます。その上で、どの役割に就きたいと思っているかを従業員と話し合い、トレーニング機会の提供や実際の職務経験など、彼らがその役割に就くためのサポートを提供してください。雇用主にとって都合が良いキャリアではなく、彼らが望むキャリアをつくる手助けをするのです。

> 人間は本来、自律性を発揮し、自己決定し、お互いにつながりたいという内発的な欲求を備えている。その欲求が解き放たれたとき、人は多くを達成し、いっそう豊かな人生を送ることができる。
> ダニエル・H・ピンク (Daniel H. Pink)、『ドライブ (Drive : The Surprising Truth about What Motivates Us)』（邦題：『モチベーション3.0』）[5]

　私の会社であるピープルファーム社（People Firm）では、リリパッド・キャリア・デベロップメント・モデル（Lily Pad Career Development Model）を開発しました。私たちの会社の中にあるすべての役割は「リリパッド (lily pad：すいれんの葉)」と呼ばれ、明確な役割定義と必要なコンピテンシーをもっています。メンバーはそれぞれ、自身の希望や興味関心、経験の変化や成熟度合いによって、すいれんの葉から葉へと飛ぶように役割を変えることができます。突き詰めていくと、私たちのメンバーは、いつ新しい役割に移行したいかを自分で決めることができるのです。当然、会社としてビジネス的な必要性があるからこそ役割が存在するわけですが、こうした仕組みは、従業員が自身のキャリアに関する手綱を握ることを最大限可能にしてくれます。

　このようなキャリアプログラムは、ただの思いつきのアイデアではありません。本当の意味で従業員のエンゲージメントを高めるものは何かという科学的根拠に基づいています。たとえば、マーサー社が2013年に行った「ワッツ・ワーキング・サーベイ（What's Working Survey）」という調査では、「成長機会のある仕事そのもの」がエンゲージメントを高める上で最も重要だと伝えています。[6] また、ダニエル・ピンクによる「熟達、自律性、目的」[7] が、人をやる気にさせる最重要な要因だという考えは広く浸透していますし、最近のコーポレート・エグゼクティブ・ボード（Corporate Executive Board）による調査では、職務に関する意思決定への関与が、従業員満足度の飛躍的上昇につながるということを提唱しています。[8] 仕事そのものに満足感があることと、その仕事に対して発言権があることが、エンゲージメントを高める鍵なのです。

　こうした取り組みを進める上での最も興味深いチャレンジは、従業員に、自分のキャリアの主導権は役員やマネジャー、HR にあるのではなく、自分自身にあるのだと理解してもらうことです。組織は従業員自らが追い求めているゴールを達成できるように、できる限りの透明性、コンテンツ、ツールを提供する責任があります。しかし、私たちの多くは、「依頼する」のではなく「伝えられる」ことに慣れ親しんで育ってきたため、従業員は自分の手でハンドルを握っていることをにわかには信じられないのです。オーナーシップに関するこうした認識の飛躍を受け入れ、それに慣れるためには、集中的な取り組みが必要になるでしょう。最初は、従業員にオーナーシップがあるということを何回もリマインドする必要があるかもしれません。もし、誰かが「フィードバックをもらえない」と嘆いていたら、あなたが最初に問うべき質問は、「フィードバックしてほしいという依頼はしたの？」というものです。

根本的なシフト3：フォーカスを変える

From：過去のパフォーマンスへのフォーカス　⇨　To：未来の成長へのフォーカス

　これまでの長きにわたって、パフォーマンス・マネジメントの仕組みの中心は、パフォーマンス・レビュー（年次評価）にありました。つまり私たちは、過去に起こった出来事を見返すことに大半の時間を費やしてきたのです。これは、未来について考えることに十分な時間を割かなかったということも意味しています。過去を振り返るとき、私たちは往々にしてポジティブな出来事よりもネガティブな出来事にフォーカスしてしまいます。防御的な姿勢を取ることなく、過去のミス（もしくは「改善の機会」）を延々と指摘され続けることに耐えるなど、聖人でもなければできません。防御的な姿勢を取ると、人は聞く耳をふさいで、ほとんど話を聞かなくなってしまいます。これは皆さんも経験があることでしょう。ある人の過去の失敗についてレビュー（評価）した経験があれば、その議論の最中に、その人が指摘を受け入れまいとシャットダウンした瞬間を正確に覚えていることと思います。これは私たち人間の性質です。自分への批判を好む人など、どこにもいません。批判を受け止めるのに長けているように見える人であっても、それは変わりありません。

　では逆に、その人がこの1年で行った素晴らしい出来事の数々を伝えてあげたいと思った場合にはどうなるでしょうか？　そういったことはすべきではないのでしょうか？　そうした称賛はしても構いません。しかし、理想的には、彼がそれを行ったそのときに行うべきです（リアルタイムでの話し合いを目指していることを忘れないでください）。また、彼が行った素晴らし

い事柄について話をすることは、自尊心をくすぐり、機嫌を取るのには役立ちますが、未来に向けた前進を生み出すことにはつながりません。この素晴らしい成果が、組織内での次のステップを踏む上でどのように役立つのかや、自身が望むキャリアの構築に向けて次にどのようなことを積み上げたらよいのかを考える支援をするために、マネジャーとしての自分がいるのだと彼に思い起こさせたりすることが、未来への前進を生み出すのです。

　過去ではなく、未来にフォーカスすることへ変更すべきだと強く主張するうちの一人、サミュエル・カルバートは、著書『ゲット・リド・オブ・ユア・パフォーマンス・レビュー！』の中で、「パフォーマンス・プレビュー」という新しい言葉でその考えを表現しています。パフォーマンス・プレビューとは、「問題解決の手段であり、…（中略）…チームメイトとしてこれまで以上に効果的・効率的に共に働くための話し合いである。…（中略）…（著者補足：プレビューという構造によって、未来にフォーカスし続けることができ、）双方が望む未来を実現するために、チームメイトでありパートナーである相手から、どんなサポートを得たいのかを話し合うことができるのである」と彼は定義しています。[9] パフォーマンス・プレビューは、ここまで検討してきたアイデアと非常に親和性のある考え方です。パフォーマンス・プレビューによって、従業員は自身のキャリアのハンドルを握り、マネジャーや上司、同僚は、彼の成長を支援するチームとなるからです。

　表面的には、このシフトはとても基本的でシンプルなものです。従業員が1年間で何をして、何をしなかったのかを強調するのではなく、将来彼らが成し遂げられること、あなたや組織全体からのサポートがあれば成し遂げられることにフォーカスした話し合いをすればよいのです。たとえば、従業員の強みや能力、スキルに着目し、それらをどう活用していくかについての話し合いを行ったり、従業員の興味関心や、彼らが求めている経験機会、将来担いたいと考えている役割や役職について探求し、どうやったらそこに到達できるのか、最初の一歩として何に取り組めばよいのかについての話をしたりするとよいでしょう。また、従業員の望みを実現するために、あなたや周囲の人からどんな支援を受けたいかについても尋ねてみてください。彼らの声に耳を傾け、挑戦への意欲をかき立て、未来を共に築くパートナーであり続ければよいのです。

一方、このシフトの簡単ではない側面は、従業員の未来に関して実りのある会話をするためには、多くの情報を知り、キャリアへの洞察力が必要であるという点です。たとえば、マネジャーは組織内でどのような役割に空きがあるのか、またそれらの役割に求められていることは何かについて、明確に把握している必要があるでしょう。また組織としては、キャリアパスを明確に見せる必要があります。こうしたキャリアに関する情報は、従業員が読めるような形で整理されていると、なお良いでしょう。そうすることで、彼らは、取り得る選択肢やこの先にある潜在的な機会、チャレンジを自覚した上で、キャリアに関する対話に臨むことができます。私は、HR部門やタレントマネジャー、組織開発の専門家たちが、パフォーマンス・マネジメントの仕組みを監視し、取り締まる役割を離れて、新しく生まれた時間的な余裕を、キャリアと役職に関する情報を構築することに使ってくれることを願っています。パフォーマンス・レビュー（年次評価）が期日までに行われているかをチェックするよりも、キャリアや成長機会を明瞭にしていくことのほうがずっと楽しく、やりがいもあるのではないでしょうか。

　他にも、このシフトにおいては、多くのリーダーが直面する悩ましい課題があります。それは、従業員のキャリアアップの選択が、チームやグループにとって、少なくとも短期的にはベストとはいえない話であっても、その従業員にとって望ましいものであれば、その選択を心の底から勧めることができるかということです。最高の成果を出している人ほど新しいチャレンジを求める傾向がありますし、他の部門にそうした新しいチャレンジが用意されている場合が多くあります。こういった場合に忘れてはならないのは、組織が従業員を本当に尊重しているという認識があることこそが、リテンションに最も影響を与えるということです。たとえ、その人が自分のチームから出て行くことになろうとも、充実したキャリアにつながる次のステップに進む後押しをすることで、あなたが、どれほど従業員を大事に扱っているかを、非常に効果的な形で表現することができます。従業員にとっても、今のチームを離れて会社内の別のチームに行ったほうが、完全に会社を辞めるよりもよっぽどどよいといえるでしょう。

　「能力のある人たちが会社を去って行く理由の1つは、マネジャーが彼

らを囲い込もうとすることにあります。彼らが成長できるように、彼ら
を手放さなくてはいけません。そうすることで、チームは彼らを失うか
もしれませんが、会社が彼らを失うことは防げるでしょう」

> ベバリー・ケイ（Beverly Kay）とシャロン・ジョーダン・
> エバンズ（Sharon Jordan-Evans）、『ラブ・エム・オア・
> ルーズ・エム（Love' Em or Lose' Em）』
> （邦題：『部下を愛しますか？ それとも失いますか？』）[10]

根本的なシフト4：均一性を捨て去る

From：画一的な方法　⇨　To：一人ひとりに合わせた個別の方法

　パフォーマンス・マネジメントのプロセスや方針について、それらが従業員にどのような影響を与えるかという観点で考えたことはありますか？　もしくは、パフォーマンス・マネジメントを通して達成したい目標を脇に置いて、こうした制度が多様な個人や会社内のさまざまなグループをどれだけサポートできているかについて、しっかり考えたことはあるでしょうか？　おそらく、ほとんどの人はこういった形でパフォーマンス・マネジメントを考えたことはないでしょう。なぜなのでしょう。企業は基本的に画一的なアプローチを採用しがちです。パフォーマンス・マネジメントの仕組みが、興味

関心、バックグラウンド、スキル、キャリアステージ、役割の異なる、さまざまなロケーションで働く多様な従業員にどれだけ合っているかという観点で考えている企業など、ほとんどいないでしょう。

　私たちは効率性と効果性の概念に取りつかれた時代に生きています。1つのやり方をグローバルに展開し、質や一貫性、低コストを追い求め、余分な手間をかける必要がないよう共通の方法を確立することで利益を増やしていくということが当たり前に行われてきました。「簡素化、最適化、標準化」。これが多くの企業にとっての金科玉条だったのです。だからこそ、国境や従業員の多様性や文化的な差異を無視して、1つの標準的なパフォーマンス・マネジメントの制度を策定し、全組織に導入することは、非常に理にかなったことだと考えられていました。

　では、ユーザー目線でパフォーマンス・マネジメントの制度を捉え直すとどうなるのでしょうか。組織全体に画一的な仕組みを適用するのではなく、個人やグループに適した方法を働く人々が自分たちで選べるような柔軟なシステムを構築してみてはどうでしょうか。これが、私が提案するシフトです。働く人々のニーズ、成熟度、ロケーションや望みを正しく反映できるような、それぞれの個人やグループに適した多様な制度を構築できたら、組織がどれだけ力をもつのかイメージしてみてください。「ここに定められているやり方の通りに実施してください」と要求するパフォーマンス・マネジメントではなく、それぞれのチーム、部門、事業、職種、個人が、自分たちに合った方法を独自に設定することを許すパフォーマンス・マネジメントを想像してみてください。

　具体例を紹介しましょう。私がお伝えするのは、カリフォルニアの営業チームに、パキスタンのソフトウェア開発グループやバーモントの生産工場とは異なるパフォーマンス・マネジメントの運用を許可しようという至って明白なお話です。こういった共通点がほとんどない異質な従業員を、一緒くたに同質的に扱うことには何の意味もありませんし、パフォーマンスにも悪影響を及ぼします。機能しない制度を強制する官僚主義の弊害は指摘するまでもないでしょう。標準的で、ありきたりな制度をコピーアンドペーストで展開する官僚主義から抜け出してください。そうすることで、従業員一人ひとりのニーズと個性を重要視する会社となり、そのことに誇りをもてるようにな

るでしょう。

　この話にぞっとするHRやビジネスリーダーがいることは承知しています。「それぞれの部署が独自のアプローチを取っているのに、一体どうやって全体をマネジメントできるのか？　すべてをコントロールするなんてできっこない」と思うかもしれません。では、コントロールすることを手放して、替わりに、組織で働いている個人やグループが選ぶことのできる選択肢をメニューのように提示してみたらどうでしょう。提示する選択肢は、その組織においてパフォーマンスとは何を意味するのか、パフォーマンスを生み出すために大事にしたい原則とはどのようなものかに基づいている必要があります。こういった微細なアプローチは、何を実現したいのか（ビジョンや戦略）、どのようにみんなでそれを実現するのか（組織文化）という基盤がしっかりと共有されていなくては機能しません。

　組織内のそれぞれの部門に対して、提供する食事のメニューをつくっている場面を想像してみてください。それぞれの部門は、1つのメインディッシュと、いくつかの付け合わせを選ぶ必要があるといった共通のルールを最初に設定するとよいでしょう。しかし、こうした基本ルール以外は、彼らが自由に注文できるようにします。必要に応じて、前菜、サラダ、サイドメニュー、デザートを注文してもよいのです。

　実際のビジネスの場面では、これは次のようなことを意味するでしょう。まず、主要な事業部や間接部門のリーダーたちに、チームの実情に合わせたパフォーマンス・マネジメントのプログラムを自分たちでデザインする音頭を取ってほしいと依頼します。その上で、それぞれの従業員が、四半期ごとに会社の戦略とつながりのあるゴールを達成できるようなものにするというデザイン上の条件を伝えます（メインディッシュ）。付け合わせの料理のオプションには、ソーシャルメディアを活用した目標設定とフィードバックプロセスの設計や、プロジェクトベースで期待役割とプランを共有するテンプレート、あるいは、月次で主要な指標を確認できるようなスコアカードといったものが含まれるでしょう。追加のオプション（前菜やデザート）としては、メンタリング、タレント・レビュー（人材の活用や育成を検討する会議）、ピア・レコグニション（同僚同士で気軽な称賛を行う仕組み）、役割に応じたコンピテンシーをアセスメントするツール、チームでのゴール設定といったこと

が含まれるかもしれません。

　こうしたメニューをつくるにあたっては、組織がどのような多様な人材で構成されていて、どのようなニーズがあるのかをしっかり考えてから行ってください。そしてメニューが完成したら、ウェイターやウェイトレスの役割に徹します。案内はしますが、メニューから何を選ぶかは部門、グループ、個人に任せるのです。こうしたアプローチを取ることで、それぞれのチームが自分たちにとって何が最適なのかを考慮できるようになります。それだけでなく、さまざまなチームが自分たちに適した手法やツールを独自に生み出し、新たなメニューが加わっていくようになるでしょう。上手に運用すれば、こういった新しいアイデアや手法が組織全体に共有され、別のチームが活用することも可能になります。

　ここまでの話で、おそらく多くの方が、こうしたアプローチがこれまでHRチームが行ってきた役割を転換させることにつながると認識し始めていることでしょう。現状の典型的なHRの仕事は、画一的な制度を設計して現場に押し付け、定められたルールが守られているかどうかの管理に多くの時間を費やすことになってしまっています。こうしたシフトによって、HRチームは、単にルールを監視するだけではない、多くの楽しさを味わえるようになるでしょう。従業員がパフォーマンスを高めたり、企業のビジョンとつながりを感じたり、自身のキャリアを成長させたりすることを手助けする選択肢やツール、コンテンツを開発する機会が目の前に現れたのです。

根本的なシフト５：多様な意見を歓迎する

From：選ばれた一握りの人々　⇨　To：多様な意見と豊かな対話

　ディナーパーティーで示唆に富む刺激的な会話を楽しみたいと思ったら、あるテーマに対して同じ意見をもつ人たちだけを招待することはしないでしょう。ましてや、一人だけを招くなんてことはあり得ません。異なる背景、考え方、経験をもった多様な人々を招待するはずです。同様に、従業員にフィードバックを提供する役割を、マネジャー一人だけに依存してはいけません。私たち人間は、必ず間違いを犯しますし、バイアスがあるために、理解と認識には限界があるからです。しかし、従業員をたくさんのマネジャーからの批判にさらそうということを提案しているわけではありません。そうではなく、マネジャーからだけではなく、同僚からも継続的で即時的なフィードバックを従業員が得られるような文化を構築するのです。

　興味深いことに、グローボフォース（Globoforce）による、従業員同士の承認に関するエンプロイー・レコグニション・サーベイ（Employee Recognition Survey）2013の調査では、90％の人が、上司やマネジャーから受けるフィードバックよりも、同僚からのフィードバックのほうが正確だと回答しています。[11] 同僚同士の場合は、他者の仕事を適切に評価できるだけでなく、時として、マネジャーがまねすることのできない、信頼関係や仲間意識を育んでいます。彼らは、それぞれの目標に向けて一人ひとりが成長することを相互に支え合う、最適な関係を構築しているのです。しかし、人々が安心してフィードバックし合うことができ、自分はコミュニティの一員として、みんなとともに学び、成長できているという実感をもてるような組織でなければ、こうした事象は起きません。

　では、どうやってこういった文化を構築すればよいのでしょうか？　このシフトを実現する上でのポイントを、この後ご紹介していきます。

> 「インクルージョンやエンゲージメントについてあれこれ議論するのをやめ、すべての対話、すべてのミーティングに人々を招き、参画してもらうことを始めるべきである」
> 　　　　　　スーザン・スコット（Susan Scott）、『フィアス・リーダーシップ（Fierce Leadership）』[12]

リーダーとの対話から始める

　私は、良いリーダーと健全な組織文化との間にある直接的な関連性を幾度となく目の当たりにしてきました。『ザ・シークレット・オブ・ア・ウィニング・カルチャー（The Secret of a Winning Culture)』で、チルドレス（Childress)とセン（Senn）はこう語っています。「ほとんどの場合、企業文化は経営陣のあり様を映す鏡である。これが、『リーダーの影』と呼ばれる現象である」。[13] 従業員は、個人的にも集団的にも、リーダーの振る舞い方を見習います。経営陣が、フィードバックを拒絶し、自らの成功談や失敗体験について正直さと謙虚さをもって共有しようとしないのであれば、オープンで成長志向の文化を構築する道のりは相当に困難な、もしくは無理なものとなるでしょう。そこで、まずは経営チームによる対話を行って、共有化されたゴールを生み出すところからスタートしてください。その上で、組織全体でそれを共有するために、リーダーたちが自身の体験や教訓をストーリーで共有できる社内フォーラムのような場を開催するとよいでしょう。成功を祝うだけでなく、物事がうまくいかなかったときでも、それをオープンに率直な態度で認めるリーダーたちの姿勢が従業員に伝わるようにすることも重要です。

マネジャーがフィードバック文化を構築する取り組みの鍵を握っていることを認識する

　オープンな対話とフィードバックを促進するマネジャーを育て、登用し、報酬を与えることが重要です。良いマネジャーとは、アイデアや懸念を伝えてくるメンバーを非難せず、すべての意見をよく聞いた上で最適な判断をする人のことです。彼らは、進捗はどうか、何がうまくいっていて、何に行き詰まっているのかを理解するために、頻繁にメンバーと話をします。即時的なフィードバックを意欲的に行い、最高の仕事を行えるようにチームのレベルを引き上げるのです。

　あなたの組織にいるすべてのマネジャーが、こういった役割を担う準備ができていると思い込むのは危険でしょう。あなたの組織に良いマネジャーが

いるかどうか考えてみてください。彼らはチームをまとめ、リードする能力を買われてマネジャーになったのでしょうか？　それとも、専門的、技術的な能力を買われて選ばれたのでしょうか？　あまりにも後者のほうが多いことにあなたは驚くかもしれません。有能で適切なマネジャーがそろっていると確認できたならば、彼らのスキルを高めることに注力してください。彼らに何を期待しているのかを明確にしておく必要があります。必要なツールを提供し、彼らが自身の仕事ぶりについてフィードバックが得られるようにしてください。

日々の経験に影響するプロセスやシステムに目を向ける

　従業員が日々経験するビジネスプロセスに着目し、透明性とフィードバックを促進する日常的な規範を定めてください。チームや個人目標に関する会話の内容公開は、その一例です。また、プロジェクトやイベントから得た教訓を、同じようなチャレンジに直面する可能性のある他のチームに共有するのもよいでしょう。クライアントや顧客からのフィードバックもオープンにしてください。以下は私の会社のチームの具体例です。

　ピープルファーム社では、従業員に毎年「仲間へのポストカード」を書いてもらうようにしています。内容は「来年のゴールとコミットメントの概要を記述してください」という、とてもシンプルなものです。従業員は、自分が個人的に何を成し遂げたいのか、それがどのように組織の目標に貢献するのか、そういったゴールに至るために仲間からどんな支援を得たいのかについて考えます。そして、その内容を社内全体に共有するのです。こうすることで、それぞれの達成したい成果や貢献についてみんなが知ることができ、どうやってお互いに支え合えるか、どういったフィードバックが適切なのかといった理解が促進されると考えています。オフィスのキッチンの壁には、たくさんのポストカードが貼られていて、それらはコラボレーションを促進するためのソフトウェア上でも共有されています。

　素晴らしいフィードバックの文化を築く最初のスタートは、自分や自分のチームであるべきです。まずは、自分自身の仕事に対してのフィードバック

を依頼し、それを素直に受け止めてください。自らのゴールや志を共有し、チームメンバーや同僚にその実現に向けた協力を依頼します。その上で、同じことをそれぞれのチームメンバーにも実践してもらいたいと伝えるのです。

クラウドソーシングを活用する

さまざまなコラボレーションツールを手軽に利用できる時代になってきました。その中で、クラウドソーシングは、多様な意見を生かす非常に優れた方法だといえます。たとえば、ボーナスや個人成果の表彰を検討するにあたって、1年を通して傑出したパフォーマンスを見せた人を全従業員に投票してもらうのもあるでしょう。もしくは、導入したシステム、顧客のトレンド、投資の意思決定に対するフィードバックを、フォーマル、インフォーマル問わず依頼するというやり方もあります。クラウドソーシングは、ウェブやソーシャルメディアのプラットフォームを活用するため、ミレニアル世代を巻き込むのにも理想的です。

タレント・レビューについて熟考する

上手な運用を行えば、タレント・レビュー（人材の活用や育成を検討する会議）は、多様な意見や観点を共有するとても効果的な方法になり得ます。タレント・レビューとは、さまざまな部署のマネジャーが集って、それぞれのゴール、業績、チームの情報を共有し、さまざまな観点を相互に取り入れる対話の場です。タレント・レビューでの対話がポジティブでオープンなものであれば、組織全体での人材についての共有度が高まり、自分のチーム以外の主要なチームについて理解が深まります。それだけでなく、自分のチームやチームメンバーがどう捉えられているかを知り、チームメンバーがチームや組織の枠を超えたキャリアの機会を認識する手助けもできるでしょう。タレント・レビューはマネジャーの視野を広げるだけでなく、フィードバック文化を促進することにもつながるのです。

根本的なシフト6：取り締まるのではなく、エンパワーする

From：コントロールと監視　⇨　To：例外をマネジメントする

　あなたは、コントロールや監視は良いパフォーマンスを生み出さないという主張が、私の決まり文句だということにそろそろ気づいていることでしょう。コントロールや監視を強めることで、私たちは心地よさや自信、コントロールできている気分になるかもしれません。しかし、こうした一連の行為は大きな犠牲を伴います。伝統的で形式的なパフォーマンス・マネジメントのプロセスを設計し運用する人たち、プロセスに投資している組織、プロセスによって苦役を負わされている従業員が代償を支払っているのです。システムをコントロールしたり、テンプレートにこだわったり、運用状況を追跡したり、レイティングに関する議論をしたり、内部監査や監視を行ったりといったことに掛ける労力は、良い成果を得るためではなく、疑わしい結果を見つけるためだけに行われているのです。これだけおかしな話もなかなかないでしょう。後世になって、このでたらめな行為を振り返ったら、みんな大笑いすることでしょう。そのためには、自分たちで生み出したこの怪物を倒す必要があります。

　このシフトは、私たちが画一的な管理者中心のモデルの中に埋め込んだ厳格な基準に対して、疑問をもつということを意味します。またこのシフトは、

コントロールと監視は果たして本当に必要なのだろうかという問いを私たちに投げかけてきます。この問いを突き詰めると、事の始まりにおいて、なぜ私たちはこのような厳格さが必要だと考えたのかという自分自身の探求につながっていきます。往々にして、こうしたコントロールの必要性は、従業員ではなく、私たち自身に起因します。適任な人を選べなかったか、あるいは個人的にコントロールを手放すことができないからなのです。あなたは、ある仕事に最適な候補者だと感じたという理由で人々を採用します。その上で、仕事のやり方を教え込み、彼らはそのやり方を実践して、自分がその仕事を行うのにふさわしい能力をもっていることを示したとします。そうしたときに、あなたは身を引いて、彼らに自分のやり方で仕事を行う自由を与えることができますか。こうした自律性はより良い成果とエンゲージメントの向上をもたらし、会社が目標を達成する確率を押し上げてくれるでしょう。

もちろん、自律性は完璧でも万能でもありません。難しい状況や問題を抱えた人々が出てくる場合（そうした状況は必ず発生します）には、別の解決策が必要です。私たちは皆、採用において間違いを犯しますし、どれだけあなたが優秀な採用マネジャーであったとしても、特別に注意を払わなければならない人々というのは必ず存在します。チームを率いるときには、通常こうした問題が発生し、対処することになることを、私は否定するつもりはありませんし、こうした問題が起きたときにお手上げだと諦めて、無視することを勧めているわけでもありません。むしろその逆で、破壊的で不適切な行為、質の悪い仕事、頻繁な欠勤、甚大な過失に対しては、すぐに対処したほうがよいというのが私のアドバイスです。しかし、こうした個別の状況に対処するために、多くの書類作成を従業員に強いるような過剰なシステムは必要ありません。これは大事なポイントです。

このような問題状況を例外として扱うというのが、ここでの大きなねらいです。年間のレビュー（評価）を書類にまとめる必要のない、新しいパフォーマンス・マネジメントの仕組みが導入された中で、パフォーマンスの芳しくない従業員を抱えている状況を想像してみてください。あなたなら何をしますか？　答えは簡単です。速やかに彼もしくは彼女と話をするのです。課題を話し合い、どうやったら修正できるかを検討します。状況的に必要であると感じたならば、物事が軌道を外れていることに気づいたそのときから、書

面に記録を残していきます。これによって、チェックリストやレイティング、コンピテンシーアセスメントなどに煩わされずに、起こっていることをシンプルに整理することができるでしょう。

> 「おそらく、極めて少数の働かない人々を取り締まるためではなく、多くの熱心に働く人たちの力を解放する方向へと、職場におけるルールの重点を変更すべき時に来ている。組織の多くの人があなたを騙そうとする傾向があると考えているならば、すべきことはより厳重で罰則の重いルールを構築することではなく、新たに人を雇うことである」
>
> ダニエル・ピンク（Daniel H. Pink）、『ドライブ（Drive：
> the surprising truth about what motivates us』（邦題：
> 『モチベーション3.0』）[14]

多くの人が行っている現行のやり方よりも、こうした例外をベースにしたアプローチのほうが、法的リスクが低いという事実にあなたは驚くかもしれません。現行の制度によって作成される年間レビュー（評価）の多くが、問題のあるパフォーマンスをしっかりと指摘することができず、組織を法的に弱い立場に立たせてしまっているという話を、私は何人もの企業弁護士から聞きました。実際、問題のあるパフォーマーのレビュー（評価）が、平均的なパフォーマーのレビューとほとんど同じ内容に見えるケースをあまりにも頻繁に目にします。問題のある従業員をあたかも順調そうに見せるために書類を作成するくらいなら、まったく書類を作成しないほうがよっぽどましなのではないでしょうか。私は、現実とレビューに書かれている内容との間にある食い違いに悩んでいないHRチームの人に出会ったことがありません。パフォーマンスが軌道からそれ始めたら、そのケース独自の限定的な書類を即時に、つまりその課題についての記憶が新しいうちに作成してもらってください。そうすれば、これまで以上に問題状況を正確に反映した記録を手にすることができるでしょう。また、こうしたアプローチを採用することで、法的なリスクを最小化するだけでなく、他のメンバーのレビューでぎりぎりいっぱいな最中に、問題のあるメンバーにフィードバックしなければならないマネジャーの負担を取り除くこともできます。

私がなぜ例外をマネジメントすることを提案しているのか、その理由はご理解いただけたかと思います。把握する必要があるものをしっかり捉え、多くのチームを書類作成の重荷から解放してあげてください。アクションが必要なときには迅速に対応し、常にシンプルであること、事実に基づいていること、正確であることを心掛けてください。

　この根本的なシフトのポイントは、良くない行為が行われたときには、それにすぐに対処しなければいけないということにあります。逆に、物事がうまくいっているときは何もする必要はありません。「壊れていないなら、修理するな」ということです。マネジャーとして私たちは、多くの場合、メンバーと彼らのパフォーマンスに対するコントロールを維持することに苦心してしまいます。しかし、私たちが本当にしなくてはいけないことは、行うべき仕事を彼らにさせてあげることであり、介入はそれが必要なときにだけ行えばよいのです（メンバーから頼まれたときは当然行います）。

　もしあなたが私と似たような考えをもっているならば、あなたは今私が述べたことを読んで、ほっと安心したことでしょう。いかに従業員を統制し、彼らの行いすべてを監視し続けるかについて頭を悩ませて、ストレスを感じ続けることに比べたら、従業員を純粋に信頼することは、ものすごく負荷の軽いことなのです。あなたは、メンバーが自発的に行うパフォーマンスの改善を目の当たりにして、頭痛から解放されることでしょう。メンバーには自律性、あなたには少ないストレスとより良い結果、これぞまさにウィン・ウィンというものです。

根本的なシフト7：コラボレーションを誘発する

From：個人ごとの指標設定 ⇨ To：チームで共有するコミットメント

　私がコラボレーションを好むのは、それがより良い製品、アイデア、ソリューションを生み出すという点で組織にとって利点があるだけでなく、従業員にとっても利点をもたらすからです。コラボレーションは、アイデアを広げ、企業の活動に影響を与える機会を従業員にもたらすとともに、従業員が、企業コミュニティにおけるより広い自身の役割を認識することで、より大きな仕事の意味や使命感を見出すことを可能にします。

> 「チームワークを求めるならば、チームを評価しなければいけません」
> エドワード・ローラー（Edward Lawler）、マネジメント
> 理論家[15]

　また、真の持続可能なイノベーションにはコラボレーションが必要であるという認識は、かなり広がってきています。今日の最も革新的な企業は、良いアイデアを生み出すために、レオナルド・ダ・ヴィンチを部屋の一角に座らせておくというようなことはしていません。イノベーションはさまざまな物事の複雑な絡み合いの中から生まれてきますが、鍵を握るのが、コラボ

レーティブな環境があるかどうかということです。さまざまなアイデアが共有され、安心して現状や他者に対して疑問を呈することができ、新しいテクノロジー、ソリューション、アイデアを探求したり適応したりするために、多くのチームが協力し合う環境でこそ、イノベーションは育まれるのです。

　また、コラボレーションはそれ自体がとても強力なモチベーション要因となるという事実も明らかになっています。調査では、個人目標だけを設定するよりも、チームでの目標を設定したほうが生産性は上がり、個人目標とチームでの目標が一致しているほうが、より良い成果が得られるというデータが示されています。[16] 私たちは、共通のゴールを達成するために協力し合う種族として進化してきました。そのために、私たちの脳は、チームワークを育むような行為に対して報酬系が刺激され、快感を得られるようになっています。[17] この点について考えてみたいと思います。まず、私たちはあまりにも頻繁に、個人それぞれの指標で人々のことを評価してしまっています。基本的に、私たちがこれまで職場に導入してきたのは、人間の脳が本来もつ性質とは正反対のシステムだったのです。それによって、「私たち」ではなく「私」にフォーカスしたり、目標数値を達成するための抜け道を探したり、どんなに困難であってもゴールを達成しようとして多くの人を犠牲にするような、私たちが本来好まない行動を促進してきてしまいました。

　科学的な調査が、これほどまでにモチベーションやチームについての真実を明らかにしてくれているにもかかわらず、個人に焦点を絞って、定められた期待にどれだけ応えられるかというプレッシャーを一人ひとりにかけ続けるというスタイルの、典型的なマネジメントの習慣が依然として横行しています。こういった古いやり方に替わって、チームワークの力をフルに活用できるようなマネジメントを行ったら、どれだけ効果が上がるかを想像してみてください。そうした効果を得るためにも、個人のパフォーマンス指標からチームで協力して成し遂げるゴールへとフォーカスを変更してください。たとえば、チーム全体での売上や生産目標、顧客満足度の数値といったものでもよいでしょう。ゴールを共有できれば、チームのメンバーはおのずと、相互の支援、新しいアイデア、必要な助けについて共有し合います。その間には笑いの1つや2つも起こっていることでしょう。いずれもエンゲージメントと生産性にとって、理想的な要素です。

　読者の皆さんの中には、個人に対する数値管理をやめることにためらいを覚える人もいることでしょう。個人業績を祝ったり讃えたりする文化において、チームの業績で一人ひとりを評価するのは、経験からすると直感に反することのように感じられるからです。学校でもクラス全体に対して成績をつけることはありませんよね。しかし、もしチームで評価をした場合、何が起こるか考えてみてください！　そのチームは、ゴールを確実に成し遂げられるよう協力し合い、全体としてより高いパフォーマンスレベルに到達することでしょう。最高の成果を生み出すハイパフォーマーは、少し制限されている感覚を味わう可能性もありますが、チームに影響を与えることによって、より活力を得る場合のほうが多いかもしれません。また、このようなコラボレーションのある環境においては、本当のリーダーや次のマネジャーになる人を見つけ出すこともできるでしょう。グループで顕著な貢献をした人が、チームのメンバーに認識され、称賛されるプロセスを通じて浮かび上がってくるのです。

　この時点で、私はしばしばアカウンタビリティーについての質問を受けます。もちろん明確なアカウンタビリティーは必要です。しかし、こうしたアカウンタビリティーは、チームと分離されたパフォーマンスについてではなく、チーム内で彼らがどう貢献するかということと関連づけなくてはいけません。「私が今年成し遂げようとしていることはこれです」と「私が行おうとしているグループ目標への貢献はこれです」との間には、微妙な違いしか感じられないかもしれませんが、この小さな違いがとても重要なことなのです。

　このシフトを実践し、成功を確実なものとするためには、いくつかのポイントを押さえておく必要があります。1つ目のポイントは、どのグループの人々が「1つのチーム」として定義されるのかを明確にしておくということです。私の会社（PeopleFirm）では、会社全体を1つのチームだと捉えていますが、より大きな組織になった場合、それは現実的ではないでしょう。2つ目のポイントは、最終的な達成状態をきっちりと定め、それをチームメンバー全員が知っているようにするということです。関与しているメンバー全員が、チームとして追い求めている成果や結果、目的地をはっきりと説明できるようにしてください。3つ目のポイントは、チーム内に心理的に安全な環境をつくるということです。パフォーマンス・マネジメントの仕組みを

活用することで、フィードバックをシェアしたり、物事の進捗を話し合ったり、懸念点をチームで処理したり、1つのユニット（単位）としてどれだけ機能しているかを定期的に評価したりできるようにするのです。4つ目のポイントは、一人ひとりがチーム内でどういった役割を期待されているのかを知っていて、なおかつ、その役割を果たすために必要なスキルや能力を備えているという状態を確実につくり出すということです。必要な知識や能力をもっていない人に、チームとしてその役割と成果を期待するのは酷なことです。最後に5つ目のポイントは、チームメンバー全員が自分の役割を知っているだけでなく、お互いの役割や貢献領域も明確に把握できるようにするということです。これは美しいモザイク画を作る作業に似ています。モザイク画を作成する際には、完成イメージがみんなに理解されている必要があり、その上で、メンバー各自が自分のモザイクをはめようという意志と能力をもっている必要があります。さらに、すべてのピースがどのようにフィットするのかをチームは理解している必要があり、そこには、それぞれのピースをどのように組み合わせるかという明確な意図が必要になります。

根本的なシフト8：報酬を現実的なものにする

From：パフォーマンスに対する給料　⇨　To：能力に対する給与と、貢献に対するボーナス

　持続的なパフォーマンスを生み出すにあたって、パフォーマンスと給与を

直結させるやり方は、ほとんど機能しません。人々は、内発的な報酬によってより強く動機づけされるということが、調査で次々に明らかになっています。つまりこれは、人々は個人的な報酬を見出したときに、より熱心に、より良く働くということを意味しています。[18] このことは、企業の世界において、仕事自体を楽しむとか、チームにおいて重要な存在だと認識されているとか、企業のミッションによってモチベーションが高まっているといった状態のことを指すでしょう。

　長らく、「ペイ・フォー・パフォーマンス（成果に対して金銭を支払う）」が報酬に関するスローガンでした。しかし、私は何度もペイ・フォー・パフォーマンスを掲げるクライアントと仕事をしたことがありますが、金銭的なインセンティブとパフォーマンスの間に明確な関連性を見出したことはほとんどありません。実際には、こうした「インセンティブ」は、パフォーマンスに違いがあるにもかかわらず、ほとんど差のない少額な昇給へと形骸化してしまっているのです。では、何を与えればよいのでしょう？

　この話題が人々をとても神経質にしてしまうことは知っています。とても複雑で個人的な問題だからです。しかし、しっかりと分解し考えていけば、恐れを克服できるのではないでしょうか。まずはベースとなる基本給について考えてみましょう。これは能力や知識、スキル、実施する業務などに対して支払う給与のことです。この基本給に関して、私たちは必要以上に複雑にしてしまいがちですが、原則はとてもシンプルです。靴や野菜に値段があるように、すべてのもの（この場合にはタレント）には市場価値があり、手に入れる際には市場価格を支払わなければいけません。新しく人を雇う際であれば、私たちは、それが意識的であろうとなかろうと、基本的には市場価値に基づいて判断しているはずです。給与に関する市場調査を行い、似たスキルや経験をもった人の市場価格をもとに従業員の給与ベースを定め、さらなる専門性を身につけたり、トレーニングに参加したりして、従業員の雇用市場での価値が高まれば、給与も上がっていくということです。とてもシンプルですよね？

　しかし、パフォーマンス評価による昇給（メリット・インクリース）を加えるなどして、これを複雑にしてしまっているケースがあまりにも多過ぎます。こうした複雑な要素を加える一方で、給与が一般的な相場の範囲内に収

まるように苦心したり、割り当て可能な額を超えて市場価格が変化してしまった場合には、相場を無視したりといったことが起きてしまっています。誰しも、「もし自分の価値に見合う正当な給料を得たいならば、一度会社を辞めて、再入社することだね」といった類のアドバイスを耳にしたことがあるでしょう。数年間は良い働きをしたけれども、今は怠惰に働いている社員に高過ぎる給与を支払っている場合や、高い能力を有しながらも、少しレベルの低い役割を担うことを従業員が決意した場合もあります。景気の悪さや業績不振によって、昇給率に制限が掛けられているが故に、断トツのハイパフォーマーに対して報いることができない場合もあります。こういった状況にどう対処したらよいのでしょうか？　毎年、少額ずつの昇給を実施しようとすることで、私たちはこうした状況に対処できなくなっているのです。最終的に、こうしたさまざまな要素に影響を受けた結果、給与の金額はそもそも意図したところから離れた、何の実態も反映していないものになっています。

こんな状態でいいわけがありません。今こそ、報酬を現実的なものにするときです。

まず、給与と従業員の能力、経験、コンピテンシーがもつ市場価値とを連動させ、それを維持してみるのはいかがでしょうか。少額の定期昇給制度やその他のややこしい要素をすべて取り除き、クリーンな状態をキープしてください。従業員が新しい経験を積んで、スキルを身につけ、能力を高めた場合には、市場価値に基づいて給与を増やします。何も変化や成長がないのに、より多くの給与を得るということがあってはなりません。もちろん、給与水準と市場価値がそろうようにし続けなければいけませんので、そのためには、生活コストの上昇分を組み込んでいく必要はあるかもしれません。こうして能力と給与をきっちり結びつけるには、従来の昇給モデルよりも信念をもって取り組む必要があります。組織内のそれぞれの役割において価値をもつ能力やスキル、経験は何か、またそういった要素にはどれくらいの市場価値があるのかということを明確に理解していれば、自信をもって報酬に関する決断をすることができます。

では、高い成果を上げたことに対しての金銭的な報酬は必要ないのでしょうか？

確かにそれは必要だという意見もあるでしょう。しかし、昨年のパフォー

マンスによって2％昇給したからといって、そのためにさらなる努力をしようと思うでしょうか？

　そうではなく、目標の達成、特にグループや会社全体としてのパフォーマンス目標の達成に対しての報酬を用意するとよいでしょう。つまり、優れた貢献に対しては昇給ではなく、ボーナスを提供するということです。もしあなたのチームが、製品に関する目標を上回ったのであれば、それはチーム全員にボーナスを渡すための申し分のないチャンスです。ある従業員があなたの期待を大きく上回ったのであれば、それも個人に対するボーナスを渡す良い理由となります。こうすることで、従業員は、基本給を上げるためにキャリアを通して学習と成長を続けようと動機づけられると同時に、ボーナスを得るためにチームとして優れた仕事をしようとすることでしょう。私はこうしたアプローチを表す言葉として「能力に対する給与と、貢献に対するボーナス」™というフレーズを気に入って使っています。

　ここで私が話してきたことは、すべて金銭的な報酬についてでした。しかし、お金は最適な動機づけ要因ではありません。金銭的な報酬について1回話をするごとに、このことを100万回は確認する必要があると私は思っています。金銭以外の動機づけとしては、以下のようなものもあります。

● マネジャーや上司による称賛（言わずもがなですが、しばしば見落とされています）
● 同僚による称賛の仕組み（フォーマルでも、インフォーマルでも）
● リーダーや第一人者、組織内で評価の高い、影響力のある人とともに過ごす経験
● 刺激的な新しいプロジェクトへの任命、注目を浴びる機会
● トレーニングや学習機会
● 休暇
● ありがとうカード（お母さんに書くように言われましたよね。覚えていますか？）
● アワードやその他の称賛を行う制度

非金銭的な報酬を検討する際、マネジャーによって承認されることに限定

する必要はありません。実際、同僚同士で相互承認することは、コラボレーションや透明性の高い文化を構築するにあたって、非常にポジティブな影響を及ぼします。みんなの前で行われるものであれ、1対1で個別に行われるものであれ、チーム全体で称賛する形であれ、ほとんどの人が同僚からの承認に高い価値を感じています。根本的なシフト5で、多くの人を対話に招き入れることが重要で健全性を高めると述べましたが、フィードバックと承認においても同じことが当てはまるのです。結局のところ、称賛することはポジティブなフィードバックをすることの別形態であるので、トップダウンで行うものと考えるのはやめましょう。チーム全体を承認プロセスに巻き込んでいくことが重要になります。

　チーム全体を承認プロセスに巻き込んでいく上では、会社が少人数であることが強みになります。少人数であれば、このプロセスを複雑にする必要がないからです。たとえば、私の会社ピープルファームでは、PeopleFirm Buck$ と呼ばれるものを送り合うという非常にシンプルで、ほとんどコストの掛からない方法でこれを実践しています。年度ごとに、私たちは、500ドルの現金を各メンバーに分配します。「同僚を承認するために使うように」というミッションのもとに、このお金をメンバーに委託しているのです。委託するにあたっては、何にそのお金を使ったのかを記録すること、彼らが行った承認を全体にも共有すること、賢くお金を使うことをお願いしています。これが、非常にうまくいきました。この仕組みによって、とても強力な承認文化が築かれ、贈り物の中に込められた個人への思いやりや気遣いには、本当に感動しました。私のお気に入りの例を1つ紹介しましょう。あるチームは、自分たちのプロジェクトマネジャーに、ミッドウェストで大学生活を始めたばかりの息子に会いにいくための航空券をプレゼントしました。彼らは、彼女がどれだけ寂しい思いをしているかを知っていたのです。このプロジェクトマネジャーが、自分が行った貢献に対する、この素晴らしくカスタマイズされた報奨を簡単に忘れることがあると思いますか？　そんなことは絶対にあり得ないでしょう。

思慮深く適用された、新しい考え方

　ここまで、私たちは、伝統的なパフォーマンス・マネジメントにつきまとっていた前提を厳しく検証し、こうした前提を脱してより良い解決策に向かうための方法を探求してきました。ここからは、これだけの労力をつぎ込んで、私たちは何を実現したいのかということを、はっきりと定義していきたいと思います。パフォーマンス・マネジメントの新しいアプローチのデザインを始める前に行う、最後のステップです。

第4章

3つの共通のゴール

　Reboot（再起動）ボタンを押す前に、パフォーマンス・マネジメントとはどういうものか、何のために行うのかということをはっきりとさせておきましょう。

　従来のパフォーマンス・マネジメントは、目標による管理を起源としているため、これまで個人の成果（もしくは失敗）を記録するものとして運用されてきました。しかし、近年では、従業員個人の成長を促したり、個人の目標と企業の目標を結びつけたりするための手段として活用しようとするなど、多くの企業がこれまで以上のことをパフォーマンス・マネジメントの仕組みを通して実現しようと試みています。HR の担当者は、パフォーマンス・マネジメントで実現したいこととして、「個人のパフォーマンスに基づいて、ボーナスに差をつける」[1]「高いパフォーマンスを目指す組織文化を構築する」「公平な報酬を実現する」[2]「すべての従業員にコーチングとメンタリングを提供する」といったさまざまなゴールを口にします。

　これらは多様で、しかも難解な専門用語が多く使われているものの、どれもが根拠のある正しいものといえます。すべての組織は唯一無二の存在であり、1つとして同じ組織はありません。組織の成熟度も、従業員の構成も異なりますし、組織の進化の過程で生み出された価値観や文化も多様です。こうした独自性が組織のあり方に影響を与え、それによって実現したい成果の優先順位にも変化が生じてきます。たとえば、ある組織は戦略との整合性を取ることを重視する一方で、もう1つの組織は人材を育てることを重視するといった具合です。しかし、こうした違いがあって、それぞれに望む成果も異なっているにもかかわらず、実際のプロセスでは、ほとんどの組織がまったく同じことをしているのです。それぞれの組織の要望やニーズに合わせた

独自の価値を生み出そうと、多くの時間とリソースを投資しているにもかかわらず、いまだに、1950年に出版された既製のパフォーマンス・マネジメントのマニュアルが助けになると思って、ほこりまみれのその本を参考にしているなんて、ばかげていると思いませんか？　どれだけ装飾を施そうとも、私たちが現在行っているやり方が期待に応えられていないという事実を偽装することはできません。

　そのため、パフォーマンス・マネジメントを通して実現したいことを検討する際には、それぞれの組織の期待することがまったく同じではないということを受け入れることから始めなくてはいけません。しかしながら、こうした違いを理解する上でも、基本的なフレームワークをもとに考えることはとても有効です。ここで紹介するフレームワークは、私が「3つの共通のゴール」と呼ぶものです。これは、私の四半世紀に及ぶコンサルティングや研究に基づく、素晴らしいパフォーマンス・マネジメントのプログラムに共通する成果として明らかになったものです。この3つのゴールは、相互に関係し合うもので、すべてのパフォーマンス・マネジメントに共通する真髄です。これらのゴールを基盤にして、それぞれの組織の独自性が発展するのだと考えてください。もっと単純にいえば、この「3つの共通のゴール」が、これから設計しようとしているパフォーマンス・マネジメントの仕組みの土台となります。

パフォーマンス・マネジメントの3つの共通のゴール

　私の経験からは、究極的にはすべての組織が、「働く人のスキルや能力を高める」「すべての従業員に公平に報酬を与える」「チームと個人の目標を組織の目標が反映したものにすることで、組織全体のパフォーマンスを高める」という3つの目的のために、パフォーマンス・マネジメントの仕組みを活用しているといえます。つまり、私はすべてのパフォーマンス・マネジメントの仕組みに共通する3つのゴールは、図表4－1で示されているものになると信じています。

図表4–1：パフォーマンス・マネジメントの基盤となる3つのゴール

1	人の成長	・ 人材開発 ・ コーチングとメンタリング ・ トップ・パフォーマーのリテンション（優秀な人材の保持） ・ リーダーシップ開発 ・ サクセション・プランニング（後継者育成計画）
2	報酬の公平性	・ 人々の貢献に応じた対価 ・ 昇進や昇格 ・ 報酬全般
3	組織の パフォーマンス向上	・ 目標の整合性 ・ 戦略に関するコミュニケーション ・ 組織文化の構築

　これらのゴールをどう優先順位づけし、それぞれのゴールに関連して何が望ましいのかは、組織によって異なります。また、その目的をどのように実現するかも、それぞれの組織によって違います。しかし、パフォーマンスが高い組織はすべて、パフォーマンス・マネジメントの仕組みの要素として、これら3つの共通のゴールを組み込んでいることでしょう。

　この3つの共通のゴールに根ざした、現代的なパフォーマンス・マネジメントの仕組みを独自にデザインする方法は、次の章以降に紹介していきます。その前に、このフレームワークの各要素にしっかりと触れておきたいと思います。

ゴール1：人の成長

　どんな場合でも、従業員の成長がパフォーマンス・マネジメントの重要な成果であるべきことは、言うまでもないことでしょう。そのために、パフォーマンス・レビュー（年次評価）やキャリア・ディスカッション（キャリア面談）を実施しているんですよね？　これらは、本来は成長のために行っていることですが、ここまで述べてきたように、このゴールは頻繁に見落とされてしまうのです。とりわけ、報酬やレイティング（評価段階付け）の検討に時間

を取られているときに、物事は混乱しがちです。まさに「地獄への道は善意で敷き詰められている」のです。

　では、真に人々の成長にフォーカスした素晴らしいパフォーマンス・マネジメントでは、一体どういったことが行われるのか、考えてみましょう。まずは、リアルタイムのコーチングを提供し、何がうまくいっていて、何を次回までに改善しなければいけないのかを従業員が理解できるようになっているでしょう。リアルタイムのコーチングが重要であることを、私たちは皆、直感的には理解しています。しかし、フィードバックをパフォーマンス・レビュー（年次評価）に向けて大量に備蓄することに慣れてしまっているため、なかなか実践できていません。こうしたリアルタイムのコーチングができれば、従業員は、恐れやリスク（給与の増減など）を感じることなく、成長に向けたアドバイスを受け入れやすい状況で、フィードバックを受け取ることができます。

　次に、真に成長にフォーカスしたパフォーマンス・マネジメントにおいては、従業員は、現在の役割において期待されていることや、成長した先にある将来の役割など、さまざまな情報を自由に手に入れることができるでしょう。成長のためのリソースには、従業員にとって組織内での支援者となってくれるメンターやコーチの存在も含まれます。一人ひとりの目標をサポートするためのリソースやアイデアを提供する、個人の成長計画に関連付けられた自己アセスメントツールやトレーニングツールもあるでしょう。

　人々の成長を促進するというゴールに関して、ここまで従業員を中心にした視点で話をしてきましたが、うまく運用できたとき、このゴールはとても大きな価値を組織全体に対してももたらします。そのうちの1つに、従業員の成長にフォーカスしたパフォーマンス・マネジメントを実施することによって、企業側は、自社の人材に関する豊富な情報を得られるといったことが挙げられます。従業員のためのアセスメントツールやその他のリソースは、従業員のもっているスキルや、組織内で高めることが容易な能力、組織に欠落しているスキルや、この先失われる可能性のある能力に関する情報を企業にもたらし、従業員だけでなく、企業のためにもなります。それだけでなく、個人がこの先のキャリアで何を望んでいるのか、そうした個人的な目標と組織の方向性がどれだけマッチしているのかといったことも把握することがで

きます。何より、従業員が権限をもてるパフォーマンス・マネジメントの仕組みにより、一人ひとりのオーナーシップが高まり、自身のキャリアを自己決定できる感覚が得られるようになれば、従業員のエンゲージメントやリテンションも高まるということを忘れてはいけません。

証拠となるデータをご紹介しましょう。2010年のエグゼクティブ・カンファレンス・ボード（Executive Conference Board）の調査では、職務内容の決定に対する従業員の参画度と、従業員の満足度やエンゲージメントとの間に、直接的な相関があることが示されました。その中では、一人ひとりの興味関心に合わせた職務内容にすることが、従業員のコミットメントを高める、たった1つの最も重要な要因だという注釈がつけられています。[3] パフォーマンス・マネジメントが直接的に組織のパフォーマンス向上につながることを示すデータはありませんが、従業員のエンゲージメントと組織のパフォーマンスとのつながりを立証する調査結果は、毎年のように発表されているのです。[4,5,6]

では、あなたが現在行っているパフォーマンス・マネジメントの仕組みは、人々の成長を促進できているでしょうか？　おそらく答えは「それほどできていない」でしょう。無理もありません。大抵のHRリーダーやマネジャーたちは、年間のパフォーマンス・マネジメントのプロセスを監視したり、管理することに気を取られ過ぎていて、人々の成長を促進するとか、個人の成長を支えるツールを提供するといったことに意識を向けることができていないのです。今こそ、時間の使い方を変えるべき時です。

ゴール2：報酬の公平性

新しいパフォーマンス・マネジメントの仕組みを設計しようとするとき、人々を最も混乱させてしまう原因がこの要素です。この項目は、これまで行ってきたことと違うことをやろうとしたときに、最も障害になりやすい項目です。少し時間を取って、報酬の公平性がパフォーマンス・マネジメントの中で果たす役割について、しっかりと理解していきましょう。

まず、この言葉が何を意味するのかを明確にしておきましょう。オック

スフォード辞典（Oxford Dictionary）では、公平性は「公正で偏りがない」と定義されています。平等と公平は同じことではありません。これを認識しておくことは重要です。たとえば、こういった状況を想定してみてください。あなたは3週間にわたって、新しい事業部の戦略を作成しており、同僚がここ数日時間を取って、その内容を校正して手直ししてくれました。おそらくあなたは、行ってくれたサポートに関して、同僚が何らかのレコグニション（承認）を受けることを望むでしょう。しかし、もし彼女が受けるレコグニション（承認）や報酬があなたと同程度（平等）だったとしたら、あなたはハッピーではいられないのではないでしょうか。そうではなく、それぞれの貢献に見合った称賛を得るという意味で、あなたは公平なレコグニション（承認）を求めているはずです。

　企業が給与やボーナスの差別化を口にするとき、それは、貢献や生み出されたインパクト（価値や成果）のレベルと一致した、公正で偏りのない、公平な報酬を分配したいということを意味しているのです。また、「報酬の公平性」といったとき、それは金銭面に限った話ではないということを確認しておくことも重要です。私たちが検討しているのは、給与、フォーマルおよびインフォーマルな承認、手当や福利厚生、昇進、プロジェクトへの任命など、ありとあらゆるものを含めた、統合的な報酬なのです。

　従業員の視点から見ると、公平性とは、公正さに関わるすべてのことを意味します。「私はスキルに見合った給料を得ているだろうか」「周囲の人たちと比較して、私は公正に承認され、報酬を得ているだろうか」「報酬に関する意思決定は、公正で偏りのないやり方で行われているのだろうか」という疑問を従業員は当たり前のように抱きます。第2章で取り上げた「致命的な欠陥8：私たちはパブロフの犬ではない」の内容を覚えていますか？　外発的な報酬が人々の行動を駆り立てることはほとんどありませんが、その一方で、システムが公正でなく偏ったものであるという認識は、不満足の大きな要因となります。言い換えると、報酬の仕組みが公平であるという信頼が、従業員の幸福度とエンゲージメントの向上につながるのです。

　しかしながら、「自社のパフォーマンス・マネジメントは社員に対して公正に報いている」と感じているのは、働く人の3分の1しかいないというのが現状です。[7] さらにひどいことに、「自社のパフォーマンス・マネジメント

の仕組みが従業員のパフォーマンスを正当に反映している」と考えるHRの担当役員（本来はそれを支持すべき人）は、4人に1人もいないということが、コーポレート・エグゼクティブ・ボード（Corporate Executive Board）が行った2013年の調査「ブレイクスルー・パフォーマンス・イン・ザ・ニュー・ワーク・エンバイロメント（Breakthrough Performance in the New Work Environment）」で明らかになっています。[8]

HRやビジネスリーダーと議論をすると、報酬の公平性に関する2つの懸念が、必ずといっていいほど語られます。1つは、多くの企業が報酬に差をつけたいと思っており、実際にそれを公式に約束しているものの、トップ・パフォーマーと平均的なパフォーマーとの間につけられている報酬の差は、（営業のように限りなく測定可能な場合は除いて）ほとんど違いがないともいえるということです。割り当てられている報酬の変動幅があまりにも狭いために、従業員のパフォーマンスのレベルに合わせた分配をすべての層で行えないということが、とても頻繁にあります。つまり、飛び抜けて優秀な従業員の貢献を認めて、彼らが得る昇給額と平均的な従業員が得る昇給額との間に、しっかりと差をつけたいと思っても、彼の所属する階層の中で4～5％の昇給幅しか認められていない状況では、とうてい差はつかないということです。こうした状況は、多くのマネジャーにとって、フラストレーションにしかならないでしょう。さらに悪い場合には、自分たちはパフォーマンス・マネジメントというゲームの捨て駒でしかないという感覚を彼らに植えつけてしまいます。

HRのリーダーたちがよく挙げる2つ目の懸念は、報酬管理チームの強力な監視がなく評価段階付けをした場合、どうやって報酬分配の公平性を担保するのかということです。パフォーマンス・マネジメントのプロセスや包括的な報酬プランを担うチームとの調整や連携なしには、うまくいきません。報酬管理チームは、自分たちの報酬モデルに関して一種の科学を生み出しています。そのことを認めなくてはいけません。彼らは、調査研究を行い、モデルを構築して、執行役員や取締役たちを説得することに長い時間を費やしてきているのです。時間と労力を投資してきたモデルをやめて、その代わりに人々が権限をもつ、新しいプロセスを採用するというのは、簡単に実行できるシフトではありません。

しかし、何かを手放さなければ、いつまでも水中で必死にもがいているような状態が続きます。まず、「報酬の公平性」が、皆さんの組織において何を意味するのか、そして、皆さんの置かれた固有の環境下において、それを実現する最善の方法は何かを明確にしましょう。次に、取り組みをスタートする前に、ビジョンに対する共通理解を構築し、報酬プロセス全体を統括している人々など、主要なステークホルダーから、早い段階で支援してもらえる状態を確保しましょう。3章の根本的なシフト8で概説した「能力に対する給与と、貢献に対するボーナス」をプログラムの中に組み込むとよいでしょう。従業員のスキルと経験の市場価値に基づいて基本給を定め、非常に優れた仕事に対してボーナスを与えるという、とてもシンプルなやり方です。

ゴール3：組織のパフォーマンス向上

組織のパフォーマンスを高めるというゴールは、おそらく、パフォーマンス・マネジメントに対して付け加えられた、最も新しい考えでしょう。しかし、これは驚くようなことではありません。会社のビジョンやミッションに対する従業員の結びつきの度合いと、組織の測定可能なパフォーマンスとの間に、相関関係があることを示す研究結果が次々に発表されているからです。従業員が戦略やビジネスゴールと強いつながりをもっていることが、高いパフォーマンスを生み出す組織の特徴となっています。実際、パフォーマンスの高い組織は、パフォーマンスの低い組織の2.5倍、こうした実践をうまく行っていることがわかっています。[9]

ギャラップ社はさらに、従業員エンゲージメントサーベイ（Gallup Q12）内で「会社の使命・目的によって、私は仕事の重要性を感じることができる」という設問に対する回答をもとに、この結果について立証しています。大規模な調査において、この設問に対する従業員の回答と、離職率、顧客指標、生産性、利益率の間に相関があることが明らかになったのです。ギャラップ社は、「最高の職場は、働く人々に目的意識や帰属意識を与え、違いを生み出せるようにする」と結論づけています。[10] つまり、私たちは、チームおよび個人が確実に会社のゴールと十分に結びついているようにすることの重要性

をすでに知っているのです。

　ここでは、個人やチームが組織の目的と感情的なつながりをもつという、人間的な側面について述べています。この感情的なつながりというのは、従業員が、ビジョンを理解し、ビジョンを信じ、それを実現する一部になろうと望み、自分の仕事や役割が、より広いゴールに対してどのように貢献するかを理解しているということを意味します。私は、こうした感情的なつながりこそが最も価値をもたらすものだと強く信じていますが、その一方で、各従業員が日々の中で良い判断をし、正しい仕事に集中し続けるために、こうしたつながりを具体的なフレームワークに変換する作業も必要です。最近の人材マネジメントの仕組みのほとんどは、ゴールのカスケード（落とし込み）を可能にするような機能をパフォーマンス・マネジメントの仕組みに組み込むことで解決しようとしてきました。このゴールの整合性を取るための実践テクニックは、組織の戦略的ゴールをチームやマネジャーにまで落とし込むことを可能にしました。これはマネジャーのゴールをチーム全体に重みづけをしながら分配するといった形で実践することもあります。たとえば、私がITマネジャーとして、「四半期末までに新しいアプリケーションを生み出す」というゴールをもっていたとしましょう。私は、仕事をチームに割り振ります。難易度の高いコードは、より経験や実績のあるメンバーに依頼するといった調整をする一方で、すべてのメンバーがアプリケーション全体の一部を確実に担うように、分担を決めるでしょう。

　「組織が生み出す成果を高める」と聞くと、何やら、従業員に関する話ではなく、組織についての話をしているように感じられますが、実際はそうではありません。確かに、組織は、チームおよび従業員一人ひとりが同じ方向を向いて、正しい仕事をしてほしいと願っていますし、戦略に沿わないことに時間を浪費しないでほしいと考えています。しかし一方で、人間として、私たちも何かの一部となる感覚を欲しているということを忘れてはいけません。ほとんどの人は、自分の行っている仕事が重要で、意味あるものだと感じたいと思っています。この心理的な結びつきは、従業員のキャリアに対する満足度や全体的なパフォーマンスを左右する決定的な要因となります。こうした結びつきが組織と個人の双方にもたらす価値の大きさを考えると、私たちは、それが必ず生まれるようにする方法を探し出す必要があるでしょう。

ねじれて、こんがらがったパフォーマンス・マネジメントの仕組みとは、おさらばしましょう

　従来のパフォーマンス・マネジメントに対するアプローチで、最も困難な問題の1つが、ここまで議論した3つの共通のゴールのすべてを、たった1つの統合された仕組みで成し遂げようとしていることです。そして、その仕組みは多くの場合、必要以上に複雑で、十分に目的が定義されていないものになってしまいます。新たなパフォーマンス・マネジメントの検討を始める際、ほとんどの人が、自分の組織におけるそれぞれのゴールの重要性や、それぞれのゴールがチームにもたらす影響について明確な見通しをもっていません。言い換えると、私たちはボトムアップではなく、トップダウンで仕組みをつくってしまっているのです。その上、新たなパフォーマンス・マネジメントの仕組みにおいて、これらの3つのゴールが、どのように相互に関連し合うべきなのかということについて、あやふやであることが往々にしてあります。たとえば、私たちは以下のような質問に答えられるでしょうか。「個人が自分の成長のために費やした努力は、彼らが受ける報酬に影響を与えますか？」「組織のゴールに対する個人の貢献が、報酬に影響を与えるただ1つの要素ですか？」　これらに対しては、ごく少数の人しか、答えることはできないでしょう。パフォーマンス・マネジメントの3つの共通のゴールや、それらの相互の関係性に関する明瞭さの欠落が、多くの組織がより良いパフォーマンス・マネジメントの仕組みを生み出す際に、どこから手をつけてい

いのかをさっぱりわからなくしてしまっている大きな理由だと、私は考えています。

　もし、「3つの共通のゴール」を吟味せず、組織がもつ固有の文化を考慮して、これらの難解な質問に答えようとしないのであれば、その組織は新しいパフォーマンス・マネジメントの仕組みを構築することには、遠く及ばないでしょう。

　私は、大事なコンセプト（基盤となる3つのゴールの理解は重要なコンセプトです）の浸透を促進する際には、視覚化されたイメージが大きな助けになることを発見しました。クライアントと仕事をする際、私たちはよく、視覚化するための補助として、自転車の比喩を使います。少しの間、このイメージを説明するのにお付き合いください。

正しいフレームを選択する

　自転車のフレームは、基本は三角形でありながらも、自転車の目的、スタイル、サイズ、想定される活用法によってさまざまに変化します。1つの辺が他の辺より長くなったり、フレームの太さも変化したりすることでしょう。主要なフレームの3つのすべての点は、物理的につながっていてもつながっていなくても構いません。自転車のフレームは、乗り手や自転車の目的によって、大小さまざまな三角形をその中心にもつことになります。

　では、「人の成長」「組織のパフォーマンス向上」「報酬の公平性」という3つの共通のゴールによって構成されたパフォーマンス・マネジメントの自転車のフレームに、コンセプトを当てはめていきましょう。（図表4-2参照）パフォーマンス・マネジメントの自転車には依然として3つのゴールがすべて存在していると思われますが、それぞれのゴールの強調のされ方や相互のつながり方は、組織ごとに異なっていなくてはいけません。もしあなたの組織が、消費生活用製品を扱う成熟したグローバル企業であれば、そのパフォーマンス・マネジメントの自転車は、通りにできたばかりの40人のデザインファームのものとは違ったものになっているはずです。ツール・ド・フラン

ス用の競技モデルの自転車と、子どもが初めて乗る自転車とが違っているのと同じです。

図表4-2 「パフォーマンス・マネジメントの自転車」を使って視覚化された3つの共通のゴール

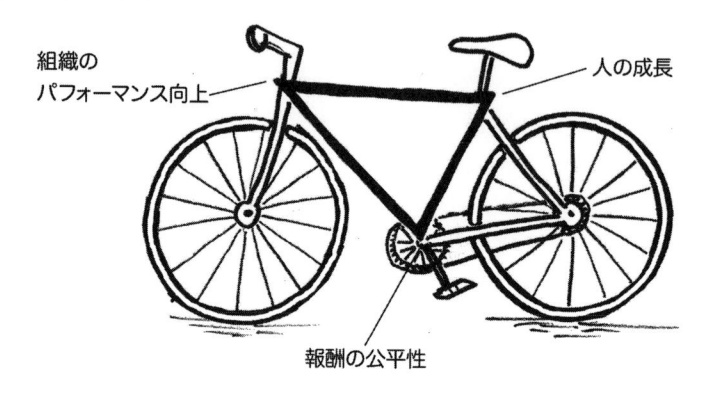

組織の
パフォーマンス向上

人の成長

報酬の公平性

間違った自転車に乗る

　結局のところ、今日のパフォーマンス・マネジメントにまつわる問題は、私たち全員がまったく同じパフォーマンス・マネジメントの自転車にあまりにも長い期間乗り続けてきてしまったこと、そして、現在の世界において、自組織が真のパフォーマンスを生み出すために必要な特徴を備えているかということを考えずに、毎年倉庫から同じモデルの自転車を引っ張り出してしまっていることにあります。これまでの章で、私たちはどのように世界が変化しているのかを探求し、モチベーションやコラボレーションに関して発達してきた洞察に触れ、こうした変化に対する従来の伝統的なパフォーマンス・マネジメントの致命的な欠陥を明らかにしてきました。

　こうした知識を基盤にもつことで、比喩的な表現をすると、私たちは今や、真の競争相手が、補助輪があり、花やリボンで装飾されたバナナシートの自転車でツール・ド・フランスのスタートラインにやってくることはないということに気がつくでしょう。一流のパフォーマンスが求められているときに、こんな自転車を持ってくるのは冗談でしかありません。それと同じように、現代の組織が目指すところを考えれば、ありきたりな従来のパフォーマンス・マネジメントを採用するなんてことは、ひどい冗談としか言いようがないのです。

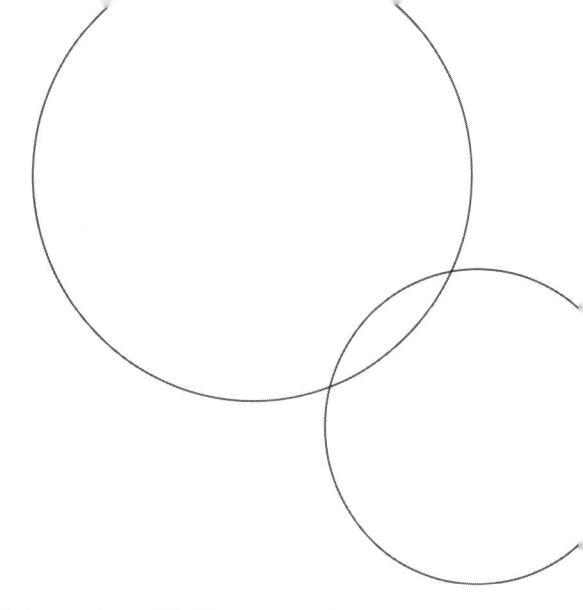

パートⅡ

Redesign
再設計

In matters of style, swim with the current;
in matters of principle, stand like a rock.

スタイルに関しては流れとともに泳げ。
原則に関しては岩のように立て。

トーマス・ジェファーソン

私はプロセスの重要性を固く信じています。パフォーマンス・マネジメントの仕組みを設計する際はなおさらです。この手のプロジェクトを始めるときには、確立された設計や運用の流れに従うことが重要です。明確に定義されたプロセスがあることで、適切な手順で適切な行動を起こすことが可能となります。そして、一緒に変革の旅路を歩む人々と絶えず意思疎通を図りながら進めることができるでしょう。言い方を変えると、強固なプロセスは、あなたのデザインチームを支え、皆が同じ考えをもち、何がいつ期待されているのか、次に何が起きるのかといったことをチームが理解する手助けとなるのです。

　こうした理由から、私は5つのフェーズに分かれたシンプルなプロセスを定義しました。そして、各フェーズで役立つ、ステップやツール、テクニック等を紹介しています。これらを使って、推進する勢いを保ちながら、自組織に合った施策をじっくりと設計し、運用できるようになることを願っています。簡単に示すと、パフォーマンス・マネジメントを再起動するプロセスは、次のようになります。

体制を
つくる
計画をつくり、参加者を招待し、取り組みを始める

枠組みを
描く
設計の基本方針を合わせる

内容を
検討する
新たなパフォーマンス・マネジメントの仕組みを設計し、テストし、検証する

実行プラン
を練る
新たなパフォーマンス・マネジメントの仕組みの質を高め、その他の仕組みとの影響関係に対処する

運用する
変革を計画し、実行し、評価する

PM Reboot（パフォーマンス・マネジメントの再起動）プロセス

　パートⅡの「Redesign（再設計）」のセクションでは、「体制をつくる」「枠組みを描く」「内容を検討する」という、最初の３つのフェーズを取り扱います。この３つのフェーズを実際に適用した事例も、パートⅡのまとめとして紹介したいと思います。続いて、パートⅢの「Reboot（再起動）」のセクションでは、「実行プランを練る」「運用する」という後半の２つのフェーズを探求します。ここでは、従業員の賛同を得る、あるいは新たな施策の適用を確実に行う、といった重要なテーマについて取り扱います。パートⅡとⅢでは、もしかしたら私の言うことは少しマニアっぽく聞こえるかもしれません（私の中にあるエンジニア気質が顔を出していることに起因しています）。私の使命は、思慮深く検討され、すぐに実施可能な、大幅に改善されたパフォーマンス・マネジメントの施策をつくるといった「根本的なシフト」を実現するために役立つプロセスを皆さんに紹介することです。そうした使命を果たすためには、所々で少し専門的な話をすることは避けられません。しかし、心配は要りません。なぜなら、本書の最後にツールボックスがあり、たくさんのツールやテンプレートが詳細に紹介されていますから。

　PM Reboot（パフォーマンス・マネジメントの再起動）のプロセスに入る前に、最後に１つ伝えておきます。それは、最終的に生み出した仕組みや施策のことを、あなたはもはや「パフォーマンス・マネジメント」とは呼びたくなくなっているかもしれないということです。**組織のパフォーマンス向上、人の成長**、そして**報酬の公平性**の実現に向けて、あなたがどんな選択をするかによっては、生み出すものが従来のパフォーマンス・マネジメントとは似つかないものになる可能性もあります。実のところ、私はパフォーマンス・マネジメントというフレーズを、私の会社ピープルファームで使うことを禁止しました。いや、禁止をするという行為は私たちのカルチャーに反するので、実際には禁止とまではいかないかもしれません。しかし、私たちが「ビルディング・ユア・キャリア（あなたのキャリアを築く）」と呼んでいるアプローチを、「パフォーマンス・マネジメント」というふうに表現する人がいたときに、私がいつもしかめ面をするということは、社内でも有名になってい

ます。この種のブランディングを改める方法はとても効果的です。特に、現状使われているパフォーマンス・マネジメントのプロセスが、従業員に不人気なときはなおさらです。再設計の中で、イメージをつくり替えるのは悪いことではありません。ですから、新しい施策にはどんな名前が最も適切なのかを、あなたのチームにぜひ尋ねてみてください。

第5章

体制をつくる

体制を つくる	枠組みを 描く	内容を 検討する	実行プラン を練る	運用する
計画をつくり、参加者を招待し、取り組みを始める	設計の基本方針を合わせる	新たなパフォーマンス・マネジメントの仕組みを設計し、テストし、検証する	新たなパフォーマンス・マネジメントの仕組みの質を高め、その他の仕組みとの影響関係に対処する	変革を計画し、実行し、評価する

まず、最初の一歩は、体制をつくり、準備をすることです。どんな取り組みも、成功するか否かは、計画し、必要なメンバーを巻き込み、この取り組みのスポンサーとなる人の支援を確実に得られるようにすることにかかっています。そこで、リーダーが賛同してくれることを確認し、計画を立て、この冒険に加わってほしい仲間を迎え入れるところから始めましょう。

経営層を導く

まず、私のクライアントが話してくれた、記憶に残るストーリーを紹介しましょう。彼女は、チーフ・ヒューマン・リソース・オフィサー（CHRO）として、経営層にプレゼンテーションするために、パフォーマンスへの新しいアプロー

チに関するビジョンの作成をチームの仲間に任せました。チームは意気込んで提案をまとめました。この提案がとてもよくできていたことは、心に留めておかなければなりません。彼らは、新しいアプローチの設計を進めるために、経営層からの支援を得ようとしているだけでした。彼らは、自分たちのアイデアにわくわくして、すぐにでも動き出せるような状態で経営ミーティングに出席しました。CHRO が頼りにしている部下が、チームの代表として提案内容について一通り説明しました。CHRO は大喜びしていました。提案内容は素晴らしい出来栄えで、チームの大胆なクリエイティビティを誇りに思いました。プレゼンテーションが終わると、彼女は興奮して拍手をしました。しかし、他の経営層は誰も拍手をしなかったのです。気まずい沈黙の時間が流れ、「なぜ、あなたは拍手をしているのですか？」と CEO は彼女に向かって言いました。その瞬間に、少なくとも今後数年間、パフォーマンス・マネジメントを改革するという夢の実現は難しくなりました。事前の素晴らしい準備にもかかわらず、彼らは、このテーマに関する CEO や経営層らの見識や知識、理解度がどのような状態なのかについて正確に見積もることができていませんでした。少なくとも、経営層が彼らの提案を聞く気になっていないことは明らかでした。このような分断は珍しいことではないので、それを見つけたら後回しにしないで、すぐに状況の理解に努めることを勧めます。

　経営層には、特別な対応が必要なことを認識しましょう。毎年のように、変革の取り組みを失敗する最大の理由として「経営層の支援の欠如」が挙げられています。[1] 特に、パフォーマンス・マネジメントの施策に関しては、これが最も大きな障害になりやすいことがわかっています。実際に、口ではアプローチを変えようと言うものの、何よりもこのような理由で実行できなくなるのです。

　経営層が反対するのは、彼らの視野が狭くなっているからではありません。確かに、多少古い考え方をしている場合もありますが、大抵はまだチームを思う気持ちはありますよね？　なぜ経営層が取り残されるようなことが頻繁に起こるのかというと、誰も彼らを教育したいと思わないからです。その理由は、経営層は組織のトップであるため、すでにこのことについて知っているべきだと思っている、あるいは、すでに確立している現在のやり方の課題

について、経営層と率直に話すことに恐れがあるからです。たとえ、証拠となる調査の結果をどれほどもっているとしても、経営層と向かい合って座り、彼らの目を見て、彼らが信じていることはすべて間違っていると伝えることは、この会社での自分のキャリアを危うくすることのように感じるでしょう。そのため、誰もそうした働きかけをしないのです。これは、経営層がパフォーマンス・マネジメントに精通している可能性が非常に低くなることを意味します。そして、彼らがあなたと同じくらいパフォーマンス・マネジメントについて知っていることはまずありません。そう思うと、少し勇気がもてますよね。

　こういった状況では、まず、入り口に立ったときの自分自身の恐れをチェックして、経営陣に意見することに慣れてください。もちろん、角が立たないようにすることは言うまでもありません。また私は、経営陣が人々を脅かすようなことをして、時に難しい会話から逃げ出してしまうことを知っています。健康で幸せな組織をつくるという目的で経営陣のところに来ているということを念頭に置いておきましょう。だとしたら、何も悪いことはしてないですよね？

　以下が、経営陣に対応する際に配慮すべきいくつかのポイントです。

● 自分たちで考えてもらう

　説明するだけではなく、経営陣が自ら、こうした知識を自分のものとする手助けをしましょう。たとえば、これまでのキャリアの中で最高のマネジャーは誰だったか、また何が彼らを最高のマネジャーにしていたのかを尋ねるところからスタートしてみましょう。フィードバックをしたときと受けたときの、またはパフォーマンス・マネジメント全般における、最高と最低の経験について尋ねてみてください。そして、彼らにとって自分事になるようにしてください。この後、彼らを教育するプロセスで、彼ら自身の言葉を使うことができるので、彼らが共有したことを残すために何かに記録してください。パフォーマンス・マネジメントを変革することがどれだけ会社や人々に利益をもたらすか、想像できるように支援しましょう。

● 教育する

皆さんが経営陣を説得するときに、これが最大のミスの原因となること
が多いと思います。大抵の場合、多くの人はリーダーたちがすべてを知
っているものだと決めつけます。そんなことはないし、そんなわけもな
いですよね？　経営陣は、ビジネスのすべての側面において、良い意思
決定を行うために、必要な情報を探す時間がありません。したがって、
皆さんのような専門家を必要とするのです。皆さんの仕事は、時間を
かけて彼らを教育することです。もちろん偉そうにする必要はありません。
しかし、学びを支援するためには率直でありましょう。致命的な欠陥、
根本的なシフト、共通のゴールについての理解を深めるために、本書の
パートⅠを読むようにお願いしましょう。少なくとも、会話のきっかけ
としては最適です。加えて、似た状況の組織で、すでにパフォーマンス・
マネジメントにおいて素晴らしい変革を行った事例を探し、できること
なら彼らのCEOを訪問したり電話で話すなどして、アイデアや成功に
ついて共有してもらう機会を設定しましょう。同じ立場の人から話を聞
けるということ以上のことはありません。そして、こうして集めた見識
を経営陣と共有しましょう。

● 未来にフォーカスしてもらう

経営陣と未来について会話しましょう。組織の戦略について話してもら
い、組織がどこに向かうのかを彼らに説明してもらいましょう。さらに、
もう一歩踏み込んで、後進に残したいものについて会話をしましょう。
何を過去のものとして置き去り、何を自分の実績として残したいのでし
ょうか？　そして、新しいパフォーマンス・マネジメントの仕組みによっ
て、そうしたゴールを個人的にも経営的にもどのように達成することが
できるかについて、考えるようにお願いしましょう。

これらを行うことで、「賛同してもらえますか？」という極めて重要な質
問に答えてもらうための準備が整います。もしこれらの３つがうまくできれ
ば、経営陣も賛同するでしょう。そうすれば、もう一人で拍手するという状
況は起こりません。

今後の道筋を計画する

　スティーブン・コヴィー（Stephen R. Covey）の『ザ・セブン・ハビッツ・オブ・ハイリー・エフェクティブ・ピープル（The 7 Habits of Highly Effective People）』（邦題『7つの習慣』）の格言を借りれば「目的を意識して始める」こと、そして、いつパフォーマンス・マネジメントをReboot（再起動）するのが、チームにとって最も合理的なタイミングなのか見定めましょう。[2] なぜタイミングが重要かというと、皆さんの会社のビジネスの年間スケジュールを考慮すべきだからです。そのスケジュールによって、新しいアプローチに切り替えるための適切な期間、または適切な日付が明らかになる（または場合によっては制約される）ことがあります。たとえば、これまでの年次評価を年末にまとめ、新年に新しいゴールを設定しているとしたら、次の年が開始する1月1日に新しいパフォーマンス・マネジメントへと切り替えるべきです。そうすると、新しい制度の方針を公開し、古いやり方の終わりを知らせ、チームに新しいツールやルールに慣れる期間を3カ月取るためには、制度の設計は前年の第3四半期までに完了している必要があることがわかります。

　その他にも、多くの要因によってスケジュールが決まる可能性があります。新たなリーダーが来たり、近い将来に新しいシステムを導入したり、または新しい会社を買収したりすることなど、すべてが含まれます。これらのきっかけのうち、私は、パフォーマンス・マネジメントの仕組みを運用していた古いシステムを変更するといったテクノロジーに関するイベントが、最も一般的であると感じています。この2つは相互に影響しているので、テクノロジー関連のタイムラインに合わせて取り組むことが大切になります。新しいシステムを導入しても、パフォーマンス・マネジメントの見直しが完了してからまた同じことに取り組むことになるというのは避けるべきです。悲しいことに、ITとHRのチームが別々にプロジェクトの計画を行っている場合、システム導入が先走ってしまうことが、頻繁に起こります。どのような要因がスケジュールに影響しようとも、ここで大切なことは、導入する予定日を明らかにすることと、そこから逆算してプロジェクトの現実的な計画を立てることです。そして、ここでの「現実的」という意味は、皆さんがプロジェクトのすべてのフェーズに取り組むのに十分な時間を確保するということです。

この時点で、パフォーマンス・マネジメントをどのように社内に展開するかの最初の計画をつくります。もし何らかの演出をするならば、どのようなものが考えられるでしょうか。もし、従業員全員がほぼ1カ所にいる小さな組織であったり、あるいは所属する社員の属性が似ている組織ならば、「ビッグバンアプローチ（一度で全員を対象にする）」が合理的でしょう。しかし、もしあなたの組織が複雑だとしたら、小さなチームを選んで始めたいかもしれません。こうした場合は、頻繁にコミュニケーションができるか、もしくは、賛同してくれているチームを1つ選びましょう。

　たとえば、私が一緒に仕事をしたある会社では、まず小売店から先にReboot（再起動）することに決めました。そのため、小売店を対象にしたパフォーマンス・マネジメントを設計し、導入しました。経営陣は、自分たちが店舗のチームに対して最も影響力があるので、新しいパフォーマンス・マネジメントの価値を最も提供することができるのではないかと考え、店舗から始めるという意思決定を行いました。店舗での移行が成功した後で、少し時間を置いてから、彼らは本部向けの制度についてあらためて考え直しました。こうすることで、店舗と本部というチームを超えて共通するポイントは残す一方、第3章の「根本的なシフト4：均一性を捨て去る」で述べたように、本部の文化やスタッフの独自のニーズに焦点を当てることができるようになりました。そして、本部の後には倉庫に取り掛かりました。このように段階的に進める戦略によって、それぞれ特色のあるグループごとの設計ができるだけでなく、先に導入したところで得た学びを生かすことができました。

　また、私はパイロット（試験的な取り組み）を実施することを強く勧めています。テストグループを選び出し、取り組みの仲間になってもらうことで、新しいパフォーマンス・マネジメントの仕組みとそのメッセージをさらに素晴らしいものにしていきましょう。パイロットを実施することで、導入時のリスクを減らし、さらに大規模な導入に向けた良い準備になるでしょう。またパイロットの実施によって、新しい制度により共感できるようになり、準備が整ったときに、他の人を巻き込み、導入を盛り上げてくれるエンゲージメントの高いグループをつくることができるという付加的なメリットもあります。

　このテーマについて、私が最後に述べたいことは、「計画を見直すことを

決して躊躇してはいけない」ということです。私の仕事において最もストレスがたまることの1つは、チームとしてプロジェクトに関わる期間が長くなると、彼らの中心となる前提が覆されたり、スケジュールを大きく変更せざるを得ないような新しい情報に気づいたとしても、計画の変更が必要であることを認めたくないために、この新しい情報に対して見て見ぬふりをしてしまうことです。良くない計画を進めてしまうことは、常に失敗の原因となります。私のキャリアの中で、非常に多くのそのような状況を見てきました。前提が変わっていないか、想定よりも抵抗が強くないか、悪影響を受ける周辺の仕組みはないか、または、割り当てたリソースで予定したタイミングに実現することが正直なところ難しくないかどうか、定期的に検討しましょう。よく検討されている、現実的なプロジェクト計画は価値のあるものです。時間を取って慎重に考え抜きましょう。その後は、必要に合わせて進化させましょう。

支援と同意を得るためのポイント

このセクションでは、導入プロセス全体を通じて、スポンサーとなっている役員や影響力のある経営陣、そしてその他に親密な関係を築き、理解を得ていきたい人と、これから先に進める上で確認したほうがよい事柄について紹介します。変化をマネジメントし、新しい仕組みの導入を確実にするための活動は1日目から始まります。ここで紹介するシンプルな手順を踏むことで、皆さんの考えている案がより妥当性のあるものになります（それによって、成果がより高まります）。さらに、制度を運用し始めたときに想定される支援や抵抗の度合いについても推測することができます。

このプロセスの早い段階では、今後の進め方の計画とスケジュールについて、確実に合意が取れていることが望ましいでしょう。経営陣にこの計画と連携を取ってもらうことだけでなく、計画に関わる他のチームや個人についても考慮する必要があります。たとえばそれは、報酬チーム、CIO、戦略を改革する人たちのことかもしれません。または、労務管理やサクセッション・プランニングチームなど、タレント・マネジメント部門の中の他のグループも考慮する必要があるかもしれません。彼らの意見を聴き、これから起こる変化について彼らに先に知らせましょう。要するに、彼らと一緒に旅路を歩むのです。

適切な人を対話に招く

決して一人で進めてはいけません。もし大勢の人々を、彼らにとってなじみのあるやり方とは違う新しい方向に向かわせたいのであれば、必ず初めから適切な人を巻き込む必要があるでしょう。

つまり、新しいパフォーマンス・マネジメントの設計については、よく考える必要があるということです。そのためには、難しい決断を求められることもあります。そして、一通り全体概要を考え終わったとしても、さらに制度の基本的な仕組みを構築する必要があります。もちろん、これらを行うことはできるでしょう。しかし、閉じこもって一人で制度設計をしたり、同じような考えをもっている人々と一緒につくってしまっては、多くの人々が喜んでついてきてくれることを期待することはできません。なぜならば、もしそのような方法を取れば、あなたは、より新しく、もっと興味深い方向に向かうきっかけとなるような異なる考え方を、設計プロセスに取り入れることができなくなるからです。また、もし刷新されたパフォーマンス・マネジメントをチームに提供する準備が整ったら、支援や導入を推進するために、変革のキーマンが必要になります。いざ、ゴーサインを出す準備ができたときに、そういった人たちが周囲にいる状態にしたいのであれば、彼らと初めから一緒に取り組まなければなりません。彼らと早い段階から、頻繁に関わりましょう。

そのために、この２つの自分への問いかけから始めましょう。

1. 誰が**デザインチーム**に加わるべきですか？
2. 誰を**対話**に招くべきでしょうか？

「デザインチーム（中心になって変革を推進するチーム）」と単に「対話に招かれた人たち」の違いは何でしょうか。そこには、重要な違いがあります。デザインチームは、すべての設計プロセスで協力し合って、一緒に働くであろう人たちです。一方、対話に招かれた人は、具体的な作業に表立って関わることはないものの、あなたにとって必要な人たちです（イメージとして、あなたの背中を支えているような役割です）。

　デザインチームには誰に入ってもらうべきでしょうか？　しばしば、経営陣と HR のリーダーが選ばれている組織を見ます。対話にも、経営陣を含めることが必要です。なぜならば、彼らに参画してもらうことが不可欠だからです。そして、明らかに HR は設計作業においてキーとなる役割を担います。しかし、私は組織の多様性を取り入れるために、経営陣と HR という 2 つのグループを超えたチームにしたいと思っています。その意味するところは、さまざまな所属、分野、役割、勤務地の異なる社員を招き入れるということです。取り組みによって大きな影響を受ける、他のリーダーやチームメンバーを対話に含めましょう。私は巨大なデザインチームをつくりなさいと言っているわけではありません。それはそれで問題が起こります。私が言っているのは、誰を招くかについて、クリエイティブになるべきだということです。少ない人数でも、多くの属性を網羅できる個人を選ぶことはできますよね。

　言い換えると、デザインチームは小さめでも、組織を代表するような多様性のあるグループでなければなりません。もちろん、パフォーマンス・マネジメントを新たなものにすることに熱意のある人にチームの一員になってほしいですよね。しかし、疑い深い人を何人か含めたとしても、常に緊張感が保たれるので困ることは決してありません。もし、すべてがうまくいっていたとしたら、最後に、彼らはあなたの最も強力な支援者になるかもしれません。

　図表 5 − 1 は、私が関わったあるクライアントのチームによく似たシンプルな例です。この例では、この企業のグローバルな拠点や従業員の属性の多様性をうまく反映したデザインチームをつくりました。そのため、従業員全員を議論に招かなくてもよい状態になっています。

　一度デザインチームが組織されたら、対話に招きたい、より多くの幅広い属性の人たちによるグループをつくるときです。組織によっては、その対話のグループは組織全員になる場合もあれば、何名かの個人を選ぶだけの場合もあります。もし、何名かを選ぶのであれば、組織の一員であることを感じてもらう必要がある人、プロセスに対して自分の意見を言いたいという欲求がある人、または、確実に取り込んで声を聞きたいと思う人たち（あなたの計画を応援してくれている人だったり、味方にしておかないと、この取り組みを全部台無しにしてしまうような人）を探しましょう。

図表5-1　デザインチームの例

	ビジネスユニット	ファンクション	勤務地	ピープル・マネジャーである	勤続年数	雇用形態	組合	ハイパフォーマーである
フレッド	ロック	エンジニアリング	北米	はい	20年以上	正社員	組合	はい
ウィルマ	ダイナソー	デザイン	本社	はい	3〜5年	正社員	非組合	いいえ
ベティー	キッチン	生産	新興市場	いいえ	5〜10年	パート	組合	いいえ
バーニー	ボーリング	HR	南米	はい	10〜20年	正社員	非組合	いいえ
ペブルス	トイ	サプライチェーン／HR	シンガポール	いいえ	1〜3年	パート	非組合	はい
バムバム	クラブ	営業	ヨーロッパ	いいえ	1年未満	正社員	非組合	いいえ
ディノ	コーポレート	財務	本社	はい	5〜10年	正社員	非組合	はい

　適切な人を選ぶ良い方法は、まずデザインチームとすでに対話に招かれているリーダーたちに、誰を誘うべきか相談することです。このより広い対話のグループには、デザインチームが声を拾い切れなかった人々を含むべきです。たとえば、より良い最終的な結果をもたらす貴重な視点をもっている、特定の集団または属性の人々になります。それは、組合の代表者かもしれませんし、プエルトリコの流通チームの人かもしれませんし、誰でもあり得ます。意見の違いがありそうな人々を見つけ出し、全従業員を代表する集団となるようにしましょう。

　この対話のグループには特別な配慮をする必要があり、今後のプロセスでも何度も登場します。彼らが最初から関われるようにすることは、極めて重要です。そしてそれは、多様なグループであるほど難しいことでしょう。以下に、現状のパフォーマンス・マネジメントでうまく機能していること（および、そうではないこと）についての意見を得ることから、新しい制度や導入の計画の検証に至るまで、またそれ以降のプロセスにわたって対話のグループに関わってもらうための方法をいくつか紹介します。

- フォーカス・グループとのディスカッションを行う
- リーダーたちに自分のチームで対話を実施してもらう
- クラウドサービスを使って質問する
- シンプルなアンケートを設計し、展開する

テクノロジーの大きなメリットの1つは、たくさんの人たちを好きなだけ対話に招くことができるようになることです。とても良い事例は、新しいパフォーマンス・マネジメントを設計する際に、アドビ社が取ったプロセスです。アドビ社の経営陣は、社員と一緒に新しい制度をコ・クリエーション（共創）することにコミットしていました。彼らは、とても計画的にクラウドソーシングのプロセスを取り入れました。まずは社内ブログを使って、スタック・ランキング（全従業員に順位をつけること）をやめる計画を従業員に知らせ、その後、クラウドソーシングで、スタック・ランキングをやめる替わりにどのような評価にしたいかを尋ねました。そして、何をなくすべきで、何を残し、何を加えるべきかについて、従業員の考えを聞きました。このアプローチは素晴らしい成果を生み出し、アドビ社の経営陣は、このクラウドソーシングのプロセスが新しい制度についてのビジョンを具体化したのだと言っています。[3]

ここで述べていることは、取り組みのプロセスには経営幹部や重要な意思決定者を含めると同時に、会社の多様な人々に質の高い議論に参加してもらうことが不可欠であるということです。思慮深い質問を提示することで、古い考え方に疑問を呈したり、前提に欠陥があることを明らかにしたり、そして新しい考えを取り入れる支援をします。そうした対話を通して、あなたの選択を後押しする論拠を明らかにし、新しい考えとアプローチ（たとえば、8つの根本的なシフト）を紹介したり、それに対する支援を得たりして、皆さんが向かいたい方向へと足並みをそろえていきましょう。

支援と同意を得るためのポイント

一度デザインチームのメンバーが選ばれ確定したら、必ずリーダーに知らせましょう。ここでのリーダーとは、誰を仲間に加えたらよいかアイデアをくれた経営陣と、デザインチームに部下を送り込んでいるマネジャーのことです。スポンサーとなっている役員が、誰がチームメンバーになったのかを知り、皆さんの選択を支援していることも重要です。また、デザインチームのメンバーのマネジャーに、部下の参加を許可してくれたことについて、感謝することも大事です。マネジャーたちに、彼らの部下が重要な役割を担い、組織に価値をもたらしていることを定期的に知らせてあげましょう。実際、これが、皆さんが今後取り入れようとしている評価の哲学を行動で示す、とても良い方法です。

第6章

枠組みを描く

体制を つくる	枠組みを 描く	内容を 検討する	実行プラン を練る	運用する
計画をつくり、 参加者を招待し、 取り組みを始める	**設計の基本方針 を合わせる**	新たなパフォーマンス・ マネジメントの仕組 みを設計し、テストし、 検証する	新たなパフォーマンス・ マネジメントの仕組 みの質を高め、その他 の仕組みとの影響関 係に対処する	変革を計画し、 実行し、評価する

　**リーダーは参画していますか？　工程表は確認していますか？　デザイン
チームのメンバーは共感して参画していますか？**　具体的なアクションに向け
た体制が整いましたので、「枠組みを描く(Sketch)」段階に移る良いタイミング
となりました。この段階では、あなたのチームは、新たなパフォーマンス・マ
ネジメントに含めるべき最も重要なことについて選択を行います。そう、設
計に関する重要な意思決定を行うときです。さて、良い設計をするためには
何から始めますか？　まず、スタート地点を明確にし、目的地に向かって、デ
ザインチームの足並みをそろえることから始めます。スタート地点と目的地の
設定をし終えたら、その次に、良い設計を行うために、目的地を視覚化した
スケッチが必要となります。このスケッチの内容は、設計の基本方針(design
principles)の優先順位と、目標の達成の仕方に関する合意によって、影響を
受けるでしょう。今回の場合、目標とは4章で紹介したパフォーマンス・マネ
ジメントの3つの共通のゴールのことと定義できるでしょう。

スタート地点を知る

　本格的に取り組む前に、一度冷静になって、デザインチームがパフォーマンス・マネジメントの現実について共通の理解をもっているか、確認する時間を取りましょう。多様性のあるチームをうまく編成できているのならば、皆がこの時点で、同じ考えをもっているということは考えにくいでしょう。それで良いのです。彼らが同じ考えをもてるようにすることが皆さんの仕事です。ここで、私がパートⅠで紹介した、従業員の動機づけや高いパフォーマンスを挙げるチームの構築に関する知見、そしてこれらを実現する上でのパフォーマンス・マネジメントの役目に関する調査など、しっかりとした土台をもとに、彼らが理論武装できるようにするのです。8つの致命的な欠陥や8つの根本的なシフトを思い返しましょう。知識は素晴らしい贈り物ですので、共有しましょう。デザインチームが検討を進める前に、新たなパフォーマンス・マネジメントの可能性はもちろん、伝統的なパフォーマンス・マネジメントの欠点についての共通の理解をもつことが不可欠です。

　次に、自組織の現状を理解するためにチームとして時間を費やすことをお勧めします。図表6－1では、検討するとよい項目をいくつか示しています。

図表6－1　自組織のパフォーマンス・マネジメントの現状評価

パフォーマンス・マネジメントの全体概要	・ 現在、あなたの会社のパフォーマンス・マネジメントはどのようなものですか？ ・ 現状のパフォーマンス・マネジメントのプロセスとスケジュールを把握しましょう。どのようなステップが含まれていますか？ ・ 誰がパフォーマンス・マネジメントのプロセスに責任をもち、各ステップを実行したり、監督したりしますか？ ・ ツールやテンプレート例を集めましょう。 ・ 独自のやり方やアプローチを考え出し、それがうまくいっているチームやグループはありますか？
活用度	・ 現在の活用度、実際の普及率は？ ・ チーム、地域、あるいは他の変数によって活用度の違いはありますか？ ・ そのプロセスの完了までに、HRやその他の人々はどのように関与しますか？

人々の認識	・ うまくいっていることは何ですか？
	・ うまくいっていないことは何ですか？
	・ マネジャーと従業員は異なる認識をもっていますか？
	・ HR はどのように評価していますか？
	・ リーダーはパフォーマンス・マネジメントのプロセスにどのように関わっていますか？　彼らは擁護者ですか？　無関心ですか？それとも嫌っていますか？
従業員についての洞察	・ 従業員数、従業員のタイプ、勤務地、レベル、職種、職務内容等、人材の棚卸データを集めましょう。
	・ すべての従業員は、パフォーマンス向上のプロセスに同じように関与していますか？　もしそうでないなら、どんな違いがありますか？
	・ さまざまな機能、ツール、情報源は、すべての従業員にとって利用可能ですか？（たとえば、メンタリングやボーナスのプログラム）
	・ 特定の従業員グループに対してのみ行われることはありますか？（たとえば、バイス・プレジデント以上へのタレント・レビュー＜人材の活用や育成を検討する会議＞）
プロセスに関するデータ	・ 毎年どれぐらいの量のレビュー（評価）が行われ、完了していますか？（伝統的なパフォーマンス・マネジメントのモデルだと想定して）
	・ 従業員、マネジャー、HR チーム、その他、すべての関係者が、どれぐらいの時間を費やしていますか？
	・ プロセスの開始から完了までにかかる時間は、平均してどれぐらいですか？
	・ どんな統計データがありますか？　たとえば、レイティング（評価段階付け）の平均値および最高値と最低値、年間完了数、離職率、業績の高さと勤続年数や昇給などとの相関など。どれくらいの数のマネジャーがプロセスに関わっていますか？

　もしかすると、デザインチームを結成する前に、すでにこれらのデータをたくさん収集してきたかもしれません。もしそうならば、それは素晴らしいことです。ただ、デザインチーム全員が収集した洞察による恩恵が受けられるように、必ずチームメンバー全員に1つひとつ共有しましょう。一方、もしデータ収集をまさに始めようとしているならば、いくつかのチームに分かれて収集を行うことは、皆でパフォーマンス・マネジメントの変革の旅路に関与し、スタートするための素晴らしい方法となるでしょう。デザインチームのメンバーには、すでにさまざまな見方をもっている人が集まっていますが、彼らが組織の隅々にまで行って、人々の声に耳を傾けることは重要なこ

とです。

　私がクライアントと仕事をするときは、デザインチームとともに、ベスト
プラクティスに対する組織の現状のパフォーマンス・マネジメントを評価し
ます。そのために、私たちはしばしばピープルファーム・タレント・ストラ
テジー・アクセラレーター（PeopleFirm's Talent Strategy Accelerator）とい
うツールを使って、ベストプラクティスとして定義されたものに対する自組
織の現状と望ましい状態について、チームメンバーと探求します。何よりも、
それを通じて、素晴らしい会話が起こり、アイデアが次々と湧いてくるので
す。皆さんがベストプラクティスと同じようなことができない理由は何もあ
りません。現状のパフォーマンス・マネジメントを詳しく調査し、基本的な
前提である8つの根本的なシフトに対して、組織がどれぐらい耐え得るのか
をデザインチームとともに評価しましょう。8つのシフトを1つひとつ確認
し、現行のパフォーマンス・マネジメントが、どれぐらいそれぞれのシフト
を支持しているか、議論しましょう。彼らのすぐ目の前で可能性の世界が開
かれていくのが見えるでしょう。

　次に、枠組みを描く（sketch）段階の最初のステップである「現状の評価」
から一歩踏み出す前に、一瞬立ち止まり、集合的に学んだことをデザイン
チームとともに把握しましょう。チームメンバーに、自分にとって最も重要
だった学びのポイントを共有してもらいましょう。何か驚くことはありまし
たか？　今行っているやり方で、失いたくないと思っている要素はあります
か？　今後、やめたいことはありますか？　現状のパフォーマンス・マネジ
メントのプロセスに投入している時間と労力は、その労力に見合った価値を
生み出していますか？　そのプロセスを通じて、正しいメッセージが従業員
やマネジャーに伝わっていますか？　パフォーマンス・マネジメントのアプ
ローチは、望ましい文化を促進するものですか？　あるいは、まったく反対
のことが促進されていますか？　設計段階に移行する際に考慮する必要のあ
る、自組織に固有の複雑な事情はありますか？　こうした現状に関する本音
の議論を通じて、ねらっている変化がいかに大きいか、そしてその変化に向
けて、組織の準備がどれぐらい整っているか、デザインチームの理解を深め
ることができます。

支援と同意を得るためのポイント

思い出してみてください。私たちは、さまざまな部署のリーダー、影響力のある人々、否定的な考えの人々も輪に入れて、パフォーマンス・マネジメント変革の旅路を進んでいきたいと思っています。そこで、ここで立ち止まって、これまで学んできたことを彼らに共有しましょう。彼らは知っているという前提に立たないようにしましょう。おそらく彼らは知らないでしょう。皆さんが学んできたこと（うまくいっていることとうまくいっていないこと）を共有することによって、彼らが古い考えの呪縛から解放される手助けをしましょう。彼らの中にある前提やかたくなな態度を壊すには、他の人が言っていること、考えていること、大切にしていることに触れてもらうことが最も良い方法なのです。できる限り、調査で学んだことを取り入れ、自組織について学んだことも融合してみましょう。双方を合わせることで、力強い物語ができていくのです。

自組織の目的地を理解する

　デザインチームの土台づくりができたということで、未来に焦点を移すタイミングとなりました。私たちの未来のパフォーマンス・マネジメントを明確にする前に、組織の未来のビジョンについて合意を取る必要があります。組織が向かおうとしている未来が明らかになっていなければ、結局のところ、組織のニーズに応じてカスタマイズされた最高のパフォーマンス・マネジメントをどのように構築することができるのでしょうか？　そこで、デザインチームの中で、未来がどのようなものになるのか、しっかりと足並みをそろえていく必要があるのです。新たなパフォーマンス・マネジメントの選択肢についての議論に飛びつきたいという思いに駆られているとき、これに時間を割くことは取り組みの速度を落としてしまうような気持ちになるかもしれません。しかし、そうすることで、その後必要となる信頼を得ることができるでしょう。なぜなら、企業戦略に根ざしたものに対して反対意見を述べることは、誰にとってもかなり難しいことだからです。多くの組織はこのステップを除外します。しかし、そのことで、組織独自のニーズを踏まえた素晴らしいパフォーマンス・マネジメントの設計ができなくなり、祖父のスーツを着たときのような使い回しのパフォーマンス・マネジメントになってしま

うのです。

　ピープルファーム社では、高業績を挙げている組織は、戦略、組織文化、組織構造、人、業務という５つの側面において、パフォーマンスや生み出される価値を最適化していると捉えています。そこで、この５つの重要な側面を枠組みとして活用し、デザインチームがどれぐらい自組織の未来について同意しているのかを確認したいと思います。その上で、その未来がどのようにパフォーマンス・マネジメントのアプローチに反映されるべきかを考えてみましょう。以下に、その５つの側面それぞれについて、皆さんが考慮すべき質問を用意しました（図表６－２参照）。私の願いは、デザインチームがこれらの質問をきちんと理解し、明確な答えを得て、足並みがそろうことによって、パフォーマンス・マネジメントを設計する上での選択や妥協を行う労力が軽減し、より効果的に最適な状態へと進めるようになるということです。

図表6-2　組織の目的地を理解する：ビジネスの５つの側面についての質問

戦略	・ 明文化されている組織のビジョンやミッションはどのようなものですか？　目的地は明確ですか？　従業員はビジョンやミッションに対し感情的な結びつきを感じていますか？ ・ 近い将来、ビジネスモデルや戦略は変更する予定はありますか？　もしそうならば、従業員への期待はどのように変わりますか？ ・ 明確に打ち出されている戦略的枠組みはありますか？　それは従業員に理解されていますか？　それは、彼らが仕事で成果を挙げるのにどれぐらい影響を及ぼしていますか？ ・ 重要な指標は明確に定められ、共有されていますか？　将来、こうした指標が経営をより主導するものになると予測していますか？ ・ 業界において競合は変革を推進していますか？　労働市場における人材の獲得競争は、激化することが予想されますか？
組織文化	・ 現状の組織文化において、今後も守り続け、さらに強化したい側面は何ですか？ ・ 未来の構想において、組織文化を変革していくことは含まれていますか？　もしそうならば、今後実現しようとしている重要な変化にはどのようなものがありますか？　組織文化の変革を推進する上で、パフォーマンス・マネジメントのアプローチを変えることはどれぐらい重要ですか？ ・ パフォーマンス・マネジメントのアプローチにおいて、強調されるべき組織文化の要素は何ですか？（たとえば、イノベーション、コラボレーション、透明性） ・ 新たなパフォーマンス・マネジメントを設計するプロセスにおいて、考慮されるべき組織文化の隠れた推進力とは何ですか？ ・ 組織文化へ影響を与えるものとしてどのようなものが存在しますか？　そして、今後それらによる影響が出てくることは予測されますか？（たとえば、多国籍、リーダーシップの変化、買収等）

組織構造	・ 現在、組織はどのような構造になっていますか？　将来、変わる予定はありますか？ ・ 将来は、サイロ（縦割り）がより少なく、あるいはより多くのコラボレーションが必要になりますか？ ・ 今日、ヒエラルキー（階層構造）はどれぐらい重視されていますか？　今後も同じくらい重視されますか？ ・ 今後組織が発展するにつれて、報告のやりとりを非公式にできるような関係性が組織構造の一部となりますか？ ・ 将来において、より明確で、一貫性のある役割は必要ですか？　パフォーマンス・マネジメントによって、その役割がより明確になることが期待できますか？ ・ 組織横断的に人材の流動性を高めることを目指していますか？ ・ チームの重要性が高まり、変化していくことを期待していますか？ ・ 組織構造はパフォーマンス・マネジメントの設計にどれぐらいの影響を及ぼしそうですか？　どんな構造（事業単位、チーム、地域）の中で設計する必要がありますか？
人	・ 人材投資に関する組織の哲学として、どのようなものがありますか？ ・ すでに決まっている人材戦略はありますか？　もしそうならば、その戦略においてパフォーマンス・マネジメントはどんな役割を担いますか？　タレント・マネジメント（人材管理）の施策における、他の側面とどのように統合していくつもりですか？ ・ 3年後、5年後、10年後の人材構成は、どのようになっているでしょうか？　今から対応する必要があるリスクはありますか？ ・ ビジョンを実現するために対応する必要のある、重要な人材不足やニーズはありますか？ ・ 従業員は、自分が将来成功するために、今よりも能力開発や昇進の機会を見通せることが必要だと考えていますか？ ・ 従業員に提供したいエンプロイー・エクスペリエンス（従業員の体験）とはどのようなものですか？ ・ タレント・アナリティクス（人材分析）や人材に関する洞察がより多く得られるようになることは、組織にとってどのような意味をもちますか？
業務	・ 戦略を推進する重要な業務プロセスには、どのようなものがありますか？ ・ 労働環境はどんな要件によって左右されますか？（オフィス環境、現場のチーム、物理的、地理的な働く場所にとらわれない「バーチャル・ワークフォース」に対する職場環境など）　それは、将来変わる予定がありますか？ ・ 将来、チームはどのようにコラボレーションをするでしょうか？ ・ 将来、従業員はどのように知識を取り入れ、共有するでしょうか？ ・ チームは、関連システムやツールとして現在どのようなものを使用しており、将来はどんなものを使用するつもりでいますか？ ・ 将来、パフォーマンス・マネジメントの仕組みを従業員の業務の仕方によりうまく統合するための機会はありますか？ ・ 将来、業務やプロセスをシンプルにすることに重点を置く予定はありますか？ ・ 将来、顧客満足度（内部顧客と外部顧客を含む）をどのように測定するつもりでいますか？　それによって、業務はどのような影響を受けますか？

図表6-2の質問を使って、デザインチームで議論し、それぞれの質問に対するグループとしての回答を出すことからスタートしましょう。皆さんが共有している重要な前提や視点を把握しましょう。また、互いの相違点に折り合いをつけ、未解決の質問を特定しましょう。これらの未解決の質問やその他に出てきた課題を、対話に招きたい経営陣やリーダーたち（あるいは、その他の支援してくれる人々）のところへもっていき、尋ねてみましょう。できる限り、それらの人々に具体的な考えを話してもらい、その妥当性について検証してもらうように促しましょう。思い出してください。皆さんの使命は、今後、明確な方向性をもって取り組みを行うための、土台となる強いプラットフォームをつくることであり、そのために人々の足並みをそろえていくことなのです。

　新たなパフォーマンス・マネジメントを構築し始める前、ましてや実行し始めようとする前には、デザインチーム内や影響力をもつ人々との間で、組織やパフォーマンス・マネジメントについての共有ビジョンに対する強固な合意を形成していることが絶対不可欠です。目的に対する強い連携を構築することは、最良の基盤となるのです。それは、パフォーマンス・マネジメントの旅路を進み続けているときに、10倍の成果をもたらす資産となります。

支援と同意を得るためのポイント

皆さんの組織が多くの組織と同じであれば、この段階において、検討を深めつつ、何度も繰り返し経営陣に関わってもらい、共感してもらうように働きかけなければなりません。なぜなのでしょうか？　多くの場合、図表6-2の戦略的な質問に対する答えが明らかになっていないからです。実際、多くの組織にとって、こうした会話を推進することは、この取り組みのプロセスによってもたらされる意味ある付加価値にもなり得ます。

もし、より幅広い人々にこの会話に参加してもらうことができたとしたら、経営陣、ＨＲチーム、関与した他の誰に対しても、皆さんが導き出した結論や、今後よりどころとなる前提についてのコミュニケーションを必ず行うようにしましょう。これらの要素は、新たなパフォーマンス・マネジメントの設計にとって、極めて強い影響を及ぼすので、確実にそれらの要素が十分に共有され、おおよそ同意しているという状態にすることがとても重要です。

自組織に独自の設計の基本方針をつくる

　ここから物事が本当に楽しくなり始めます。この前のステップで土台づくりを完了したことで、あなたが前進するときに良い選択をする十分な準備が整ったことを思い出しましょう。その選択は皆さんの過去、現在、未来についての探求から得た知恵に基づいたものです。皆さんがより賢くなっただけでなく（少し歳も重ねていますが）、デザインチームが従業員や組織のために、意味ある変化を起こそうという気持ちになっていることを願っています。言い換えれば、チームのリュックサックの中が知識やひらめきでいっぱいになっていれば、設計の基本方針を定義し、明確に表明し、それを実証するのに良いタイミングとなります。

　待ってください！　設計の基本方針とは一体何でしょうか？　それらがどのようなもので、なぜ重要なのかについて話をしましょう。本質的には、設計の基本方針は、新たなパフォーマンス・マネジメントの誘導灯です。それらは基本的なゴールを踏まえ、設計する際に最も重要となる、望ましい特徴を説明したものです。デザインチームは設計の基本方針に基づいて、設計に関する意思決定を評価できるようになります。そして、さまざまなアプローチ、選択肢、実践の中から、皆さんの組織の新たなパフォーマンス・マネジメントとして適したものを選ぶときに、実験の場を得ることもできます。

　少し詳しく解説しましょう。たとえば、あなたとあなたの大切な誰かが家を建てようとしているシーンを思い浮かべてみてください。すでに土地を購入し、設計建築業者も選定しました。今日、建築士との最初のミーティングの準備をしています。その大事なミーティングの前に、家族にとって最も重要な家の特徴を決めるために、２人で昼食を取りに出かけます。あなたがなぜこうするのかというと、建築士の意見のすべてに「はい」と言ってしまうのではなく、あなた方２人が同じ考えをもてるようになることが最良であると決めたからです。なぜでしょうか？　それは、決まった予算があるからです。この「決められた予算内に収める」ということが、まさに設計の基本方針です。まだ始まったばかりですが、すでに１つの基本方針が確立しました。

　昼食を取りながら、「予算内で収めるということが一番目の設計の基本方針である」ことに、２人はすぐ同意しました。それから、他の方針について

の議論を始めます。あなたは、４つの寝室（主寝室：１、子供部屋：２、両親用の部屋：１）が欲しいとします。あなたは将来、両親にはもっと一緒に時間を過ごしてほしいと思っています。一方、あなたの配偶者は、義理の両親の来訪回数が増加する見込みについて明確に言及することは避けつつ、寝室は３つのほうがよいとこだわるかもしれません。そして、仕事用の部屋を加えたいと言うかもしれません。最終的には、２人にとって将来の家に絶対に必要となる、主要な要素を明確にするのです。また、基本方針に優先順位をつけることになるかもしれません。

　あなたは、この段階では、カウンター（調理台）や配管用の固定器具を選んでいるのではないことに気づくでしょう。むしろ、家の構造と使い勝手を実現する、部屋、面積、予算といった、より大きな項目に取り組んでいるのです。その後、家の設計プロセスが進んでも、優先順位付けした設計の基本方針に立ち返ることで、安心できるでしょう。設計の基本方針は妥協する際のよりどころとなり、あなたを誘惑するかもしれない、いかなる付加機能に対してもノーと言える勇気をもたらすでしょう。言い換えれば、設計の基本方針があることによって、優先順位に忠実であり続けることができるのです。

　パフォーマンス・マネジメントのプロセスを構築しているときも、家の設計と変わりはありません。設計の基本方針が、全体像を見たときの優先順位を明らかにし、新たな選択肢やアイデアを検討する際に、軌道を外れないための信頼できるよりどころとなります。また、設計の基本方針は、皆さんが本来の道を進んでいるか、たとえば古い考え方に戻ってしまっていないか、逆に魅力的なアイデアやツールに心を奪われていないかどうかを確認し、設計内容を検証するための素晴らしい方法を提供してくれます（笑いごとではありません。魅力的な設計のためのツールがあるので、これは頻繁に起こることなのです。少なくともコンサルティング業界ではよくあることです）。また、設計の基本方針があることで、取り組みに巻き込みたい影響力のあるリーダーたちと、意図を確認しやすくなるでしょう。さらに、パフォーマンス・マネジメントについて説明する必要があるときは、設計の基本方針から説明することで、特定の哲学、方法、ツール、特徴が、なぜ最終的にパフォーマンス・マネジメントの仕組みの一部となったのか、理由が明確になります。

　いったん、デザインチームの足並みがそろい、取り組む準備が整えば、皆

さんの組織に合った設計の基本方針をつくることはかなり簡単です（この時
点までには、そうなっているはずです）。設計の基本方針をつくるためにデ
ザインチームを招集するときは、それまでの段階で学んだことを皆でざっと
おさらいしてからスタートすることをお勧めします。手短に言えば、ここま
でのパフォーマンス・マネジメントの検討プロセスについて、チーム内で話
をしてみましょう。現状についての検討と未来のビジョンの検討の両方から
得た大きな教訓について振り返ります。それから、図表6−3の質問をチー
ムメンバーに投げかけてみましょう。

図表6−3　設計の基本方針についての質問

全体	・ 最も重要な結果とは何ですか？ ・ 成功とは、従業員がパフォーマンス・マネジメントを＿＿＿＿＿＿＿＿＿＿＿＿と評していることを指します ・ 成功とは、マネジャーがパフォーマンス・マネジメントを＿＿＿＿＿＿＿＿＿＿＿＿と評していることを指します ・ チームが経験する最大の変化は、＿＿＿＿＿＿＿＿＿＿＿＿です ・ これまでと同じままでよいことは何ですか？
人の成長	・ パフォーマンス・マネジメントは、素晴らしいキャリアのためのどのようなきっかけとなるでしょうか？ ・ 生み出したい、または強化したいエンプロイー・エクスペリエンス（従業員の体験）をどんな言葉で表現しますか？ ・ フィードバックを提供したり、受けたりすることを言い表す言葉を3つ挙げるとしたら、どのようなものになるでしょうか？ ・ パフォーマンス・マネジメントで解決を手助けしたい人材に関する課題やニーズとして、どんなものがありますか？
報酬の公平性	・ 新たに提示する報酬の哲学を言い表す言葉を3つ挙げるとしたら、どのようなものになるでしょうか？ ・ 最も報酬を与えたい行動とは、どのようなものですか？ ・ 将来、報酬はどのように決定されますか？
組織の パフォーマンス 向上	・ パフォーマンス・マネジメントは、どんな戦略的なゴールや必須事項を後押しするでしょうか？ ・ パフォーマンス・マネジメントは、個人やチームをビジョン、戦略、業務計画に結びつけるにあたり、どのような役割を担いますか？ ・ 強化したい、あるいは導入したい文化的な規範のトップ3を挙げてください。（または、消し去りたいものはありますか？）

素晴らしい設計の基本方針を明確に打ち出すコツは、簡潔明瞭に定義することです。それぞれの基本方針は単体としても、集合体としても、パフォーマンス・マネジメントのビジョンを踏まえたものでなければなりません。また、基本方針の一覧は多過ぎないほうがよいでしょう。私は通常5から8の基本方針の作成を目指します。とりわけ、これらの基本方針は、たとえば、従業員主導で進める必要があるというように、大きなアイデアや意図を捉えるべきであり、たとえば、従業員はどのように自身の開発目標を伝えるのかといった、パフォーマンス・マネジメントの機能、構造、ツールといった部分に手をつけるべきではありません。言い換えれば、設計の方針は、どれぐらいの数の部屋が欲しいかについてであり、シャワー室でどんなタイルを使用するかについてではないのです。そういった華やかな仕上げの詳細については、間もなく着手することをお約束します。

✄ 自分の思う設計方針をつくる

　設計の基本方針について、デザインチームが意見を出し合うのをどのように手助けしたらよいでしょうか？　皆さんの組織で機能しているファシリテーションのプロセスがあるかもしれません。もしあるならば、それを推進していきましょう。その一方で、もし設計の基本方針を作成するためのファシリテーション方法について、その本質を1つひとつ紹介したものを好むのであれば、本書のツールボックスの中の「自組織に独自の設計の基本方針をつくる（Creating Your Custom Design Principles）」を参考にしてみてください。

支援と同意を得るためのポイント

デザインチームのメンバーと個別に話をするには良いタイミングです。彼らが取り組みのプロセスに満足しているかどうか尋ねてみましょう。彼らは、チームが推進しようとしている変革にわくわくしていますか？　どんな懸念を抱いていますか？　自分たちの意見がここまでの成果物の中に十分に反映されていると感じていますか？　より良い成果を生み出すためには、デザインチームは他にどんなことに取り組むべきですか？

なお、チームメンバーの上司に対して、パフォーマンス・マネジメントの取り組みに、素

晴らしい人材を送り込んでくれていることへの感謝の気持ちを伝えるために、簡単なメッセージを再度送るのも悪くはありません。

3つの共通のゴールと照らし合わせて枠組みを描く

設計の基本方針が完成したら、それらがどのように3つの共通のゴール（人の成長、報酬の公平性、組織のパフォーマンス向上）と整合しているかを確認することで、チームメンバーの考え方を再確認することは非常に有益です。

これを行う楽しいやり方として、第4章で紹介した「パフォーマンス・マネジメントの自転車」を視覚資料として使うとよいでしょう。皆さんが決めた設計の基本方針を視覚化することができるので、皆さんの設計がどの方向に傾いているか、検証することができます。ツールボックスの中に、スケッチのプロセスを完了するためのワークシート一式と取扱説明書を、あなたのために入れておきました（追加のワークシートは www.thePMReboot.com からダウンロードすることができます。ただし、英語表記のみです）。

✍ 設計の基本方針のワークシートとスケッチ

まず、「設計の基本方針のワークシート」から始めましょう。このワークシートを使いながら、それぞれの基本方針の優先順位やチームメンバーによる評価に基づき、それぞれの基本方針がいかによく3つの共通のゴール（人の成長、報酬の公平性、組織のパフォーマンス向上）を支持しているかの点数を算出することができます。それから、枠組みを描くための「設計の基本方針のスケッチ」に移りましょう。鉛筆をもって、ワークシートを取り出し、スケッチを始めましょう（より詳しいやり方はツールボックスの中に入っていますので、安心してください）。ツールボックスを使って枠組みを描き終わったら、ここへ戻ってきましょう。

あらためて、どのように見えますか？ 皆さんが描いた枠組みは期待しているような成果を表したものになっていますか？ あなたがより強化したいゴールを、皆さんが描いた枠組みはより強化していますか？

はありますか？　設計の基本方針が、皆さんの重点的に強化したいゴールに影響を及ぼすことは明らかですか？　たとえば、皆さんの目標が「人の成長」により重点を置くことだとします。皆さんの枠組みは「人の成長」に傾いていますか（つまり、「人の成長」の数値軸の先のほうまで、グラフが伸びていますか）？

　スケッチが完成し、もし皆さんがつくり上げたいと思っていた構造が表現されていないように見えた場合、デザインチームで、設計の基本方針を微調整してもよいかもしれません。たとえば、デザインチームが、自分たちは「人の成長」を重視し続けていると固く信じていたとしても、描いた枠組みのスケッチでは「報酬の公平性」寄りであることが表れているかもしれません。こうした矛盾を修正するために、設計の基本方針の一覧の中の優先順位を変えることに合意するかもしれませんし、皆さんの根本的な意図や考えを正しく反映できるように、設計の基本方針で使っている言葉を編集するかもしれません。

　また、もし現状のパフォーマンス・マネジメントの仕組みについて、同じワークシートを使ってスケッチを描いてみたとしたら、それはどのようなものになりますか？　現状の仕組みと未来の仕組みの2つの間にある最大のシフトは何ですか？　そのシフトは、デザインチームがこれまで考えてきた、「現状から望ましい未来になった場合に変えたいこと」を反映した、妥当なものですか？　デザインチーム内で議論し、必要に応じて修正しましょう。そして、しっくりくるまでスケッチを描き直しましょう。

　枠組みを描くことで、3つの共通のゴール（人の成長、報酬の公平性、組織のパフォーマンス向上）の相互の関連性や、不足している部分に関する判断がしやすくなるでしょう。パフォーマンス・マネジメントを設計する際には、この相互の相関性は極めて重要な検討事項であり、見落としてはいけないことです。今が、デザインチームとこれらの関連性について議論するのに、絶好のタイミングです。

　関連性とは、枠組みの3点を結ぶ線がどのようになっているかということです。実際には、皆さんの設計において、3つのゴールをどれくらい相互に関連づけられたものにしようとしているのかということです。たとえば、基本給を職種による能力要件と直接つなげようとするならば（エンジニアの職掌で、見習いから職人までの4つの水準をつくるとします）、エンジニアが収

入を増やす唯一の方法はスキルや能力を高めていくことなので、「人の成長」と「報酬の公平性」との間に強い結びつきがあることになるでしょう。スケッチを描くときには、図表6－4のように「人の成長」と「報酬の公平性」の2つが強く結びついていることを示すために、太い実線で表現するのがよいでしょう。

図表6－4　例：「報酬の公平性」から「人の成長」への結びつき

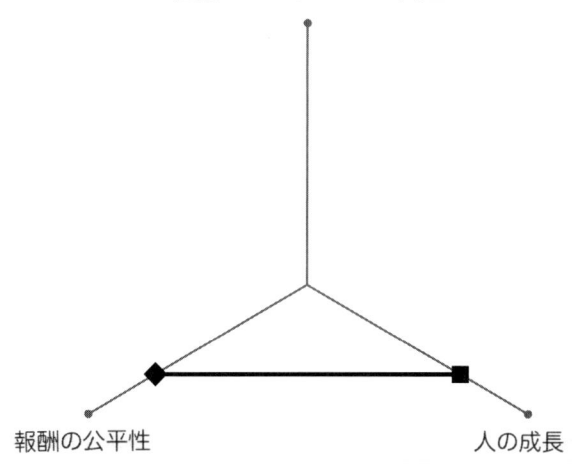

組織のパフォーマンス向上

報酬の公平性　　　　　　　　　　　　人の成長

また、たとえば、従業員が会社の戦略を踏まえて個人目標を明確にする、年1回の目標設定プロセスから、従業員の育成に関する会話を分離させたとします。分離させたとはいっても、従業員のスキルや能力が高まるにつれて、組織のパフォーマンスは向上するでしょう。そうすると、「組織のパフォーマンス向上」と「人の成長」の間には弱いつながりがあり、図表6－5のように破線で表現できるかもしれません。

図表6-5 例：「組織のパフォーマンス向上」から「人の成長」へのつながり

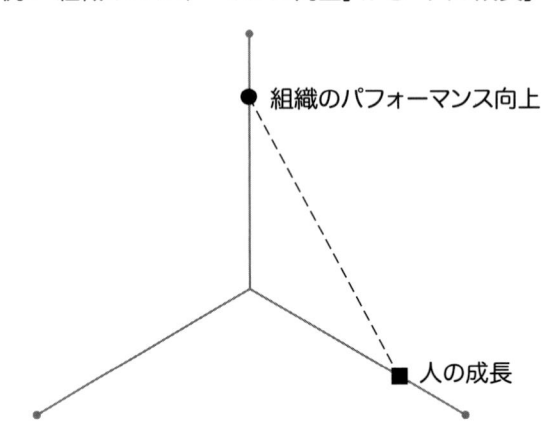

　だいたい何をしようとしているのか、わかってきましたか？　これらの2つの例において、ゴール間の強い関連を示すためには太い実線を用い、弱いつながりを示すために破線を用いました。

　話を元に戻して、スケッチを眺めながら、デザインチームと3つのゴールの間のつながりについて話し合いを行いましょう。強いつながりを示すために太線を引き、弱いつながりを示すためにより細い線を引きます。1つのゴールにのみ対応する独立した要素については、完全に線を消すこともあるかもしれません。皆さんの考えが反映されたと感じるまで、線の精度を見直してみましょう。もし3点がつながらなくても心配する必要はありません。つながらないということが皆さんのニーズに合っていると見なしましょう。また、どのようなつながりであるべきなのか、皆さんの中で明確になっていなくても構いません。正解はありませんので、間違っていることもないのです。これは科学ではなく、アートなのです。つながりを示す線のタイプについて考えることの価値は、主に、スケッチを描く過程における会話そのものや、形づくられていく仕組みを視覚化し、そのイメージから得られる洞察の中にあります。

✖ 設計の基本方針のクラウドソーシング

　設計の基本方針を定義する際には、デザインチーム以外の人々に参画してもらい、未来のパフォーマンス・マネジメントにおいて優先したいことは何かということについて、彼らの意見を取り入れたくなるかもしれません。特に、パフォーマンス・マネジメントに関して、組織内にかなり異なる考えをもつ影響力のあるリーダーがいるとしたら、彼らを招き入れたいと思うかもしれません。多様なチームで対話をスタートしつつ、さらに一人ひとりの望ましい状態を知ることができたとしたら、何と素晴らしいことでしょう。彼らが3つの共通のゴールに基づいて自分の考える設計の基本方針を評価し、自分の意図が反映されたパフォーマンス・マネジメントの枠組みを描いてもらい、確認ができるとしたら、どうでしょうか？　より素晴らしいことですよね？彼らの見方を比較できるだけでなく、このグループの足並みをそろえるための会話を始めるのに、うってつけの方法ともなるでしょう。

　設計の基本方針づくりに貢献していただく方々に、考えていることを10分ほどでスケッチとして描いてもらうためのちょっとした近道を教えましょう。多忙を極める経営幹部も、そのくらいの時間であれば、反論することもできないでしょう。ツールボックスの「設計の基本方針のクラウドソーシング（Crowdsourcing Your Design Principle）」で、このアプローチについて理解するための手掛かりと、オンラインツールへのリンクを紹介していますので、ぜひご覧ください。

支援と同意を得るためのポイント

ここまで、設計の基本方針を検証し、いくつか修正も行ってきたと思いますので、次の段階である「内容の検討」に移る前に、基本方針を人々に周知しましょう。皆さんのスポンサーである経営幹部や影響力のあるリーダーに伝えることはもちろんですが、ここまでの取り組みの過程で、対話に参加してもらった人々にも周知するとよいかもしれません。もしこれまで十分な準備を整えてきたならば、大きな変更が必要なフィードバックを受ける可能性は低いでしょう。小さな調整のほうがはるかに多く、むしろ微調整があるのは通常のことです。

取り組みのプロセスのこの段階では、「従業員からの情報を収集すること」から、新たなパフォーマンス・マネジメントを設計する際の重要な情報について、「従業員に共有すること」へと重点を移します。彼らから得た情報をもとに構築された、素晴らしく、新しいパフォーマンス・マネジメントの基本方針について共有することで、彼らの気づきや理解を醸成し、最終的には彼らからの賛同を得たいのです。しかし、デザインチーム以外の従業員は、デザインチームのように熱心に取り組んできたわけではありません。そこで、少し後戻りして、デザインチームが変革を推進している理由や伝統的なパフォーマンス・マネジメントのモデルが失敗した理由を彼らに説明し、ゴールを達成するために必要となる変化について再認識してもらうことが必要かもしれません。チェンジ・マネジメントの重要な指針は、「彼らの目線に立つこと」です！

第7章

新たなパフォーマンス・マネジメントの内容を検討する

体制をつくる

計画をつくり、参加者を招待し、取り組みを始める

枠組みを描く

設計の基本方針を合わせる

内容を検討する

新たなパフォーマンス・マネジメントの仕組みを設計し、テストし、検証する

実行プランを練る

新たなパフォーマンス・マネジメントの仕組みの質を高め、その他の仕組みとの影響関係に対処する

運用する

変革を計画し、実行し、評価する

デザインチームで設計の基本方針に関する合意が得られたら、いよいよ先に進む準備ができたといえます。「枠組みを描く」フェーズから、「内容を検討する」フェーズへとシフトします。「内容を検討する」とはどういうことでしょうか？　この段階では、設計の基本方針に基づいて、施策、選択肢、特徴を選び、新たなパフォーマンス・マネジメントを生み出します。そうです、とうとう家の配管設備やキャビネットの扉をどういうスタイルにするのかを決断するのです！

　内容を検討するにあたっては、パフォーマンス・マネジメントのそれぞれの施策のポートフォリオを定義し、1つひとつの施策を組み合わせて仕組み全体が完成するようにします。パフォーマンス・マネジメントの施策には、具体的な方法論や実践、ツールや活動などが含まれ、それらは基本方針に基づいて設計されます。それらの施策を組み合わせることで、基本方針に沿った自組織に固有のアプローチとなり、組織のパフォーマンス向上、人の成長、

そして報酬の公平性を実現します。そうした施策の候補は数多くあり、一覧にすると長くなりますが、その中には、たとえば、報酬モデルと結びつけて四半期のゴールを設定したり、メンバーの育成プランをつくったり、フォーマルなメンタリングのプログラムを導入するといった施策が含まれます。新たに組織に導入する施策もあれば、すでに活用されているものもあります（それらは、効果が見受けられ、基本方針にも則っているといった理由から残されるものです）。「内容の検討」には、それぞれの施策について、「誰が」「いつ」「どのように」行うかを定義することも含まれます。そのため、たとえば将来的に実現したい施策の1つとして、「フォーマルなメンタリング」を選択したならば、そのメンタリングに誰が参加するのか、いつ行われるのか、そしてどのようにそのプロセスに参加するのかを定義します。

　内容を検討するフェーズでは、これまでの取り組みを通しての探求、気づきや学び、考えやアイデア、設計に関する議論がすべて統合され、将来のパフォーマンス施策を生み出すための知識や洞察として適用されます。まずは施策に関するブレーンストーミングをシンプルに行うことから始め、自分たちのニーズに最も合った施策を選択していきます。そして、各施策の内容を具体的に検討する前に、それらが基本方針からずれていないか、重要な施策を見落としてしまっていないかをざっと確認します。自分たちの選択に自信を得た段階で、各施策が実際に展開されたときにどう機能するかの理解を深めるための詳細な定義を行います。「内容の検討」のフェーズを終える前には、設計内容の検証を行い、基本方針や3つの共通のゴールとの整合性を確認するようにします。ここまでやるのは厳密すぎるように見えるかもしれませんが、重要なプロセスなのです。では、見ていきましょう！

ブレーンストーミング

　ブレーンストーミングは楽しいパートです。チームメンバーとともに席に着き（場合によっては、バーチャルルームでもよいでしょう）、目的地の合意ができている状態で、どのようにそこにたどり着くのかを皆で解き明かし

ていくことに勝る楽しさはありません。今こそ、新しいパフォーマンス・マネジメントの実現に向けてどんなことが実行できるかを、制約や枠組みを超えて思いつく限り想像してみるときなのです！

　パフォーマンス・マネジメントの施策候補の一覧は長いものになると前に述べましたが、なぜでしょうか？　それはご承知の通り、パフォーマンス・マネジメントがたくさんの領域をカバーしているからです。その領域には、まず3つの共通のゴールが含まれます。従業員の構成も多岐に渡ります。また、従業員それぞれの期待も異なり、膨大な数の組織が抱える個々のニーズには幅広いものがあります。そうした多くの選択肢やアイデアが考えられる状況では、カテゴリーに分けて検討することが有効です。私は次の6つのカテゴリーを好んで活用します。「ゴール設定と人々の連携」「フィードバックとパフォーマンス向上への洞察」「コーチングとメンタリング」「キャリアと育成の計画」「タレント・レビューと人材に関する洞察」そして「報酬全般」です（図表7－1参照）。この6つのカテゴリーは、多くのパフォーマンス・マネジメントの施策の主な領域だと思いますが、組織固有のニーズやゴールに合うように、自由にカテゴリーを加えたり、減らしたりして、変更してみてください。

　ブレーンストーミングは、各カテゴリーに関するアイデアを出し合うことから始めましょう。フリップチャートにそれぞれのカテゴリーをタイトルとして書き出し、アイデアを記録する方法もよいかもしれません。この作業をしているときに、第5章、第6章で紹介してきた、ここまでの Redesign（再設計）の各段階で生まれた多くのアイデアや議論が具体化されていきます。

図表7-1 ファシリテーションの例

ゴール設定と
人々の連携

フィードバックと
パフォーマンス向上
への洞察

コーチングと
メンタリング

キャリアと
育成の計画

タレント・レビューと
人材に関する洞察

報酬全般

　この段階では、まだ本格的なパフォーマンス・マネジメントの施策になっている必要はありません。気軽に取り組み、さまざまなアイデアや考え、観点をただ出し合うようにしましょう。アイデア出しを行っているときには、それぞれのアイデアを批判したり、議論したりしないようにすることが重要です。しかし、その一方で基本方針に則った施策にしていきたいと思うところもあるでしょう！　ただ、正直に言うと、それは多くの場合、問題にはなりません。ほとんどの場合、この時点では、デザインチームは設計の基本方針にコミットしているので、それに合わないアイデアを提案したりはしないでしょう。たとえば、あなたがシンプルで安価なキッチンをデザインしようとしているときに、どんなピザ釜が必要かといったことを議論したりしませんよね。

それと同じようなものです。図表7－2に、実際にブレーンストーミングを
行った結果の例を示します。

図表7－2　例：フィードバックとパフォーマンス向上への洞察

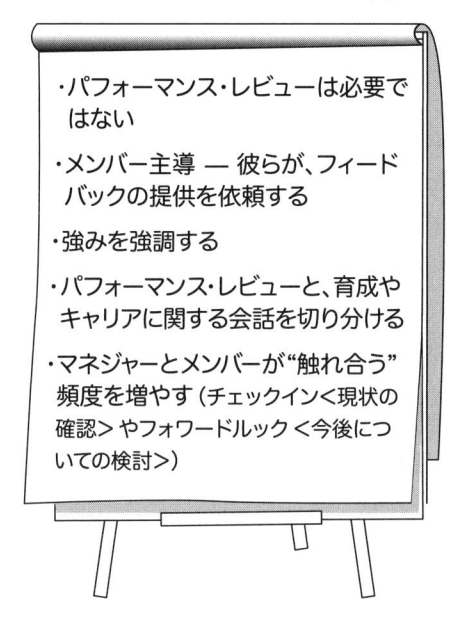

・パフォーマンス・レビューは必要で
はない

・メンバー主導 ― 彼らが、フィード
バックの提供を依頼する

・強みを強調する

・パフォーマンス・レビューと、育成や
キャリアに関する会話を切り分ける

・マネジャーとメンバーが"触れ合う"
頻度を増やす（チェックイン＜現状の
確認＞やフォワードルック＜今後につ
いての検討＞）

パフォーマンス・マネジメントの施策を選択する

　ブレーンストーミングでアイデアを出し尽くしたら、実際にパフォーマン
ス・マネジメントの仕組みで採用する、具体的な施策を選択する段階に入り
ます。選択のステップでは、ブレーンストーミングで出たアイデアを、明確
な方法、実践、ツール、活動へと昇華させます。それらは、基本方針を実現
し、新たなパフォーマンス・マネジメントの仕組みに命を吹き込みます。
　選択の検討を行う際は、6つのカテゴリーとして挙げた順（「ゴール設定
と人々の連携」から）に始めることをお勧めします。1つひとつのアイデア
を吟味し、検討し、それらのアイデアを最も効果的に実現できる施策を選び、
確定します（その際、選択した施策の背景にある意味合いについて、メモを

しっかり取るようにしましょう。なぜなら、そうした細かなニュアンスが、次の「施策の内容を検討する」フェーズに影響を及ぼすからです）。たとえば、図表7−2で示した「フィードバックとパフォーマンス向上への洞察」の例で考えてみると、以下の3つの具体的な施策に集約されるかもしれません。

1. フォーマルなレビュー（振り返り）ではなく、マネジャーが頻繁なチェックイン（現状の確認）を行うようにする
2. メンバーは、記述されたフィードバックの提供を依頼することができる（任意で）
3. 強みに基づいた育成の議論を半年ごとに行う。そのためのスケジュール調整はメンバーが行う

「内容の検討」に向けたチェックリスト

　設計において、何らかのギャップが生じることを減らすために、ツールボックスの中で「内容の検討に向けたチェックリスト」を提供しています。この一覧には、パフォーマンス・マネジメントの施策の検討に向けた多くの選択肢が掲載されています。自分たちの一覧と見比べてみて、抜けがないかを確認してみてください。または、さらなる素晴らしいアイデアが触発されるかもしれません。最初のカテゴリーから1つひとつ吟味できるとよいでしょう。各カテゴリーにおいて、設計に加えるべき内容はないでしょうか？

支援と同意を得るためのポイント

いざ動き出す前に、この言葉を胸に刻んでください。勇気を出しましょう！　変革することに恐れを抱くと、後半のステージに入ってからでさえも、進むべき道から逸脱してしまうことがあります。スタート時には、チームも大胆に基本方針を定義し、未来の可能性にわくわくしているものです。そして、これまでにない新しく、よく考えられた、効果的な施策を生み出すつもりで始めます。しかし、具体的な選択肢の検討が始まると、たとえばフォーマルなレビュー（評価）を廃止したり、マネジャーを信頼し、報酬の決定についてより多くの権限を委譲するなどの難しい意思決定が必要となってきます。

こうして具体的な施策を選択する中で、現実味が増してくると、チームの決心がしばしば揺らぎ始めます。なぜなら、これらの施策を選択することは、これまでの伝統的な慣習を壊し、自分たちが信じ込まされてきた考え方に挑むことを意味するからです。「役員たちはどう思うだろうか？　マネジャーを信頼できるだろうか？　これは本当にうまくいくだろうか？」といったことを考え始めると、恐れや疑念が忍び込んできます。私は、チームが前進する過程で、こうした決断との格闘を通して逆に後退する瞬間をよく見てきました。実際には、三歩進んだら一歩下がるくらいの気持ちでいてもよいでしょう。何かを手放し、変革を推進する上では、このような葛藤は通常起こり得るものです。これが「Reboot（再起動）」をする際の、最も難しいパートといえます。ただし、あなたが前進し、組織にとって最適な選択をし続ける限り、物事はうまくいきます。落ち着いて進み続けましょう！

網羅できているかを確認する

　私の経験では、ここまで来るとパフォーマンス・マネジメントの施策の選択が８割方完了したといえます。ここからもう一歩踏み出してゴールにたどり着くためには、選択した施策を確認し、矛盾や重複するところがないか精査し、抜けがないかも確かめてみることが必要となります。

　各施策が３つの共通のゴール（人の成長、報酬の公平性、そして組織のパフォーマンス向上）の実現につながっているか（あるいはつながっていないのか）を確認してみましょう。それは皆さんの意図を実現するような施策になっているでしょうか？　設計の基本方針に基づいたものになっているでしょうか？　たとえば、「人の成長」に重きを置くのであれば、選択した施策が確実に人の成長を優先しているのかをチェックするようにします。設計した仕組みの中に重複や矛盾するところはないでしょうか？　必要以上に施策を増やし過ぎていないでしょうか？　もしかしたら施策を絞って、仕組みを簡素化する必要もあるかもしれません。チームで少し議論する時間をもって、これまでに選んできた施策に対して、どれくらい自分たちが確信をもてているかを評価してみましょう。その際、念頭に置いてほしいのは、すべての従業員に合う施策を検討するよりも、対象を絞って、特定の従業員に対する施策を選んだほうが効果が高いということです（実際、そのほうがずっと良い

ものができます）。追加の施策が必要になるような、カスタマイズに関する
この手の決断は、よくあることです。

パフォーマンス・マネジメントの施策の内容を検討する

このステップの目標は、選んだ施策を実際の職場でどう実現するのか、つまり組織への展開の仕方を決定することにあります。組織への展開イメージの理解を深めるためには、最初に４つのパラメーターを設定する必要があります。その４つとは、「参加者（対象となる範囲）」「タイミング（時期と頻度）」「オーナーシップ（責任者）」そして「アセスメント（評価）」です。たとえば、「すべてのメンバーに対して、マネジャーが頻繁にチェックイン（現状の確認）を行う」という施策を例に考えてみましょう。その施策は、誰に影響を及ぼすでしょうか？　「頻繁」というのは、どれくらいの頻度でしょうか？　誰が責任を担いますか？　そして、その施策が実施されているかどうかということは、どのようにわかるでしょうか？　こうした４つのパラメーターを定義し、誰が、いつ、どこで、（そして少しだけ）どのように、といった観点を考えてみることで、設計した仕組みに命が吹き込まれます。図表７－３の問いを考えてみるとよいかもしれません。

図表7-3　パフォーマンス・マネジメントの施策の内容を検討するための問い

参加者 （対象となる 範囲）	● 選択した施策の対象となる従業員は、どのグループの人たちでしょうか？ ● 他の従業員とは別の運用が必要な特定のグループはありますか？ 　（たとえば高いパフォーマンスを挙げている人々、特定の部署、特定の階層など）
タイミング （時期と頻度）	● 頻度：この活動はどれくらいの頻度で行われますか？ ● 時期：すべての人にとって、その活動を行うタイミングは同じ（カレンダー上で日付や時期が決められているもの）ですか？　あるいは、たとえば何かの記念日など、その活動を促進する特別なきっかけはありますか？

オーナーシップ（責任者）	● その施策を主導して、進めるのは誰ですか？ ● 公式な承認手続きは必要ですか？　そうであれば、誰が承認を行いますか？ ● 誰が関わるでしょうか？　責任者以外の同僚やチームメンバーなども、何か役割を担う必要がありますか？
アセスメント（評価）	● アセスメントの要素はありますか？　もしそうなら、それは公式に行いますか？　それとも非公式に行いますか？ ● レイティング（評価段階付け）は行われますか？　もしそうなら、 ・ ゴールのレベルや行動のレベルに応じて、どのような点数付けがされますか？ ・ 期待される分布率はありますか？

　この本では、考え方だけを伝えるのではなく、具体例を見せることを大切にしています。そこで、インフォーマルなメンタリングとフォーマルなメンタリングという2つの類似した施策を取り上げ、内容を検討するプロセスを見比べてみましょう。図表7-4と図表7-5に示すように、内容を検討するにあたっては4つのパラメーターの詳細を定義します。この例では、類似しているように見える2つの施策が、実行段階では別のものになることを示しています。たとえば、インフォーマルなメンタリングは対象層が広くなりますが（参加者＝すべての従業員）、フォーマルなメンタリングの対象は、ハイポテンシャル層に限られるといった具合です。他の3つのパラメーターについても、検討内容に関する記述を見てみると、インフォーマルなメンタリングは、あまり構造化されていないものとなっており、そのことでインフォーマルな性質が保たれています。一方、フォーマルなメンタリングでは、より厳密な進め方で運用される必要があります。定められたスケジュールの下で、責任をもつ人が決められ、必ず実施するといったことが必要となります。内容を検討する前の段階では極めて似ているように見える2つの施策が、パラメーターを定めるとまったく異なるものになることを実感できたのではないでしょうか。この例から、パラメーターの内容を検討する際の選択によって、新しい仕組みが最終的にどのようなものになるのかが大きく変わることがわかります。

図表7−4　施策の内容検討の例：インフォーマルなメンタリング

施策内容の カテゴリー	パフォーマンス・ マネジメントの 施策	参加者／ 対象と なる範囲	タイミング	オーナーシップ	アセス メント
フィードバックとパフォーマンス向上への洞察	インフォーマルなメンタリング	すべての従業員	随時。メンティー（メンタリングを受ける人）が主導してタイミングを設定する	・メンティーがプロセスを主導 ・HRがメンターとメンティーとをつなぐ支援を行う ・キャリア・チャンピオン（キャリアに関する現場推進者）がメンタリングの活用を推奨	なし

図表7−5　施策の内容検討の例：フォーマルなメンタリング

施策内容の カテゴリー	パフォーマンス・ マネジメントの 施策	参加者／対象 となる範囲	タイミング	オーナーシップ	アセスメント
タレント・レビューと人材に関する洞察	フォーマルなメンタリング	ハイポテンシャル層	四半期ごとのミーティングを実施	・メンターがプロセスを主導 ・HRがメンターを任命	メンターとメンティーの関係の質を年次で評価

✖ パフォーマンス・マネジメントの施策の内容を検討するためのテンプレート

　さて、いよいよ皆さんが施策の内容を検討する番がやってきました！　パフォーマンス・マネジメントの施策の内容を検討するためのテンプレートを作成したので、検討した結果を記入してみてください。このテンプレートは、他のオンラインツールと一緒にこちらのサイト（www.thePMReboot.com）で提供しています。図表7−6に示した例をご覧いただくと、ワークシートの活用方法がわかるでしょう。

図表7-6　施策内容の検討例

施策内容の カテゴリー	パフォーマンス・ マネジメントの 施策	参加者／ 対象と なる範囲	タイミング	オーナーシップ	アセスメント
タレント・ レビューと 人材に関する 洞察	特筆すべき パフォーマンス や優秀な人材を 特定するための タレント・レビュー	・ハイポテ ンシャル 層の従業 員 ・重要な キルを有 する従業 員	・頻度： 1年に1回 ・時期： 施策の対 象によっ て異なる	・オーナー(責任者)： 同施策を担当す るリーダー、もし くは関心のある リーダー ・ファシリテーター (推進者)：HRの ビジネスパートナー ・関わる人：すべての ピープル・マネジャー	・3つのグループ(高 ／中間／低)に分類 する ・サクセッション・プ ラン(後継者育成) およびストレッチな プロジェクト(難易 度の高いプロジェク ト)を検討してみる ・無理に分布にあては めることはしない(ベ ルカーブにあてはめ ることはしない)

　やってみてどうでしたか？　各施策のパラメーターを定義することで、施策の明瞭さが高まったのではないでしょうか。これを完了したら、メンバー同士でハグするときです。やり遂げました！　斬新かつ完全にカスタマイズした、最先端のパフォーマンス・マネジメントの仕組みをデザインしたのです。これで、このパートの目標は達成しましたよね？　ええ、大体は…。

支援と同意を得るためのポイント

皆さんは、大きな節目を乗り越えました。新たなパフォーマンス・マネジメントの内容は、取り組みを始めた当初からずっと検討したいと切望していたことですものね。きっとデザインチームのメンバーは、自分たちの考えた新たなパフォーマンス・マネジメントの仕組みにわくわくしていることでしょう。そして、わくわくしてよいのです。しかし、「内容の検討」のテーブルを離れる前に、ちょっと本章を読み進めてもらえますか。デザインチーム以外の人々の賛同や支援を得ようとする前に、次のパートで示すステップに則って仕組みの検証を行い、より妥当性の高いアプローチにしてみてください。

もし検討した内容について、デザインチームの中で疑問が浮かび上がってきたら、当然ですが、答えを探しにいきましょう。生まれたての赤ん坊のようなまだ頼りない仕組みを、他の人の批判的な目にさらす前に、自分たち自身で少し検証してみるのです。

施策の内容を検証する

いよいよ設計した内容を検証する段階に入りますが、どのように行えばよいのでしょうか？　シンプルに原点に立ち戻り、優先順位をつけ、明確にした設計の基本方針の通りに施策が設計できているかを評価するとよいでしょう。

まず優先順位が高い設計の基本方針を壁に貼り出してみます（ホワイトボードかフリップチャートに書き出すとよいでしょう。あるいはポスターの大きさにプリントしてもよいかもしれません。皆さんのチームに合ったやり方で行ってください）。そして、施策のリストを眺めながら、新たなパフォーマンス・マネジメントの仕組みが設計の基本方針をどれくらい満たしているかを評価してみます（パフォーマンス・マネジメントの仕組みを評価したり、段階付けしたりすることは問題ありません。人をレイティング＜評価段階付け＞するよりずっとよいでしょう！）。私自身は、図表 7 - 7 に示すようなハーベイ・ボールズ（消費者レポートなどで使われるあの小さなサークル状のグラフです）のような方法で、視覚的にわかりやすい評価を行うことを気に入っていますが、自分が気に入った評価方法であれば、どのような方法でも構いません。ここで重要なのは、自分たちが選択した施策を批判的な目で見て、設計の基本方針の実現に確実につなげることです。

図表 7 - 7　デザインの基本方針と施策の整合性を検証する

優先度	基本方針	施策が基本方針を満たしている度合い
1	自分たちのビジョン、ゴールに向けて、グローバルで仕事をするチームの連携を強める	●
2	組織全体のコラボレーションと知識共有を促進する	◕
3	各業務分野のグローバルなタレントプール（優秀な人材の蓄積）に関する役立つ情報を提供する	●
4	能力に合わせて基本給を設定し、クライアントの成長やクライアントに与えたインパクト（価値や成果）に対してボーナスやその他の報奨を与える	●
5	グローバル・アカウントに関する能力とリーダーを育てる	◔
6	イノベーションを触発し、サービスを発展させる	◑
7	顧客満足により重点を置くようにする	◑

　次に、デザインチーム全員で評価の結果について議論します。自分たちの施策が設計の基本方針を満たしている度合いに満足していますか？　もし望ましい評価になっていなかったら、どんな要素が欠けているのかを考えてみましょう。あるいは、単にバランスが悪いだけということもあるかもしれません（つまり、ある基本方針が過度に強調されている一方で、他の基本方針が十分にサポートされていないといった形です）。必要に応じて、施策の内容の検討に立ち戻り、自分たちの意図をより良く満たすように、選択した施策を調整してみましょう。組織に望ましい価値を提供できるようなバランスの取れた的確なパフォーマンス・マネジメントの仕組みを実現することがゴールです。

　それぞれの基本方針を確認できたら、一歩下がって、仕組み全体を評価するようにします。以下の質問について、デザインチームで議論してみましょう。

- 私たちの考えた新たなパフォーマンス・マネジメントの仕組みは、組織の人々や自分たちの期待を満たすものになっていますか？
- 私たちの考えた新たなパフォーマンス・マネジメントの仕組みは、働く人々にとってより価値ある経験を生み出すものになっているでしょうか？　最初に計画したような、組織にとって重要な洞察を与えてくれるものになっているでしょうか？
- 自分たちの意図に忠実であるでしょうか？　古い考えや安全なやり方に揺り戻されてしまっていないでしょうか？

✖内容の検討のワークシートとスケッチ

　私のようなプロセスマニアの方々のために、設計した内容を検証するもう1つのやり方をお教えしましょう。まずは、6章で紹介した「3つの共通のゴール」に対する設計の基本方針の枠組みについて描いたときを思い返してください。同じような形で、パフォーマンス・マネジメントの施策が「3つの共通のゴール」に対して忠実なものになっているかを枠組みとして描いてみてください。もし新たなパフォーマンス・マネジメントの仕組みが基本方針に基づいていれば、新しく描いたスケッチが、6章で描いたものと似たも

のになるでしょう。もしそうならなかったら、なぜ違いが生まれたのかについて、デザインチームによる健全な議論が行われることでしょう。特定の基本方針に重点を置き過ぎているのかもしれませんし、単に大胆な選択肢を選ぶことができていないだけかもしれません。ツールボックスにある「内容の検討のワークシート」と「内容の検討のスケッチ」を活用すると、この2つ目の検証の実施方法がわかるでしょう。

　こうした検証作業は、本当の意味で科学的なものであるとはいえません。しかし、それぞれの検証作業によって、皆さんが設計した仕組みをテストをすることができ、取り組みを進める前にチームに自信を与えてくれます。皆さんが設計しているものなので、もし望むようなものになっていなかったら、修正すればよいのです。もし望む通りになっていたら、これまでの労力やここまで進んできたことをたたえ合いましょう。そして、デザインチームが、現実化に向けた次のステップに進めるように、準備を整えましょう。

支援と同意を得るためのポイント

先ほど「設計の基本方針に基づいた検証をデザインチーム内で実施するまで、新たなパフォーマンス・マネジメントの仕組みを組織全体で共有しないほうがよい」と提言しました。しかし、今ではその仕組みに関する丁寧な検証が完了していますので、他の人々にお披露目し、皆さんの考えの妥当性を確認したり、組織にどれくらい受け入れ態勢が育まれているかをテストしたりする段階にきているといえるでしょう。その際、確実にすべてのストーリーを共有するようにしてください。皆さんは、これまでの旅路のステップをすべて経験していますが、話す相手はそうではないということを忘れてしまいがちです。繰り返しになりますが、相手の今の状態に合わせるようにしたいものです。

たとえば、皆さんが新たなパフォーマンス・マネジメントの仕組みの具体的な内容について話そうとしているのに、「なぜ今こうした取り組みを行うのですか？　現状のどこに問題があるのでしょうか？　そもそも何を実現したいのですか？」などと尋ねられることもよくあります。そこで、話をするときは、最初から話し、なぜあなたが変革しようしているのか、思い描いている目的地がいかに自分たちの考えに影響を与えているのか、設計の基本方針は何なのか、それらの基本方針をどのような方法で実現しようとしているのか、といったすべてのストーリーについて、一歩一歩共有するようにしましょう。こうしたストーリーは、多くの人にとって、初めて聞くものではないかもしれません。しかし、対話に招かれた人々にとっては、これまでにたどった道のりを思い返し、そもそもなぜこの旅路が必要なのかを思い出すことに価値があるといえます。

第8章

現実化する

　ここまでに多くのことに取り組んできたので、この辺で一息入れたいと思います。これからいくつかストーリーを紹介するので、くつろぎながら耳を傾けていただけますでしょうか。

　これまで、私たちは仮説をもとに検討してきており、新たなパフォーマンス・マネジメントの実現に向けた実際の取り組みプロセスやその結果が、どのようなものかへの理解を深めるための具体例を示してきませんでした。そのため、全体像がやや曖昧になりがちだったかもしれません。自分たちのパフォーマンス・マネジメントの仕組みが、組織の中や日常の仕事において、実際にどう展開されるのかのイメージが得られないままだと、取り組みも暗礁に乗り上げてしまう恐れもあります。そこでこの章では、これまで紹介してきた情報が、いくつかの異なる組織でどのように具現化されているかを眺めてみることで、理論を日々の実践に変換するのを手助けしたいと思います。これから「彼らはこうして取り組んだ」という実際のストーリーを紹介していきますが、そこには私の会社であるピープルファーム社が、過去に支援した会社の事例が含まれています。これらの事例を通して、パフォーマンス・マネジメントをいかに Reboot（再起動）できるかについて、感触をつかんでいただき、皆さん自身の取り組みに役立つヒントを得ていただければと思います。

　最初に紹介するのは、Peace.org（仮称）という組織のストーリーです。

ストーリー#1：Peace.org

スタート地点

Peace.org は非営利の組織です。他の多くの非営利組織と同様に、彼らも大きな目的をミッションに掲げて活動を行っていますが、その一方で、恒常的に資金が不足しています。職員の多くは、この組織のミッションに共感して働いていることもあり、たとえ給料が安く、長時間労働の環境の下でも、離職率は低いという状況が過去から続いています。しかし、ここ数カ月の間、何人かの主要な職員が、似たような取り組みを行う組織に移ってしまいました。そして、この夏には大きな変化が起こりました。長年勤めていた組織の代表理事が引退し、新たなリーダーが就任したのです。

目的地

新たな代表理事は、就任に際して、同組織が全世界に与えるインパクト（価値や成果などの影響）を倍にするように、理事会から要請を受けました。この大胆なゴールを実現するためには、組織がこれまで以上に高いレベルのパフォーマンスを発揮する必要があります。なぜならば、インパクトを倍にするというのは、リソースを倍にすればよいということではないからです。実はかつて Peace.org は、声の大きな理事会メンバーの主張で、営利企業が活用しているパフォーマンス・マネジメントのモデルを強制的に導入しようと試みたことがありました。しかし、その試みは彼らの組織文化にはなじまず、無惨な失敗に終わりました。せっかくつくったレビュー（業績の振り返り）のためのテンプレートも、休憩室のダーツ盤になってしまいました（この話は、デザインチームの多くのメンバーから積極的に共有されたものです。そして、何よりもその証拠として、休憩室にダーツ盤が置いてあります）。こうした過去の経緯を踏まえて、新任の代表理事は、パフォーマンスを高め、主要な人材のリテンションを向上させるためには、何か新しいアプローチを探す必要があると判断しました。その一方で、財政は引き続き厳しい状況にあり、従業員の給与を引き上げることは、現実的な選択肢にはなり得ないことも認識していました。

Peace.org の設計の基本方針と枠組み

Peace.org 内にデザインチームが形成され、本書でも紹介してきた設計のプロセスに取り組んだ結果、5つの基本方針が生み出されました。そして、その枠組みは、図表8−1に示すようなものになりました。図を見ると、予想通り、「組織のパフォーマンス向上」および「人の成長」の部分が特に高くなっています。これらは、代表理事がまさに支持したいと考えていた2つのゴールです。

Peace.org のデザインチームが生み出した設計の基本方針は、以下になります。

新しいパフォーマンス・マネジメントの仕組みによって、以下のことを実現します。

1. すべての職員が自分たちのミッションとの結びつきを強める
2. すべてのチームが、戦略ゴールの達成に向けた目標設定に取り組む
3. 自分たちの組織文化の特長を強化する
4. 組織のあらゆる領域において専門的技能を磨くようにする
5. シンプルで、高い効果を生みながらも、働く人々の邪魔にならない仕組みにする

図表8−1　Peace.orgの設計の基本方針の枠組み

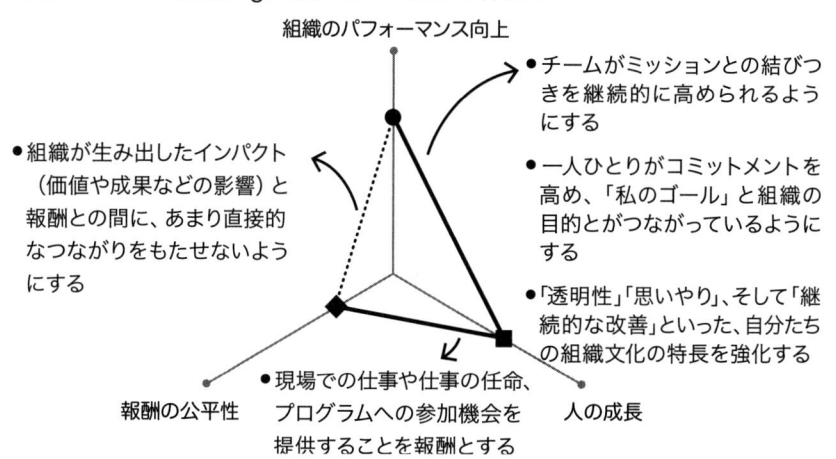

Peace.org の施策の内容

デザインチーム内で、パフォーマンス・マネジメントの内容検討が行われ、図表8-2に示すような施策が選択されました。

図表8-2　施策の内容検討の例：Peace.orgの設計の基本方針

施策の カテゴリー	パフォーマンス・ マネジメント の施策	特徴	参加者	タイミング	オーナー シップ	アセス メント
ゴール設定と 人々の連携	協働的な 戦略策定	・職員が、年間の戦略構築のプロセス、および四半期ごとのレビュー（達成状態の評価）に参加し、戦略と自分のゴールとの結びつきを高める ・業務の運営戦略や投資、取引などについて、それぞれのチームと共有しオープンに議論する	すべての 職員	年間の計画作成時、およびチームの四半期のレビュー時	代表理事	ゴールに対するチームのパフォーマンスを評価
	個人の コミットメント の宣言	・各職員が、自分のコミットメントを短い宣言文にして「私はこのためにここで働き、今年はこれを達成したいと思います」といった形で明言する	すべての 職員	毎年作成され、1年を通じて共有される	職員	なし
フィードバック とパフォー マンス向上へ の洞察	同僚同士の 承認	・毎週金曜日にラップアップ・セッション（週の締めくくりセッション）を開催し、同僚の素晴らしい仕事をメンバーから出してもらい、お互いにたたえ合う	すべての 職員	毎週（および臨時で）	チーム	なし
	継続的に 改善を行う 文化と習慣 の創造	・プロジェクト・マネジメントの一環として、重要なマイルストーンやクローズ・セッション（プロジェクト終了時のセッション）において、次に向けて改善できる点を探す議論を行う	すべての 職員	プロジェクトに合わせて	プロジェクトの主導者	なし
	職員主導の フィードバック	・個々人は、自分の仕事の仕方に関してフィードバックを求めることが奨励される	すべての 職員	職員がフィードバックを求めたとき	職員	なし

施策の カテゴリー	パフォーマンス・ マネジメント の施策	特徴	参加者	タイミング	オーナー シップ	アセス メント
コーチングと メンタリング	マネジャー 向けのエン ゲージメン ト・ガイドラ インの提供	・マネジャーは、職員 に対して1対1のチェ ックイン（現状の確認） を隔月で行う。マネ ジャーには、チェック インでメンバーと会話 を進める際の参考資 料を提供する（たとえ ば、会話のテーマの 候補や、各自のコミッ トメントに沿った問い の例、また対立を解 決するためのテクニッ クなど）	すべての 職員	隔月の チェックイン	マネジャー	なし
キャリアと 育成の計画	職員主導の キャリア・プ ランの作成 （自身のコミ ットメントに 記述）	・職員には、自身の経 験やキャリアを深めた り、広げることが奨 励される。それにより、 特定の領域にお ける専門性を高める か、もしくは自身の役 割や仕事の幅を広げ て、自組織を超えてパ フォーマンスを発揮で きるようになることが 求められる。どんなキ ャリアを築いていきた いか、またどんな経 験を積みたいかについ ては、自身のコミット メントにまとめる。	すべての 職員	毎年作成さ れ、1年を 通じて共有 される	職員	なし
	プログラム への任命と 選出プロセ ス	・職員のプログラムへの 任命を丁寧に行うこと が、実際の経験から スキルや能力を高める 重要な方策となる	すべての 職員	プログラム による	代表理事	なし
タレント・ レビューと 人材に関する 洞察	年間の人事 計画の検討 （職員の人材 構成の評価、 プログラム やプロジェク トへの任命 の計画、能 力ニーズの 評価を含む）	・年間の戦略計画をも とにして、要員配置 の戦略が立てられる ・昇進や異動を緻密に 計画し、組織のニー ズとメンバーの希望 の両方をサポートで きるようにする ・組織が求める能力に 関する新たなニーズ や、チームにおいて 高まってきている能力 を明らかにする（採用 計画やプログラムへ の任命とも関連させ る）	すべての 職員	戦略プラン と整合を取 るようにする。 また、プログ ラムに適応 させる	代表理事 とシニア チーム	該当 しない

施策の カテゴリー	パフォーマンス・ マネジメント の施策	特徴	参加者	タイミング	オーナー シップ	アセス メント
報酬全般	報酬戦略の レビュー （振り返り）	・生活費の変化に合わせて給与を調整するとともに、同業組織における同等の役割と給与水準が大きく異ならないようにする	すべての 職員	職員の年間 のレビュー （振り返り） 時	HR/ 総 務	同業の ベンチ マーキ ング
	職員の年間 のレビュー （振り返り）	・職員は代表理事と1年に1度面談を実施し、役割のレビュー（振り返り）を行ったり、チェックインを通して現在の状況について話をしたり、将来への期待を共有するようにする	すべての 職員	職員の年間 のレビュー （振り返り） 時	代表理事	該当し ない
	理事会主催 の表彰	・重要なマイルストーンが達成されたときなどには、理事会から定期的に表彰が行われる	すべての 職員	臨時で、 イベントに 合わせて	理事会	該当し ない
	プログラム への任命	・財政には限りがあるため、リーダーは金銭以外で職員を承認したり、報いる方法を考える必要がある。人の成長に重点を置いて、現場での任命や、プログラムへの参加機会を与え、素晴らしい仕事や貢献に報いることが最高の報酬になる。（たとえば、アフリカで仕事をする機会を提供するなど、何かチームにとって意味あるものを提供する）	すべての 職員	プログラム による	代表理事	該当し ない

私が気に入っているパフォーマンス・マネジメントの施策

　Peace.org にとって最大のヒットは、パフォーマンス・マネジメントの施策に、自身のコミットメントを明らかにするプロセスを取り入れたことです。職員たちも、このプロセスが気に入っているようです。なぜなら、自分自身が組織のミッションとどうつながっているのか、また組織とともにどのように成長していきたいのかを説明する時間や機会を得られるからです。また、リーダーにとっても、メンバーがチームの一員として自己をどのように捉え

ているかをより深く理解できる場となるため、リーダーからも評判が高いようです（図表8－3参照）。毎月開催される全員参加のミーティングでは、2〜3名のメンバーが自分自身のコミットメントを全員に共有します。その中では、自分の取り組みの状況共有から始まり、さらにどんなことに取り組んでいきたいのか、そしてそれらの目標を実現するために、周囲からどんな支援を必要としているのかといったことを話します。この数年で、皆のコミットメントの創造性が高まり、組織内でもより大きな意味をもつようになってきています。

図表8－3　Peace.orgのコミットメント・ポストカード

2016年の私のコミットメント

- 私たちのミッションと、
  私自身との結びつきは ...

- 私が今年実現することは ...

- 私が目指す先にあるのは ...

- 私が必要とする支援は ...

Peace.org へ

ケイティより

非営利組織の性質

　非営利組織にとって、自分たちとまったく異なる営利組織のパフォーマンス・モデルを適用しようとするには多くの困難が伴うことが、調査によって明らかになっています。[1] ここでは、なぜそうしたやり方が的外れになってしまうのかを考えてみましょう。

パフォーマンスを定義する

　非営利組織において、組織のパフォーマンスを定義することは難しいもの
です。営利組織においては、自分たちの存在意義とパフォーマンスの両者を
測定する明確な指標として、最終的な成果を活用することが可能です。その
一方、非営利組織は、多くの場合、複雑で多様なミッションのもとに設立さ
れており、成功を測定する明確な尺度を定義することが難しいといえます。
ミッションを実現することが、収益を生み出す能力と直接結びつかないこと
も多く、パフォーマンスの測定が自然と行われるようなことはめったにあり
ません。

組織文化による抵抗

　非営利組織においても、より多くの「ビジネス」的な施策をマネジメント
のアプローチに取り入れる必要性が認識され始めています。その一方で、多
くの非営利組織では、そうした変化に対して組織文化のレベルで抵抗が起き
ます。そして、伝統的なパフォーマンス・マネジメントのプログラムを導入
することほど、「企業的」と見なされるものはないのです。ジョージア大学
による興味深いリサーチによると、非営利組織には高度の理想主義が存在し、
そこで働く職員は、競争が激しく、市場原理の働く活動に、自分たちが巻き
込まれているという事実を認識することをためらうという結果が示されてい
ます。そうした、イデオロギー的な理由から、彼らは市場の分析を行うこと
を渋る傾向があることも報告されています。[2]
　多くの非営利組織と一緒に仕事をする中で、私も実際にそうした葛藤をた
くさん経験してきました。しかし、1ついえることがあります。もしそうし
た情熱的な人々が団結し、心を揺さぶられるような魅力的なゴールを皆で共
有し、その実現に向けて協働することができたなら、パフォーマンスの測定
はさほど重要なことではないということです。実際、非営利組織において理
想主義が広く浸透していることは、大きな強みでもあるのです（ただし、大
きな弱みとなることもあります。それは、理想主義をどれほどうまく取り込

み、活用するかによって変わります）。理想主義の強みは、パフォーマンス・マネジメントの施策がうまく取り入れられ、働く人々とミッションがうまくつながるように設計されたときに発揮されます。しかし、導入したアプローチが、生産的な仕事を阻害したり、ミッションに反するものとして受け止められると、理想主義は組織を衰弱させるものに成り代わってしまいます。

こうした考えを念頭に置きながら、以下に、非営利の環境におけるパフォーマンス・マネジメントの仕組みを設計するためのポイントを紹介します。

- シンプルなものにする。（非営利組織の施策が成功するか否かは、パフォーマンス・マネジメントの仕組みがシンプルかどうかにかかっていることが調査によって示されています）[3]
- パフォーマンス・マネジメントの仕組みを設計する際は、ミッションが果たす役割を重視する
- 高尚なミッションと直近のゴールやニーズとの間のギャップを、チームが埋められるような具体的な戦略やアクションを明確に決める
- 測定基準を考える際には、プログラムのミッションや目的に基づいて、生み出した価値、活動のレベル、実際の成果を考慮するようにする
- 創造性豊かに報酬戦略を検討する。組織で働く人々がどんなことにモチベーションを感じるのかを理解する（ポイント：報酬が彼らを動機づけるトップの要因となることはほとんどありません）
- 組織の文化やミッションに反するモデルを押し付けないようにする

ストーリー＃2：Services.com

スタート地点

Services.com はグローバルにビジネスを展開するコンサルティング会社です。この事例は、コンサルティング、エンジニアリング、法律、会計など専門家によるサービスを提供する組織にとって参考になるかと思います。彼らのビジネスの周期は、プロジェクトのサイクルに基づいています。そこで働

く人々が会社の重要な資産であり、他社と差別化を図る源泉となっています。人がすべてであるため、特に人材の育成とリテンションが重要な課題となります。全米の各地に多くのオフィスを構えていますが、大半は、長年にわたって小規模の会社を買収したものです。最近ではビジネスを欧州へと広げ、英国、フランス、ドイツに新しいオフィスを展開しました。

目的地

　ここ最近、グローバルの HR のヘッド（GHP：Global Head of People）が、同社の5カ年の戦略を構築するプロセスに携わりました。そこで描かれたビジョンには、グローバルの顧客のニーズを満たしながら、継続的に収益を伸ばし、さらに広い範囲で拠点を増やしていくことが掲げられています。こうしたビジョンの実現には、Services.com がより一体感のある組織文化を築き、広範囲に拡散しているオフィス同士の連携を促進し、すべての重点業務分野において、一貫性のある方法やツール、サービスを提供していくことが求められます。GHP は、人材に関していくつかの取り組みを立ち上げ、戦略をサポートすることにしました。その最初の一歩に、パフォーマンス・マネジメントのアプローチを再構成することを掲げたのです。なぜなら、長年にわたって買収を繰り返してきた歴史によって、パフォーマンス・マネジメントの仕組みが拠点によってバラバラなものになっていたからです。

Services.com のデザインの基本方針と枠組み

　GHPはデザインチームを形成し、多様な経験、文化、バックグラウンドの人々をチームに含むことを目指しました。そこで、複数のオフィスからメンバーを選出し、買収されたそれぞれの企業を代表する人に入ってもらうことにしました。また、すべての業務分野が含まれるようにするとともに、本社からも数名参加してもらいました。以下に、デザインチームが定義した設計の基本方針と枠組みを紹介しています。ご覧いただくと、3つの共通のゴールについて比較的バランス良く基本方針が設定されていることがわかるでしょう。（図表8−4参照）

Services.com のデザインチームは、設計の基本方針を次の通りに決めました。

新しいパフォーマンス・マネジメントの仕組みによって、以下のことを実現します。

1. 自分たちのビジョン、ゴールに向けて、グローバルで仕事をするチームの連携を強める
2. 組織全体のコラボレーションと知識共有を促進する
3. 各業務分野のグローバルなタレントプール（優秀な人材の蓄積）に関する役立つ情報を提供する
4. 能力に合わせて基本給を設定し、クライアントの成長やクライアントに与えたインパクト（価値や成果）に対してボーナスやその他の報奨を与える
5. グローバル・アカウント*に関する能力とリーダーを育てる
6. イノベーションを触発し、サービスを発展させる
7. 顧客満足により重点を置くようにする

図表8-4　Service.comの基本方針の枠組み

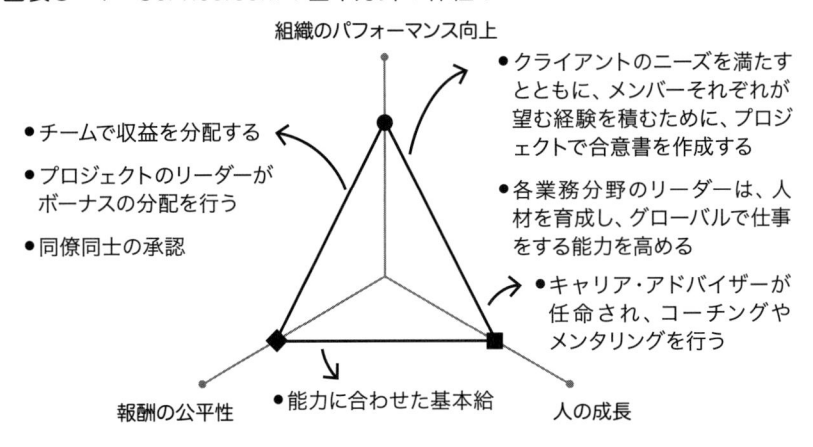

＊グローバル企業向けの取引の考え方・手法

Services.com の施策の内容

彼らが選択した施策を図表8−5に示します。

図表8−5　施策の内容検討の例：Services.comの設計の基本方針

施策の カテゴリー	パフォーマン ス・マネジメ ントの施策	特徴	参加者	タイミング	オーナー シップ	アセス メント
ゴール設定 と人々の 連携	チームの ゴールと ターゲット に対する 責任を個 人が分担	・グローバルで仕事をす るチームの一体感を高 めるために、1年以上在 籍する従業員は、チーム のターゲットに基づい て収益を分配するプロ グラムに参加する ・チームのゴールは、地 域、グローバル・アカウ ント、サービスの領域ご とに設定される ・会社のターゲットの達 成状況、および財務状 況は、毎月すべての従 業員に公開される	12カ月 以上在籍 している、 すべての 従業員	半年に1回	チーム リーダー	チームの 評価指標と ターゲット
	プロジェクト での 合意書	・Services.com は、年 間のサイクルではなく、 プロジェクトのサイクル に合わせて合意書を作 ることを選択した。こ の合意書では、個人が 自分がアサインされた プロジェクトに対して、 約束するコミットメント を示す ・合意内容はプロジェク トの計画に沿って作成 され、プロジェクト・ マネジャーと従業員と の間で契約が結ばれる ・プロジェクトの初期の 段階で、従業員はプロ ジェクト・リーダーと面 談し、何を達成すべき か、このプロジェクト を通してどんな経験を 得たいか、どのように 協働していきたいかを 話し合う	すべての 従業員	プロジェク トのスター ト時に合意 書が結ばれ、 重要なマイ ルストーンを 成し遂げた とき、および その他必要 なときに更 新する	従業員と プロジェ クト・リー ダー	なし

施策の カテゴリー	パフォーマン ス・マネジメ ントの施策	特徴	参加者	タイミング	オーナー シップ	アセス メント
フィードバックとパフォーマンス向上への洞察	プロジェクトでの合意書	・プロジェクトにおける合意書が、フィードバックやコーチングを促進する上で重要な役割を果たす ・重要なマイルストーンを成し遂げたとき、あるいは相互に合意したスケジュールに基づいて、プロジェクト・リーダーと従業員はチェックイン（現状の確認）を行う。チェックイン（現状の確認）では、計画が進捗通り進んでいるか、またコラボレーションを通して期待通りの成果を得られているかを確認する ・従業員とマネジャーは、プロジェクトのチェックイン（現状の確認）の中でフィードバックを求め合うことが奨励される。フィードバックによって、個人の成長を促進するような信頼関係を築くことをゴールとする	すべての従業員	重要なマイルストーン、その他フィードバックが必要なときや求められたとき	従業員とプロジェクト・リーダー	なし
	オンラインでの承認とフィードバック	・Services.comでは、ソーシャル・メディアのプラットフォームの一環として、オンラインでの承認とフィードバックのツールを導入した。従業員は、自分自身のゴールや目指していることをアップしたり、同僚同士で励ましの声を掛け合ったり、個人的にフィードバックの提供を依頼するといったことが可能となる	すべての従業員	承認やフィードバックを求められたとき／提供されたとき	従業員	なし

施策の カテゴリー	パフォーマン ス・マネジメ ントの施策	特徴	参加者	タイミング	オーナー シップ	アセス メント
コーチング とメンタリ ング	キャリア・ア ドバイザー	・従業員一人ひとりに、自身の業務分野におけるキャリア・アドバイザーをつける。キャリア・アドバイザーは、担当するメンバーと年3回、1対1のミーティングをもてるようにスケジュールを組む。キャリア・アドバイザーの役割は、必要なときに従業員のコーチ、メンター、支援者となることにある	すべての 従業員	年3回のチェックイン（現状の確認）	HRによってキャリア・アドバイザーが任命される。キャリア・アドバイザーと従業員がプロセスを担う	なし
キャリアと 育成の計画	各業務分野 のコンピテン シーと開発 計画	・各業務分野に求められるコンピテンシーの一覧が定義される。従業員は、オンラインのコンピテンシー・アセスメントを用いて自身の能力を自己評価する。キャリア・アドバイザーは、担当するメンバーとともにレビュー（振り返り）を行い、各自のコンピテンシー評価や開発計画に承認を与える	すべての 従業員	毎年作成され、必要に応じて期の途中で更新する	従業員と キャリア・ アドバイ ザー	期待される能力に対するコンピテンシーの自己評価
	キャリア・ア ドバイザー チームのディ スカッション	・キャリア・アドバイザーは、自身が担当するメンバーたちを集めたグループミーティングを四半期に一度開催し、コラボレーションや知識共有を促進する ・グループ内に信頼関係を築き、同僚同士がフィードバックを与え合うことを奨励する	キャリア・ アドバイ ザーによ って集め られた従 業員のグ ループ	四半期に一度のミーティング	キャリア・ アドバイ ザー	なし
タレント・ レビューと 人材に 関する洞察	各業務分野 でのグロー バル人材のリ スト	・各業務分野のリーダーが、集められたコンピテンシーのデータを活用して、グローバル人材のローテーションや組織的なニーズ、能力レベルに関する洞察を得る	業務リー ダー / 役 員 /HR	年間の計画 / 四半期ご とのレビュー （振り返り）	業務 リーダー	コンピテンシーのギャップをアセスメントするためにタレント・アナリティクス（人材に関する分析）が活用される

施策の カテゴリー	パフォーマン ス・マネジメ ントの施策	特徴	参加者	タイミング	オーナー シップ	アセス メント
タレント・ レビューと 人材に 関する洞察 （続き）	業務リーダ ー主催の年 次のタレン ト・レビュー	・業務リーダーがキャリ ア・アドバイザーの協 力を得ながら、自身の 業務分野におけるタレ ント・レビュー（人材の 活用と育成を検討する 会議）を毎年実施する。 タレント・レビューでは、 トップ人材、ライジン グスター（成長が著し い人材）、能力のギャッ プ、昇進、異動の戦略 などについて議論を行 い、グローバルなチー ムの成長を支えること をゴールとする	キャリア・ アドバイ ザー	1年に1回	業務 リーダー	なし
報酬全般	プロジェクト・ マネジャーの 報奨の原資	・プロジェクトのリーダ ーには、チームに分配 するための少額の報奨 の原資が与えられ、重 要な貢献や成果に報い ることができるように する	すべての 従業員	臨時で	プロジェ クト・マ ネジャー	大きな貢献 についての 情報を募る
	能力に基づ く報酬	・キャリア・アドバイザー は、自分が担当するメ ンバーが核となる能力 を高め、次の給与バン ドに進む資格があると 判断したときに、業務 リーダーにそのことを 伝える。キャリア・アド バイザーは、メンバー が参加した直近のプロ ジェクトのリーダーとチ ェックイン（現状の確 認）を行い、コンピテ ンシーモデルを用いて、 メンバーが新たな能力 のレベルにあることを 確認する責任がある	すべての 従業員	キャリア・ア ドバイザー が、メンバー の成長を 知らせたと き	業務 リーダー	メンバーの 成長が知 らされる／ コンピテン シーモデル に基づいて 認証される
	チームベース の利益配分	・半年に1回、チームの ゴールに対する貢献に 応じて、収益が報酬と して分配される	12カ月 以上在籍 している、 すべての 従業員	半年に1回	チーム リーダー	チームの評 価指標とタ ーゲット

173

私が気に入っているパフォーマンス・マネジメントの施策

　Services.com の従業員は、年間のレビュー（評価）を廃止して、プロジェクトでの合意書の作成へと移行したことをとても気に入りました。なぜなら、プロジェクトベースで合意書を作成することは、自分たちの仕事や日々意識して取り組んでいることと、ずっと強く関連しているからです。また、この取り組みによって、プロジェクト・リーダーとチームメンバー間の対話がよりオープンなものになります。（図表8−6参照）

図表8−6　Services.comの合意書

プロジェクト・フェニックスに対しての合意書

2016年 2月 14日

プロジェクト・リーダー：アラン	プロジェクト・メンバー：リア
プロジェクト・リーダーが記入：	**プロジェクト・メンバーが記入：**
プロジェクトにおいて期待される役割は...	このプロジェクトを通して経験したいことは...
主な成果物は...	伸ばしたい能力は...
プロジェクトのマイルストーン／タイミングは...	このプロジェクトの成功のために、一緒に成し遂げることは...
このプロジェクトの成功のために、一緒に成し遂げることは...	

グローバル組織について考える

　グローバルのレベルでパフォーマンス・マネジメントを行うには、いくつか追加で考えなければならない重要なことがあります。たとえば、法律や規制、人口動態の傾向、各地域における労働法の違いなどについての確実な理解が必要となります。そうしたことが大切なのはもちろんですが、私がグローバル組織に関して最も重要だと考えるのは、構成する従業員の文化の違いを理解することです。ピーター・ドラッカーが指摘するように、「マネジャーが

何を行うかは世界中どこでも同じですが、**どのように行う**かは文化によって異なるのです」。[4]（太字の箇所は著者によって加筆）

組織がこうした違いを認識するために、歴史的にどんなことを行ってきたかを振り返ってみると、その戦術にはさまざまなものがあります。かろうじて承認を得られただけのものもあれば（悪い例）、それぞれの地域固有の文化に合わせて、異なるアプローチを設計するといったこともあります（良い例）。悲しいことに、前者のアプローチのほうが広く普及しているようです。グローバルな市場がますます拡大する中、多くの組織がタレント・マネジメント（人材管理）のプロセスを最適化しようと悪戦苦闘し続けています。

それでは、グローバルに施策を導入する際の正しいアプローチとはどのようなものでしょうか？　ここで今一度強調してお伝えしますね。グローバルで、どんな場合にも通用するパフォーマンス・マネジメントの仕組みは存在しないのです。「文化が最も重要な要因である」という私の考えに同意いただけるのであれば、文化の違いと、その違いがそれぞれの施策にどれくらい影響するかを理解することに、相当な時間と労力をかけるべきでしょう。別の言い方をすると、そうした違いは、全体の哲学（そして設計の基本方針にも）に影響を与える可能性が高いため、どのようにグローバルの従業員の多様性に応じたマネジメントを行うつもりなのかについて、デザインチームで目線を合わせておくことが必要となるのです。

異なる文化にアプローチする際、何が有効で、何がうまく機能しないかの理解を深めるには、ヘールト・ホフステードによる働いている人々の文化に関する豊富な研究をあたってみることをお勧めします。[5] ホフステードは自身の研究の中で、基本的価値観に関する5つの次元を発見し、世界の文化的多様性について説明を行っています。彼の「5次元モデル」は、単なる私見ではなく、厳密な文化的研究に基づいた唯一のモデルであり、だからこそ、私は気に入っています。以下に、その5つの次元を紹介します。*

1. **権力格差（PDI：Power Distance Index）**
   集団や社会の中で、権力が不平等に分布していることを人々が受け入れている度合い。

---

*後に、第6の次元として「快楽的か、禁欲的か（IVR：Indulgence Versus Restraint）」を加えている

2. **個人主義（IDV：Individualism）**

   忠誠心を尽くす見返りに面倒を見てもらえるような集団に属することよりも、個人が責任を取ることに価値が置かれている度合い。

3. **男性らしさ（MAS：Masculinity）**

   生活の質や他者への思いやりよりも、パフォーマンスやそこから得られる社会的地位に価値が置かれる度合い。

4. **不確実性の回避（UAI：Uncertainty Avoidance Index）**

   不確実性を避ける仕組みを発達させている度合い。

5. **長期的志向（LTO：Long-term Orientation）**

   規範や短期的な視点よりも、長期的なゴールや実用主義的なアプローチに価値を置く度合い。

　この「5次元モデル」は、パフォーマンス・マネジメントの仕組みを設計する上でどんな意味をもつでしょうか？　伝統的なレビュー（年次評価）のプロセスを題材に検討してみましょう。たとえば、年間のレビュー（年次評価）は、米国や英国といった国々では広く受け入れられている施策です。米国（また同様の文化をもつ他国においても）では、先述の次元のうち、権力格差が低く、個人主義が高い点数になる傾向があります。こうした文化の要素を踏まえると、フィードバックを直接的に行うという考え方は、パフォーマンスを高める「正しいやり方」として受け入れられやすいといえます。しかし、こうした考え方は、日本や中国のような権力格差が高い国では失敗してしまいます。実際、こうした国々では、直接的なフィードバックは不名誉で敬意を欠くものとして受け止められやすい傾向があります。つまり、こうした文化的規範や期待に適した別のアプローチを考える必要があるということです。

　その他、考慮すべき観点として興味深いのは、計画を立てるときの時間軸が文化によって異なることが挙げられます。私が日立コンサルティングに在籍していたとき、日本人のリーダーシップに強く影響を受けた組織で働くことが、実際にどんなインパクト（影響）をもつのかについて理解を深める機会を得ました。最も特筆すべきは、日本人のリーダーが捉える「短期的視点」「長期的視点」のもつ意味の違いでした。米国で計画を立てるときの時間軸は、日本人の同僚に比べるとずっと短期的なものです。こうした時間軸の捉え方

は地域によって大きく異なりますので、各地域における短期、長期の「良い
パフォーマンス」の定義に大きな影響を与えることになります。時には、こ
の認識の違いが、ターゲットを設定したり、成果を評価する際に、衝突やス
トレスを生むことにつながるのです。

　また、「報酬の公平性」も、異なる文化を扱う上で、用心すべき領域の1
つといえます。米国や英国といった国々では、「現金が王様」であり、個人
のパフォーマンスに対してボーナスを与えることが当たり前として受け止め
られています。しかし、そうした考え方は、より大きな責任を得ることや、
自分がコントロールできる範囲や領域を広げることが報酬として好まれるよ
うな文化の中では、うまくフィットしません。私が日立で働いていたときも
そのような経験がありました。日本人の役員が我々のバイス・プレジデント
のボーナスのモデルに大きな驚きを示していた一方で、同じ立場の米国人の
リーダーは、日本の役員が使ってもよい予算の大きさに驚いていたのです。
よく言われることですが、異なる人々には異なる褒め言葉が必要になります
（あるいはこのケースでは、異なる文化には異なる期待が存在するといった
ほうがよいかもしれませんが）。文化によっては、現金で報酬を与えること
自体が、けちなことと見なされることさえあります。ここで扱っているテー
マに見出しをつけるなら、「この舞台を進むときは慎重になりましょう」と
いうことかもしれませんね。たとえばボーナスのプログラムを計画するとき
には、ボーナスを価値あるものと捉え、期待しているのはどの文化なのか、
ボーナスのプログラムを使ってどのように成果を測定するのか、チームと個
人のどちらにインセンティブを与えることが効果的なのかといったことを必
ず考慮するようにしましょう。

　考えるべきことの多さに、少し圧倒され始めていますか？　皆さんが地に
足を着けて考えられるように、ここでいくつかのアイデアを補足しておきた
いと思います。まず、デザインチームを形成する際には、それぞれの文化の
違いについての理解を助けてくれる人に参加してもらうことも忘れないよう
にしましょう。彼らは何が機能し、何が失敗しやすいのかについての意見を
言ってくれます。文化によって仕組みに違いがあっても、それを受け入れま
しょう。そこで実現すべきゴールは、仕組みに一貫性を保ちたいという思い
と、グローバルの各チームにとって素晴らしい経験を生み出すことの間で、

最適なバランスを見出すことです。また、新たなパフォーマンス・マネジメントの仕組みを展開する前に、異なる地域や文化でテストしてみることも重要です。その際、パフォーマンス・マネジメントの仕組みそのものだけではなく、その展開をサポートする内容についても検証するようにしましょう。なぜなら、サポートの仕方についても、ある程度はそれぞれの地域に合わせることが求められるからです。最終的には、設計する際に人間性を一番大切にすることです。パフォーマンス・マネジメントはプロセスではなく、人間について取り扱うものであることを忘れないようにしましょう。

ストーリー＃3：Tech.com

スタート地点

Tech.com は、スピードが速く、先進的な考えをもつテクノロジー企業です。採用される人の多くは、若くてスキルの高いシステム・エンジニアです。そうした人材を獲得することは難易度が高く、また働き続けてもらうことは、さらに難しいのです。Tech.com は、業界では新興企業ですが、革新的な製品とマーケットに製品を出すスピードの速さをもとに、自分たちよりも大きな競合他社を一足飛びに追い抜く優れた力があることを証明してきました。メンバーの多くはミレニアル世代の技術者であり、そこから想像できるように、彼らは官僚的な匂いが組織内に少しでも漂うとうんざりします。

目的地

Tech.com の役員たちは、決められた手順やプロセス、官僚主義的な手続きで組織を硬直化させることなく、最高の技術人材を刺激し、引き付け続ける方法を探しています。同様に、自分たちのチームが先進的な考えをもち続け、マーケットの状況やテクノロジーの進化をキャッチできるようにする必要性を感じています。また、会社の規模は、12 〜 18 カ月ごとに倍になっており、そのスピードに合わせて、新しい従業員のトレーニングやオンボーデ

ィング＊を実施することは大きなチャレンジでした。

Tech.com の設計の基本方針と枠組み

　同社では、CEO が最も優れた開発リーダーとソリューションの設計者を集めて、小さなデザインチームを形成しました。そのチームで、自分たちに固有の環境やニーズに合わせたパフォーマンス・マネジメントの仕組みを生み出しました。以下に彼らが導き出した設計の基本方針を紹介します。（図表 8 − 7 参照）

　Tech.com のデザインチームは、設計の基本方針を次の通りに決めました。

　新しいパフォーマンス・マネジメントの仕組みによって、以下のことを実現します。

1. 報酬に差をつけ、優れたソリューションを計画通りに納品する人に報いる
2. 開発のスキルと能力を高めることを促進する
3. 余計な雑事を一切なくす。重要なのは「生み出した成果」
4. 報酬は、エンジニアの成熟モデルに基づいたマーケットの基準に合わせる
5. 従業員が最新のマーケットについての知識を得ることを強く求める

図表8−7　Tech.comの設計の基本方針の枠組み

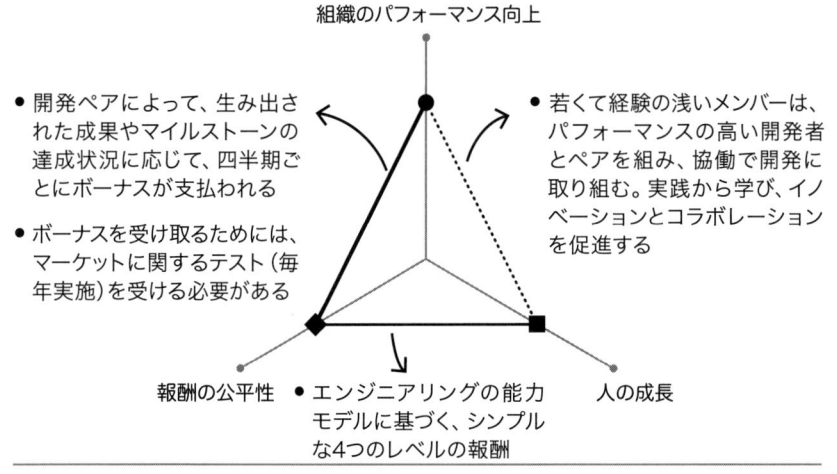

＊入社後に組織への適応を早めるために行うさまざまな取り組み

Tech.com の施策の内容

パフォーマンス・マネジメントの仕組みは、できるだけシンプルなものにするという目標をもちつつ、図表8-8に示すやり方をパイロット的に実施してみることへの合意が得られました。

図表8-8　施策の内容検討の例：Tech.comの設計の基本方針

施策の カテゴリー	パフォーマンス・ マネジメント の施策	特徴	参加者	タイミング	オーナー シップ	アセス メント
ゴール設定と 人々の連携	協働して開発を行うペアや製品開発チームが、四半期ごとにターゲットを設定	・製品開発チームのリーダーは、自チームのメンバーと協力して、四半期ごとの開発の成果物とマイルストーンを設定する。マイルストーンは、達成したかどうかをシンプルにイエス・ノーで答えられる形式で記述する	すべての開発担当者	四半期ごと	製品開発チームのリーダー	成果物に基づく（イエス・ノーで判断）
フィードバックとパフォーマンス向上への洞察	従業員主導のフィードバック	・開発エンジニアは、自身のパフォーマンスに責任をもち、必要に応じて周囲からフィードバックを得ることが期待される。四半期の成果物のターゲットによって、自分たちの現状を評価する	すべての従業員	従業員がフィードバックを求めたとき	従業員	なし
コーチングとメンタリング	協働開発を行うための開発ペアの形成	・すべての開発は、ペアを組んで行われる。そこでは経験の浅いメンバーが、経験豊かなメンバーと一緒に仕事をする ・コーチングと学習は即時で行われ、毎日のルーティンの一部とする ・経験豊かな開発者も、新しいアイデアや技術的ノウハウを後輩から得られるというメリットを享受できる ・エラーの減少、バグの修正にかかる時間の削減、そして円滑な製品のリリースなども成果に含まれる	すべての開発担当者	常に継続	チームリーダー	なし

施策の カテゴリー	パフォーマンス・ マネジメント の施策	特徴	参加者	タイミング	オーナー シップ	アセス メント
キャリアと 育成の計画	成長と学習 の計画	・エンジニアは、エンジニ 　アリングの能力モデルに 　対する自身の能力を自己 　評価する ・シンプルな能力開発プラ 　ンを立てる	すべての 従業員	毎年記入 し、半年で 更新する	従業員	能力の 自己評 価
	自己学習の 奨励と資金 援助	・学習の重要度を高める ・オンライン・コースが手 　軽に受講できる ・技術資格の取得状況を 　トラッキングする。エン 　ジニアは、認可を受けた 　トレーニングに対して最 　大 8000 ドルの援助を 　受けることができる。エ 　ンジニア以外の職種の 　従業員に対しては、年間 　5000 ドルの予算とする	すべての 従業員	常に継続	従業員	学習の 修了状 況がト ラッキン グされ、 報告さ れる
	マーケットと 業界の知識	・学習戦略の一環として、 　CEO が毎年マーケット 　に関するテストを作成 　し、マーケットや業界、 　技術に関する最新動向 　への関心を強める ・テストの受講に際して 　は、他者と協力したり、 　リサーチすることも奨励 　されている。すべての開 　発者がテストを完了する 　ことを重視する ・設定された期間内にテ 　ストを完了できなかった 　人は、テストが提出され 　るまで四半期のボーナス 　を受け取る権利を失う	すべての 開発者、 および製 品マネジ メントに 携わる人	毎年	従業員	テストの 完了状 況（完了 したか、 しなかっ たか）
タレント・ レビューと 人材に関する 洞察	製品開発 リーダー 全員が集う ミーティング （ラウンドアップ）	・製品開発チームのリー 　ダーは、四半期に一度 　ミーティングを開催し、 　人員計画をレビュー（振 　り返り）し、チーム間で 　人材のローテーションを 　図る。開発ペアについ 　てもレビュー（振り返り） 　が行われ、必要に応じ 　て組み替えられ、学習 　と知識の共有が継続的 　に促されるようにする	製品開発 チームの リーダー	四半期 ごと	CEO	なし

施策の カテゴリー	パフォーマンス・ マネジメント の施策	特徴	参加者	タイミング	オーナー シップ	アセス メント
報酬全般	四半期ごと のボーナス	・開発ペアが生み出した成 果物やマイルストーンの 達成状況に応じて、四 半期ごとにボーナスが支 払われる。エンジニアは、 ボーナスを受け取ること のできる四半期とできな い四半期があることを認 識する。マイルストーン を達成しなかったとして も、それはプロセス上の リスクの1つと認識されて いるので、恥じる必要は ない。ペアやチームを超 えて、支援やコラボレー ションを求めることが強 く奨励される	すべての 従業員	臨時で	プロジェ クト・マ ネジャー	特筆す べき貢 献につ いての 情報を 募る

私が気に入っているパフォーマンス・マネジメントの施策

　製品開発チームのリーダーは、開発ペアが四半期のゴールを設定するプロセスを支援するためのシンプルなフォームを作成しました。開発ペアは製品開発リーダーと話し合い、製品の開発プランに合わせて、キーとなる開発ターゲットと成果物について合意を得るようにします。通常1〜4つのゴールが設定され、優先順位や負荷、重要性に応じて重みづけがなされます。これらのターゲット（および割り当てられたウエート）は、そのチームの四半期ボーナスと直接関連づけられるようにします。（図表8−9参照）

図表8−9　Tech.comの四半期ターゲット

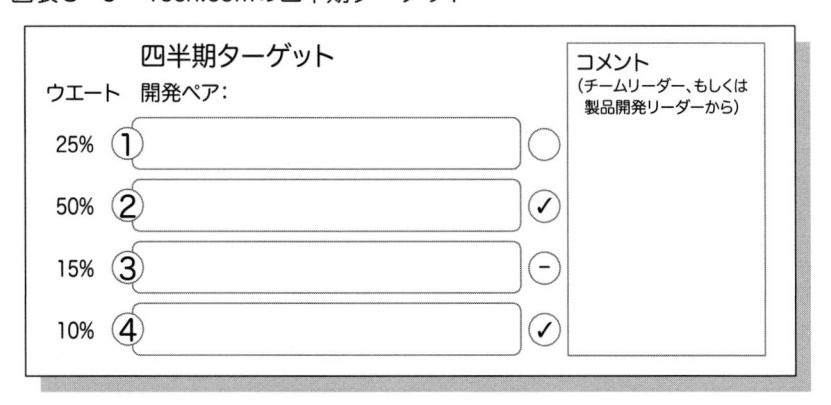

扱いづらい「STEM」人材の獲得競争に勝つ

　これまで私が一緒に取り組んできた会社では、テクノロジー業界の企業であるかどうかにかかわらず、どの会社も優秀な技術人材を引き付け、とどめておくことに苦労していたように思います。その背景には、ほぼすべての業界、サービス、製品において、科学とテクノロジーが果たす役割を進化させることへの需要が高まっていることがあります。加えて、そうしたニーズに応えることのできる STEM（science〈サイエンス〉、technology〈テクノロジー〉、engineering〈エンジニアリング〉、mathematics〈数学〉）人材の数が足りていないことがなおさら拍車をかけています。STEM 人材のニーズや期待にいかに応えていくかについて参照できる文献は数多くありますが、本書でも、この扱いづらい従業員たちに対するパフォーマンス・マネジメントの戦略に関して、少し補足してみたいと思います。

　まず、従業員の視点から考えてみましょう。まったく同じ価値観をもつ人は2人としていませんが、特に STEM 系の人材の心に響くものとして、いくつかの大きなテーマがよく話題に挙げられます。その1つに、こうした人材は自分自身のスキルや知識、そして経験に強い関心をもっているということがあります。彼らは自分が業界の最先端にいることや、最新の知識や技術をもつ人とともに働くこと、そして最高に優れた人材と接することを欲します。2つ目に、彼らは自分の専門技術が周囲から認められることを望んでいます。承認のあり方には、さまざまな形式が考えられます。たとえば、アワードの受賞、資格や特許の取得、記事の掲載や本の出版、カンファレンスでのスピーチなどが含まれます。また単に職場の同僚から、その領域での「ロックスター」として認められるといったことも重要でしょう。彼らはまた、自分たちの分野で自由に創作、考案、デザインし、探求や遊びができることをとても大事にしています。創作する時間と場所がないような環境では、結局のところ、優れた専門家にはなれないのです。

　次に組織側からのニーズについて考えてみましょう。こうした人材がもつ専門性やスキルが、組織にとって重要であることは明白です。その一方で、STEM 人材が自身の領域において最先端で居続けられるように、いかにツールやトレーニング、経験を提供していくかが、多くの会社の頭を悩ませる課

題となっています。新たなパフォーマンス・マネジメントの仕組みが、最高の技術人材を特定し、最も"クールな"仕事に就かせることに、できる限り重点が置かれたものであることが望ましいといえます。

　また、多くの組織が共通して抱える課題意識として、STEM 人材の知力のすべてを、他の業務で気を散らすことなく、適切な仕事に注いでもらいたいということも挙げられます。そうした課題に取り組むためには、組織のどこに STEM スキルが存在しているのか、自分たちのビジネス戦略にとって重要なスキルは何か、自分たちに必要なスキルと実際に有しているスキルの間のギャップはどれくらいか、そして最も優先度の高いニーズに応えるためにいかに人材を配置できるかといったことを把握する必要があります。私たちが、優れた人材には組織における最高の仕事に取り組ませたいと強く考える一方で、彼らにも自分たちの好きにできる時間と場に対する希望があり、その間にバランスを取ることも必要となってきます。ただでさえ重要な技術人材が不足している状態であるのに、そうした人材に会社の優先事項に対して 120％の力を注いでもらわないようにするのは難しいことといえます。しかし、この流動的な人材たちにハッピーで居続けてもらうためには、私たちが少し柔軟になる必要があります。グーグルや他の先見の明のある企業が証明しているように、従業員が働く時間の何％かを自分が長年温めてきたプロジェクトに注げるようにすることは、最終的に大きな見返りを得ることにつながるのです。

　それでは、こうした従業員側と会社側の双方の希望や利害をどのようにパフォーマンス・マネジメントの仕組みに反映すべきでしょうか？　私がお勧めするのは、両者が大切にしていることに焦点を当てる、つまりウィン・ウィンを実現するものに注目することです。以下に、そのためのアイデアをいくつか示したいと思います。

- パフォーマンス・マネジメントのアプローチをシンプルにします。なぜなら、この人たちは形式的なことや官僚主義を嫌う傾向があるからです。複雑なプロセスで彼らをイライラさせたくないですよね。また、こうした人材は非常に貴重な存在なので、彼らの時間資源を最適化することは極めて重要といえます。

- 権限やオーナーシップを出来る限り委譲するようにしましょう。STEM人材たちは、官僚主義以上に階層を嫌うものです。組織の構造がフラットであればあるほどよいでしょう。そして、自身のリソースを自由にコントロールでき、ネットワーク化されたチームで仕事ができる機会を増やしていきます。このことは、パフォーマンス・マネジメントのアプローチも、より従業員主導で、また同僚同士の関係性を中心としたものになることを意味します。彼らを自分たちの集団におけるロックスターにしましょう。

- 技術人材のキャリア・パスをしっかりと構築することに力を注ぎましょう。また、そうしたキャリア・パスに進むことを支援したり、明確に伝えるためのコンテンツを整備することも重要です。従業員がいかに自組織内で自分の専門性が高められるかがわかるような情報を共有するとともに、組織外のリソースも提供するようにしましょう。

- 自組織内にあるテクニカル・スキルや知識、能力を評価できるモデルを構築します。技術に関するコンピテンシー／能力モデルを明確化できるとよいでしょう。こうしたモデルに加え、上述した技術人材のキャリア・パスも役に立ちます。

- タレント・レビュー（人材の活用や育成を検討する会議）のプロセスにおいては、メンバーの異動について優先的に話すようにしましょう。別の言い方をすると、STEM人材を定期的に異動させ、コラボレーションやナレッジの共有、そして成長や経験、学習が促進されるようにすることが大切です。

- 優れた技能を称賛する機会を多くもつようにしましょう。彼らの進歩、ソリューション、発明、ものづくりの美しさ、そしてイノベーションなどにスポットライトを当てる方法を見つけます。個人を称えるだけでなく、チームを称える場を生むことも重要といえるかもしれません。称賛の場としては、飲み会で乾杯をするようなシンプルなものもあれば、取得した特許や表彰をオフィスに派手に飾ったり、年間のイノベーショ

ン・アワードを表彰するなど、よりフォーマルで、組織全体に周知を促すようなものもあります。

● STEM 人材が重視していること（専門性を高める、その専門性が承認される、自由に活動できる時間があるなど）に対して、会社が投資し、報酬が与えられるようにしましょう。

ストーリー＃4：Retail.com

スタート地点

Retail.com は、米国に拠点を置く小売業の大手で、米国とカナダに 100 近い店舗を展開しています。創業して 40 年の歴史がありますが、この 10 年で飛躍的に拡大しています。店舗の従業員は時間給で働いています（マネジャーを除く）。長期間雇用されている従業員もいれば、在籍 1 ～ 5 年くらいの短期雇用の従業員（多くは大学生）、ピークの時期のみ雇われる期間限定の従業員など、多様な人たちで構成されています。販売チーム以外にも、多様な職種があります。たとえば、倉庫管理、コールセンター、オンラインチームのメンバーが店舗にいます。また、マーケティングや販売企画、サプライチェーンや HR、その他共通のバックオフィス業務など、本社で働くグループなどがあります。また、同社では内部の人材を登用することを大切にしてきた経緯があることも特徴として挙げられます。シニアリーダーを含む、本社で働く人の多くは、店舗スタッフからキャリアを築いてきています。

目的地

Retail.com には、「お客さまの幸せが持続的なビジネスの成長の源泉であり、お客さまの幸せは、素晴らしい商品と、親しみやすく役に立つサービスの産物である」という基本理念があります。そのため、彼らはお客さまに提供する従業員のサービスのレベルを引き上げることを重視しています。一方

で、優れた人材の獲得競争にも直面しており、競争は景気が上向くにつれて加熱してきています。こうした加熱する人材マーケットでの獲得競争に勝ち、優秀な人材に入社してもらうことも大切ですが、同様に、長くチームで働いてくれる人を多く採用することを望んでいます。新たな地域の市場に参入する上では、真面目でコミットメントの高い店舗従業員を雇うことが何よりも重要であるということも学んできました。さらに、彼らは多様な従業員に対して効果的なパフォーマンス・マネジメントの仕組みの構築に関心をもっていました。たとえば、本社チームでうまく機能した施策が、店舗従業員や倉庫スタッフにとってはベストな仕組みにはなり得ない（その逆も然り）ということも、この数年でわかってきています。

Retail.com の設計の基本方針と枠組み

Retail.com は、"@Our Best" と名付けた独自のパフォーマンス戦略について、何回も検討を重ねました。設計のプロセスの初期に、彼らはいくつかの重要な意思決定をしています。1つには、従業員を4つに分けて設計を行うことにしました。その分類は、「店舗の販売スタッフ」「本部の従業員と店舗マネジャー」「倉庫スタッフ」、そして「コールセンターとオンラインチーム」になります。2つ目に、全組織に共通して核となる設計の基本方針をつくった上で、上述の4つの分類それぞれに適用するためのカスタマイズした基本方針を1つか2つ、つくることを決めました。以下に、店舗の販売スタッフに対する基本方針を紹介します。

Retail.com のデザインチームは、設計の基本方針を次の通りに決定しました。（図表8－10参照）

　新しいパフォーマンス・マネジメントの仕組みによって、以下のことを実現します。
1. 顧客中心の組織文化を強化する
2. 内部の異動を促進し、人材のリテンションを高める
3. 優れたマネジャーを育成し、報酬を与える
4. それぞれの従業員の分類に固有のニーズに対応できるように、アプロー

チをカスタマイズする（全従業員に共通する、核となる部分をもちながら）

5. 店舗マネジャーに権限委譲し、チームメンバーの経験機会を増やす

6. 店舗の高いパフォーマンスに対して、チーム単位の報酬を与える

図表8–10　Retail.comの設計の基本方針の枠組み

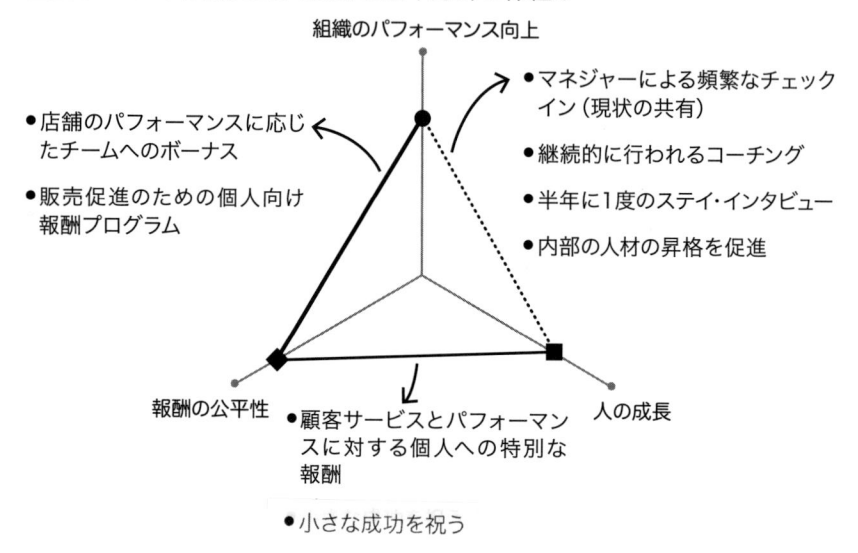

Retail.com の施策の内容

Retail.com は、"@Our Best"を店舗のスタッフにとってシンプルなものにすることを目指しました。図表8 – 11 に、彼らの新たなパフォーマンス・マネジメントの仕組みの内容を紹介しています。

図表8-11 施策の内容検討の例：Retail.comの設計の基本方針

施策の カテゴリー	パフォーマンス・ マネジメント の施策	特徴	参加者	タイミング	オーナー シップ	アセス メント
ゴール設定と 人々の連携	販売とプロ モーション のターゲッ ト	・店舗マネジャーは、販売企画ユニットと協力してキーとなるプロモーションを計画し、販売の重点施策や商品のリリース、季節ごとの特別セールを支援する ・売上のターゲットを店舗ごとに決め、販促につなげる ・店舗のターゲットは、チーム全体で目指すものとする ・個人のターゲット設定や、個人売り上げのコンペも、定期的に開催される	すべての 販売 スタッフ	販売のプロ モーション 内容や時期 によって異 なる	販売企 画チーム /店舗マ ネジャー	ターゲッ トに対す るパフォ ーマンス を評価
フィードバックとパフォーマンス向上への洞察	マネジャー による チェックイン （現状の確認）	・マネジャーの人材に関するリーダーシップのスキルと能力を高めることに特に力を入れる。その一環として、店舗マネジャーは頻繁にチェックイン（現状の確認）を行うとともに、毎日店舗のフロアに出るようにする ・チェックイン（現状の確認）のゴールには、メンバーが適切に仕事を行っているかを把握すること、コーチングを行う時間をつくること、定期的に店舗のフロアのメンバーを集めてアイデアや情報、ノウハウを共有すること等が含まれる	すべての 販売 スタッフ	常に継続	店舗マネ ジャー	なし

施策の カテゴリー	パフォーマンス・ マネジメント の施策	特徴	参加者	タイミング	オーナー シップ	アセス メント
フィードバックとパフォーマンス向上への洞察（続き）	顧客からのフィードバック	・顧客からのフィードバックが多くの方法で収集され、店舗マネジャーによってトラッキングされる ・ポジティブなメッセージは、称賛の言葉とともに店舗のバックヤードに掲示される ・問題点や検討すべき事項については、フィードバックを受け取り次第、すぐに従業員と一緒にレビュー（確認と検討）される	すべての販売スタッフ	常に継続	店舗マネジャー	カスタマー・エクスペリエンス（顧客の体験）に関する評価結果
コーチングとメンタリング	マネジャーによるチェックイン（現状の確認）	・「フィードバックとパフォーマンス向上への洞察」のパートを参照	すべての販売スタッフ	常に継続	店舗マネジャー	なし
	従業員のステイ・インタビュー	・マネジャーが、店舗スタッフとミーティングをもち、仕事の進み具合や、本人のキャリアの希望、関心のある領域に関する情報を得るようにする ・そのミーティングでは、従業員側からも質問を投げかけたり、新たな仕事の機会を探ったり、フィードバックを求めることが奨励される	すべての販売スタッフ	半年に1度	店舗マネジャー	従業員のプロフィールが記入される／昇格の可能性に関する評価が加わる
キャリアと育成の計画	社内のジョブ・ポスティング	・組織内のすべてのポジションが、社内イントラネットに掲示される。店舗スタッフは、自分が関心のあるポジションに応募することが奨励される ・昇格に関心がある従業員は、自分の店舗のマネジャーと協力して、そのための準備をしたり、準備が十分できているかを自己評価することが奨励される	すべての従業員	常に継続	従業員	必要条件に対する自己評価

施策の カテゴリー	パフォーマンス・ マネジメント の施策	特徴	参加者	タイミング	オーナー シップ	アセス メント
キャリアと 育成の計画 （続き）	ポータル上 での従業員 のストーリー 共有： @Our Best	・社内の従業員ポータ ル上で、チームメンバ ーのストーリーが共有 される ・いくつかの短い動画を 通して、異動に成功し たメンバーのストーリ ーが紹介される ・同時に、販売担当と して長期間働いている 人についてのストーリ ーや、その人たちがど んな価値を生み出し ているかについてもサ イトで紹介される	すべての 従業員	常に継続	従業員	なし
タレント・ レビューと 人材に関する 洞察	店舗マネジ ャーチーム のディスカッ ション	・半年に一度、店舗マ ネジャーのミーティン グを開催し、トップ・ パフォーマー（優秀な 人材）や昇格の可能 性のある人材につい ての議論を行う ・各店舗や他部門で、 人材についてどんなニ ーズがあるかをレビュ ー（確認と検討）する ことも議論に含まれ る ・昇格や異動の機会に ついても、議論の中 で計画され、記録さ れる	店舗マネ ジャー	半年に1度	HRが議 論をファ シリテー ション	店舗マネ ジャー の推薦に基 づいて、 昇進・ 昇格の リスト が作成 される
報酬全般	在職期間に 基づいた時 間給	・販売スタッフの時給 は、在職期間に基づ いたモデルを使って、 地域の市場の違いを 考慮して多少の調整 を行い、決定される	すべての 販売スタ ッフ	半年に1度	店舗マネ ジャー	在職期 間に基 づいて
	店舗のパフ ォーマンス に応じた チームへの ボーナス	・店舗の全体的なパフ ォーマンスに応じてボ ーナスが各店舗に割 り当てられる。店舗マ ネジャーは、該当期 間の労働時間に基づ いてボーナスを分配す る	すべての 販売スタ ッフ	毎月	店舗マネ ジャー	労働時 間が、 ボーナ ス分配 の際に 目安と する割 合とな る

施策の カテゴリー	パフォーマンス・ マネジメント の施策	特徴	参加者	タイミング	オーナー シップ	アセス メント
報酬全般 （続き）	カスタマー・ サービスと パフォーマ ンスに対す るスポット 的な報酬	・店舗マネジャーには、 個人の素晴らしいサー ビスや高いパフォーマ ンスを承認するための 特別な報酬を提供す るための原資が与え られる	すべての 販売 スタッフ	特別な目的 で	店舗マネ ジャー	店舗マネ ジャ ーが評 価
	販売促進の ための個人 向けの報酬 プログラム	・販売促進のために、 定期的に報酬のプロ グラムやイベントを開 催し、たとえば、旅 行や夕食券などの獲 得に向けて個人が競 い合う	すべての 従業員	季節やイベ ントごとに 計画される	販売企 画チーム ／店舗マ ネジャー	販売促 進のタ ーゲッ トと整 合性を 取る

私が気に入っているパフォーマンス・マネジメントの施策

　半年に1度、店舗マネジャーは2〜3日をかけてミーティングを行い、ベスト・プラクティスを共有したり、優秀な成績を挙げた店を称賛したり、新たなプログラムについて学んだり、自分たちのチームについて意見交換を行います。Retail.comでは、シンプルな従業員プロフィールのフォームを作成し、それを使ってマネジャーが会話の準備を行ったり、情報の共有を効果的に進められるようにしました（図表8 − 12参照）。マネジャーは自分のチームメンバーのプロフィールを半年に1度作成します。他のマネジャーと情報共有する上で、こうした共通のフォーマットがあることは極めて便利です。また、フォームを埋めるために情報を集め、自チームのメンバー一人ひとりに関心を寄せて話すプロセスそのものが、高い価値をもつことがわかっています。そうしたプロセスを「ステイ・インタビュー」と呼んでいます。このインタビューを実践することで、マネジャーは、基本的な問いを通して、彼らの経験、関心、昇格への希望、仕事への満足度を尋ねることの重要性をシンプルに思い出すことができるのです。そして、従業員も声に耳を傾けてもらい、自分が大事にされている感じがするのです。また、メンバーをインタビューすることで、マネジャーは、チーム内の誰がマネジメントのポジションに上がれるか、店舗や他部門でより責任のある職務に就けるかといったことを容易に特定できるようになります。中には「私は販売員の役割にとどま

ることで十分に幸せなのです」という人もいますが、正直なところ、それを知ったとしても、マネジャーが傷ついたりすることはありません。

図表8-12　Retail.comのステイ・インタビュー・ガイド

ステイ・インタビュー・ガイドと従業員プロフィール

店舗マネジャー：　アニータ　　　　　　メンバー：　トッド

先週仕事上で起きた出来事を振り返ってみて、あなたにとって特に良かったことにはどんなものがありましたか？

在 職 期 間 ：_____

現在の役割 ：_____

期待する役割 ：_____

素晴らしい1日を過ごす上で、障害になっていることはありますか？

昇格へ　　□ 準備ができている
の準備：
　　　　　□ やや準備ができている

顧客に、より高いサービスを提供するにはどうしたらよいでしょうか？

　　　　　□ まだ準備ができていない

　　　　　□ 関心がない

私にもっとしてほしいことはありますか？または逆に、しないでほしいことはありますか？

他に準備が必要なことはありますか？

その他コメント：

時間給で働く人々を見過ごしてはいけません

　この本で紹介しているような「現代的な」パフォーマンス・マネジメントの考え方は、時間給で働く人々や、やるべきタスクや役割が明確に決まっている人々に対しては当てはまらないと考える人に、私は多く遭遇してきました。そうした考え方にはまり込んでしまわないように、注意してください。組織の中でどんな役割を担うかにかかわらず、みな人であることには変わりがないので、「人間らしさをもっている」のです。彼らは、自分が何かの一部になれること、自分の仕事が役に立っていると信じられること、そして自分自身の貢献が認められたと感じられることを望んでいます。さらに言うなら、時間給で働く人々はすべて同じだと考えるような間違いを犯さないよう

にしましょう。店舗のフロアで働く人もいれば、毎朝オフィスにあなたが来るのを迎えてくれる事務アシスタントまで、さまざまな人が働いており、彼らのニーズや期待はまったく異なるものです。その一方で、彼らにも共通する要素はありますので、皆さんの組織でそうした働き方をしている人がいるなら、考えてみるに値するでしょう。

　まず、こうした役割に就く従業員は、月給で働く同僚と比べて給料が少ないことも多いため、報酬については金銭的に報いていくことが有効といえます。金銭の報酬と直近の業績を結びつけるようにするのがよいでしょう。たとえば、製造チームや工事作業員、またそれと同様の特徴をもつグループにとって、パフォーマンスに対して月次でボーナスを支払うことは効果的な報酬の仕組みといえます。短期的な報酬をデザインするためには、評価の基準を明確にしたり、そうした評価結果をチーム内で共有するための仕組み（たとえば、職場にパフォーマンスや評価結果を掲示するなど）をつくる必要があるでしょう。

　この前の段落に「チーム」という言葉があったことに気づいたでしょうか？やるべき仕事が具体的になっている職務志向の職場では、個人でマネジメントを行うよりも、チーム単位で行うほうが良い場合も多いのです。パフォーマンス・マネジメントの仕組みを設計する際には、チームのパフォーマンスに対して、皆が責任やオーナーシップをもてる方法を見出しましょう。チームによる自律的な管理が機能していると、高い成果を生み出すことが知られており、こうした施策によって、パフォーマンスが向上するかもしれません。

　もし組合が絡むとなると、物事が少し複雑になるかもしれません。なぜなら、報酬に関する選択肢が限定されることもあるからです。その場合は、3つのゴールのうち「人の成長」と、仕事の価値の意味づけを通じた「組織のパフォーマンス向上」に焦点を絞りましょう。組合がある環境下では、働く人々の能力やスキルを高めることにつながるツールを会社が提供することは、大きなモチベーション要因となります。なぜなら、スキルを高めることは、従業員の昇進を助けることになるからです。

　最後に事務アシスタントであろうと、製造ラインの最後のところでパッケージ詰めをしている人であろうと、私がお勧めしたいのは、時間給で働くスタッフと顧客とをつなげる方法を見つけることです。内外の顧客がどんなこと

に価値を見出しているのかを直接聴く機会は、モチベーションを高める大きな要因となり、自分の仕事により意味を感じることのできる力強い仕組みであるともいえます。事務アシスタントが内部顧客（つまり、彼らがサポートするメンバー）から評価を受けるのは、1分あたりどれくらいの文字をタイプできるかということに対してでしょうか？　それとも、細部にまで気を配って仕事をしたり、努力を重ねてそれぞれの顧客に合った個別のアプローチを行うことに対してでしょうか？　顧客にとって何が大事かということの理解を深め、その観点から成果が評価され、報酬が与えられるようにしましょう。これは、たとえば製造の職場などでも同じことがいえます。尻込みしないで、直接、製品やサービスに影響を与える人々に、顧客の声を積極的に届けるようにしましょう。

あなた自身のストーリーを描く

　この章が、6章、7章のRedesign（再設計）で紹介した理論や考え方に関するより明確な視点を得る上で役に立ったのであれば幸いです。また、ここで紹介したストーリーが、この先の取り組みに向けてあなたを鼓舞し、勇気づけることを願っています。しかしながら、実際にパフォーマンス・マネジメントの仕組みを構築し、プログラムをReboot（再起動）する前に、追加でもう1つだけ警告しておく必要があります。もしかしたら、あなたはここで紹介している事例のどれかを選んで、その仕組みをそのまま自分の組織に当てはめたくなる誘惑に駆られるかもしれません。しかし、全力でその誘惑に抵抗してください！　パフォーマンス・マネジメントの仕組みは、各組織の戦略ニーズや文化、組織の成熟度やビジネス環境に合わせて、組織によって異なるものであることを忘れないようにしてください。皆さんの組織の新たなパフォーマンス・マネジメントの仕組みは、世界中のどの組織のものとも違っているべきなのです。なぜなら、皆さんの組織とまったく同じ組織は1つとしてないのですから。

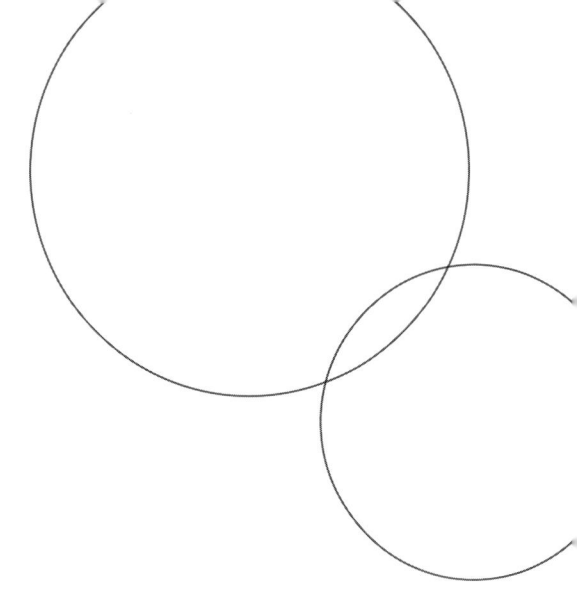

パートⅢ

Reboot
再起動する

The world hates change,

yet it is the only thing that has brought progress.

世界は変化を嫌うが、

それが進歩をもたらす唯一のものである。

チャールズ・ケタリング（Charles Kettering）

現実のものにしよう

ここまで、長い道のりを進んできました。Rethink（再考する）では、伝統的なパフォーマンス・マネジメントの欠点に関する基本的な知識と、根本的なシフトが起きていることについて理解を深め（心から理解していることを期待しています）、そして、パフォーマンス・マネジメントの3つの共通のゴールについて探求してきました。Redesign（再設計する）においては、皆さんの組織の戦略、文化、従業員に対する取り決めに合わせた独自のパフォーマンス・マネジメントの仕組みを、組織のリーダーや他の影響力のあるリーダーとともに再設計するという大変な作業を行ってきました。新たなパフォーマンス・マネジメントの仕組みが設計できたら、次は、気を引き締めて、現実のものにしましょう。

この段階では、自分の組織に合わせた素晴らしいパフォーマンス・マネジメントの仕組みを従業員が効果的に活用するために、どのように準備を整え、確実なものにすればよいか、自問する人も多いでしょう。その問いにできる限り答えることが、この最後のパートのゴールです。しかし、ここから先の進め方は、ここまで紹介してきた一般的な他社事例とは、まったく異なったやり方になる可能性があることも忘れないでください。なぜなら、パフォーマンス・マネジメントの仕組みは皆さんの組織に独自のものであるからです。それは、これまでの段階で私が行ったような的を絞った手助けをすることができないことを意味しています。なぜならば、皆さんの設計した仕組みがどのようなものなのか、私は知らないからです。もし、私が頑丈な骨組みの自転車の作り方の詳細を説明しても、皆さんが設計したのが一輪車だったとしたら、その説明は何の役にも立たないでしょう。私ができることは、パフォーマンス・マネジメントの設計の進め方、焦点の置き方、そして、設計したパフォーマンス・マネジメントの実行段階において、典型的なステップに影響を及ぼす多くの変数にどのように対応すればよいかについて、少しだけ説明することです。

その後、10章では、変革をマネジメントするというテーマに的を絞って説明をします。なぜなら、人々にとって変化することは大変なことだからです。それが、素晴らしい新たなパフォーマンス・マネジメントのようなポジ

ティブな変革だったとしても大変なのです。チェンジ・マネジメントがお粗末だと、よく練られた計画や素晴らしく独創的で優れた仕組みでさえ、頓挫してしまうことがあります。そこで、従業員が新たなパフォーマンス・マネジメントの仕組みに真に適合するためのいくつかのアイデアを紹介します。適合するというのは、つまり、パフォーマンス・マネジメントの最新のアプローチを受け入れ、理解し、導入し、より良く活用できるということです。

第9章

実行プランと運用

体制を つくる	枠組みを 描く	内容を 検討する	実行プラン を練る	運用する
計画をつくり、参加者を招待し、取り組みを始める	設計の基本方針を合わせる	新たなパフォーマンス・マネジメントの仕組みを設計し、テストし、検証する	新たなパフォーマンス・マネジメントの仕組みの質を高め、その他の仕組みとの影響関係に対処する	変革を計画し、実行し、評価する

　PM Reboot (パフォーマンス・マネジメントの再起動) における最初の３つのフェーズ(体制をつくる、枠組みを描く、内容を検討する)のプロセスは、荒っぽい道のりとなりますが、そのプロセスやスケジュールをあなたが適切に管理することはよいことです。しかし、この後の、実行プランを練り、運用するフェーズでは、そのようにはいかないということを念頭に置いておきましょう。これらの取り組みプロセスの最終フェーズでは、パフォーマンス・マネジメントの施策に影響する事柄が多いため、最初の３つのフェーズよりもはるかに多くの変化が起こります。これらの影響の中には、業務の年間スケジュール、他の人材育成プログラムや取り組み、実行プランの検討と運用のために必要となるシステムやツール、新たなパフォーマンス・マネジメントの導入に対する職場の受け入れ態勢なども含まれます。その他の仕組みとの影響関係を理解し、それらにうまく対処することは、実行プランの構築と運用の２つのフェーズにおいて絶対的に不可欠なことです。新たなパフォー

マンス・マネジメントの仕組みを支えるツールやコンテンツを設計し、つくるという創造的で実践的な仕事に加え、影響関係への対処にかなりの時間をかける必要があります。そこで、パフォーマンス・マネジメントの実行プランの作成方法を正確に伝える代わりに、パフォーマンス・マネジメントと他の仕組みとの影響関係への対応方法について、私の経験を共有します。そのことで、皆さんも実行のスーパースターになれるかもしれません。

新たなパフォーマンス・マネジメントの仕組みを視覚化する

1枚の写真は1000語にも匹敵する（百聞は一見に如かず）といいますが、設計するまで、1000語よりももっとたくさんの言葉を使いながら議論してきたことと思います。設計が完了した後は、包括的で簡単に理解しやすい形で仕組みを捉え、それを絵にして共有できるようにしましょう。視覚的なイメージは、実行プランの構築や運用のフェーズの指針となる重要なツールであるだけでなく、それぞれのパフォーマンス・マネジメントの施策がどのように関連し、仕組みとして1つになるかについてステークホルダー内に共通の理解を確立する上で、とても価値のあるものでもあります。うまくいけば、素晴らしい視覚的なイメージは、パフォーマンス・マネジメントの設計段階での検証にも使えますし、実行フェーズでのトレーニングや導入説明でもそのまま使うことができるでしょう。視覚イメージの作り方についてのアドバイスと具体例は、www.thePMReboot.com にて紹介しています。

パフォーマンス・マネジメントの仕組みとその他の仕組みとの影響関係に対処する

実行プランの構築と運用のフェーズに最も影響を及ぼす仕組みは、その他のタレント・マネジメントに関するプロセスやプログラム、システムやツールの要件、そして、あなたの責任の範囲外であるプロセス、たとえば、戦略策定といったものです。これらがパフォーマンス・マネジメントの仕組みに及ぼす影響を理解し、計画したり、状況に合わせて対応をしたりするために、十分な時間と労力をかけることはとても重要です。

タレント・マネジメントとの統合に時間をかける

　皆さんが設計した新たなパフォーマンス・マネジメントの仕組みがどのようなものかは知りませんが、それがタレント・マネジメントの仕組みと影響関係があることは確信しています。影響関係がまったくないということのほうが珍しいでしょう。HR、人材、タレント・マネジメントのチームがどのような役割構造になっているのかによって、あなた自身が複数の役割を担当することがあるかもしれません。いずれにせよ、実行プランの策定や運用のときには、新たなパフォーマンス・マネジメントの仕組みがタレント・マネジメントといった他の領域とどの程度統合されるのかについて、理解する必要があります。この統合について、期待されることがすでに明らかになっている場合もあれば、もう少し検討を重ねて、焦点を絞ることが求められることもあるかもしれません。

　それでは、私のクライアントの事例を使いながら、このテーマについて探求してみましょう。図表9－1のフリップチャートに示されているように、クライアントはグローバル人材の能力を可視化することに高い優先順位をつけました。実は、グローバル人材の能力の可視化については、設計の基本方針の中でも優先順位の最上位として挙げられていました。これは表面的には単純なもののように見えますが、設計の基本方針を掘り下げると、タレント・マネジメントの他の分野にも影響が及ぶ仕組みであるということを実感します。言い換えれば、タレント・マネジメントのやり方を変えずに、グローバル人材の能力を可視化することはできないということです。

図表9-1　クライアントの事例

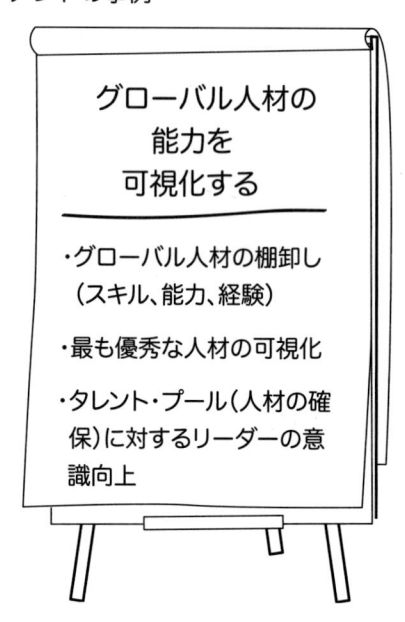

　これらのつながりをもう少し明らかにするために、設計の基本方針に基づいて選択したパフォーマンス・マネジメントの施策について見てみましょう。

● 「人の成長」を促すために、役割に基づいたコンピテンシーモデルに対して、従業員が自己評価を行うという施策を選択しました。そうすることで、従業員が現在の役割におけるパフォーマンスを改善したり、将来の役割への準備を行ったりする上での、自分の強みや開発する必要のある能力を理解することができます。また、こうしたデータが蓄積されることで、人材のポートフォリオを組織的に把握することができます。しかしながら、この人材のポートフォリオを導入するためには、仕事の枠組みを明確にし、従業員がスキルや能力を自分で評価するための決まった方法を確立する必要があります。これは、タレント・マジメントを担当するチームに提供してもらうことが期待されます。

● 「報酬の公平性」に少し重点を置いた（「人の成長」にも片足を突っ込ん

でいる）施策としては、優秀な人材に報酬としてストレッチな（難易度の高い）役割を与えるハイポテンシャル（HIPO）プログラムをつくることにしました。このパフォーマンス・マネジメントの施策は、ハイポテンシャル（HIPO）プログラムだけでなく、人材を流動させるための確立されたプロセスや手順にも影響することになります。

● 最後に、「組織のパフォーマンス向上」に注目しましょう。彼らは、適材適所が業務の遂行をさらに強化するという仮説を立てました。適材適所をより推進するためには、リーダーがより良い意思決定をタイムリーに行えるように、どのような人材がいるのかを把握することが必要となります。そこで、リーダーたちがより良い人材を見抜けるように、タレント・アナリティクス（人材分析）の能力を高める施策を取り入れるようにしました。これもまた、タレント・マネジメントと相互に影響し合う施策となります。

　要するに、この一見、単純な設計の基本方針を実現するために、クライアントは、タレント・マネジメントの分野である、役割の枠組みとそれに関連するコンピテンシーモデル、ハイポンシャル（HIPO）プログラム、人材の流動性、タレント・アナリティクス（人材分析）などが高度に統合されたパフォーマンス・マネジメントの施策を選択し、内容を検討しました。このように、パフォーマンス・マネジメントの施策が影響する全分野を考慮し、対処しながら、未来のパフォーマンス・マネジメントの仕組みをつくり上げる必要があるのです。結局のところ、これらの影響関係が、パフォーマンス・マネジメントの仕組みそのものと、その実行のタイミングに影響を及ぼすのです。これらの影響関係に対処する準備を整え、できるときにできることを行い、将来的に能力が高まったときにさらに充実させていきたい要素を洗い出し、全体的かつ現実的な目線で計画をつくります。

IT システムとの影響関係に対処し、自分たちのテクノロジー戦略を立てる

　ここまで、テクノロジーの側面についてはあまり触れてきませんでした。その大きな理由は、テクノロジーの選択に過度な影響を受けることなく、皆さんの組織にとって適切なパフォーマンス・マネジメントの仕組みをつくってもらいたいからです。私は、これまで、テクノロジーをパフォーマンス・マネジメントの問題を治す特効薬として期待し過ぎるチームに遭遇してきました。確かに新しいツールはいくつかの凸凹をならし、管理や状況の追跡をより簡単にすることができるかもしれません。しかし、貧弱な仕組みをより速く、効率的に組織内で展開することに、ほとんど意味はありません。仕事のフローや自動化されたテンプレートの力では、より良い結果やチームのエンゲージメントを高めることはできないでしょう。

　もし、あなたが本書からテクノロジーのツールやシステムについて、何か1つでも持ち帰ってくれるのならば、「設計が第一で、テクノロジーは第二」ということを覚えてください。設計の過程で、システムの選択肢について、少し理解したいと思うかもしれません。しかし、設計した仕組みを壊すようなとても素晴らしい機能を、ソフトウェアの販売会社がうまく売り込んできたとしても、どうか魅了されないでください。新たなパフォーマンス・マネジメントの仕組みが機能するためには、テクノロジーを使うのかどうか、またどの場面で使うのかを決定する必要があります。それは、個人のコミットメントを登録し、保存するための共有ドライブのような簡単なものかもしれませんし、あるいは、本格的なタレント・マネジメントのシステムのような総合的なものかもしれません。もし、皆さんのチームが新たなテクノロジーを活用した仕組みをつくる予算がなくても、やきもきしなくてもよいでしょう。今日、伝統的なパフォーマンス・マネジメントのモデルに沿ったものからソーシャル・メディアのプラットフォームに至るまで、多様な選択肢やツールが利用可能です。

　ここでの重要な注意点としては、テクノロジーはしばしばスケジュールを左右する主要な要素になるということです。もし、皆さんが、パフォーマンス・マネジメントの仕組みの構築にあたって、IT チームに強く依存しているならば、必ず彼らを各段階で巻き込み、皆さんの要求を彼らに取り入れて

もらうだけでなく、彼らの要求も皆さんが取り入れながら、IT の主要計画として統合しましょう。

いくつかのコツをここで紹介します。

● もし、IT のニーズが皆さんの取り組みを減速させているのならば、簡単に使えるテクノロジーから始めることができるか検討してみましょう。そして、それが使えるようになってきてから、徐々に IT の能力を高めていきましょう。

● 皆さんのパフォーマンス・マネジメントの仕組みを実現するために、IT チームとともに取り組むのであれば、強いパートナーシップを構築し、要望をはっきり伝えましょう。また、最終的には、設計したパフォーマンス・マネジメントの仕組みが推進されるようになることが目的であって、テクノロジーの欠点や制限を解決することではないということ理解しておいてください。

テクノロジー戦略に基づき、市場に出回っている新たなシステムを探してみると、パフォーマンス・マネジメントと人材ソリューションに関するテクノロジーは過渡期にあるということがわかるでしょう。タレント・マネジメントに関するテクノロジーのプロバイダーは、小さなプロバイダーを買収することで機能の不足を補い、強化するなど、完全に統合されたタレント・マネジメント一式を顧客に提供しようと競い合っています。同時に特定の課題解決につながるソリューションやソーシャル・プラットフォームのツールが市場に入ってきており、より幅広い選択肢の1つとして提供されています。気をつけなければならないこととして、長期にわたって利用されているパフォーマンス・マネジメントのツールの多くは、伝統的なパフォーマンス・マネジメントの進め方に基づいてつくられたものだということです。それらのツールは業務フローや状況を把握するためのトラッキング、あるいは報告のツールとして充実した機能を提供し、学習、人材育成、報酬のプラットフォームと統合されてきました。しかしながら、これらのツールは、伝統的なパフォーマンス・マネジメントやそれに伴う誤った前提からなかなか脱却するこ

とができていません。また、パフォーマンス・マネジメントのテクノロジー分野への新規参入者も増加しています。主に、目標設定や同僚同士の承認に対する新たなアプローチとしてソーシャル・プラットフォームを活用したものが増えています。

　市場を俯瞰し、賢く選択しましょう。長期契約を結ぶ前に、可能であればツールを試験的に利用することをお勧めします。多くのソーシャル・ツールは、簡単に商品を試すことができるようになっています。皆さんの組織がどのようなツールを好み、どのようなツールを好まないかに気づくきっかけになるので、試すことはとても有意義です。これらのソーシャル・ツールがおしゃれでかっこよく見える一方、業務スタイルや組織文化に適合しないことに気づくかもしれません。

　詳細な設計をする際に考慮すべきテクノロジーの別の使い方としては、パフォーマンスに関するデータを他のテクノロジーから取り込めないかということです。たとえば、コールセンターのシステムでは、標準的な生産性のデータに加え、従業員が互いにどのように知識を共有し、支援し合うかが可視化できるようになっています。他の事例としては、プロジェクト・マネジメント・システム、カスタマー・リレーションシップ・マネジメント（CRM）、プロフェッショナル・サービスのナレッジ・マネジメント・システムなどもあります。これらの情報とそこから得られる洞察をパフォーマンス・マネジメントの仕組みに組み込みながら設計することは、設計の基本方針と一致している限りはとても有益です。また、それらのデータの測定方法が従業員の仕事の仕方に統合されており、別途独立したプロセスが必要でないことも重要です。

　正しいテクノロジーのソリューションを選択することは、時々面倒なことのように思えますが、テクノロジーの進歩がより多くの選択肢や可能性をユーザーにもたらすという良いニュースもあります。必要でない機能をつかまされてはいけません。まずはしっかりとパフォーマンス・マネジメントの仕組みを設計し、入念に下調べを行い、テクノロジーを賢く選択しましょう。

パフォーマンス・マネジメント以外の影響関係に対処する

パフォーマンス・マネジメントの仕組みとタレント・マネジメントとの影響関係に加え、戦略プランニングのようなパフォーマンス・マネジメント以外のプロセスが関係してくることもよくあることです。これらの影響関係を捉え、対処するために必要となる次のステップに注意してください。時々、皆さんのニーズに合うようにアプローチを変えるよう、他者に依頼することも必要になるかもしれません。その場合は、そうした影響関係のあるプロセスに責任をもっている人と協働し、共に現在から行きたい未来へと向かう方法を明確にしていく必要があるかもしれません。

実行プランの構築プロセスを管理し、展開に向けて準備する

実行プランを策定し、運用のフェーズでコンテンツをつくり、実行プランの質を強化し、パフォーマンス・マネジメントの仕組みを従業員のものにしていくために、かなりの労力をかける必要があることを覚悟しましょう。また、影響関係に対処するためには、相当な政治的手腕が求められることになりますが、展開するときには、少なくとも創造性、営業のスキルや知識、多くの力仕事、そしてかなりの忍耐が求められるでしょう。これが根本となる仕事であり、数百の詳細な意思決定がなされるところでもあります。また、新たなパフォーマンス・マネジメントの夢を叶えるところでもあります。

実行プランをつくる

実行プランとは、パフォーマンス・マネジメントの仕組みを支えるために必要となる成果を定義した基本プランの資料のことです。実行プランをつくる際には、設計する項目の重要要件を明確にし、設計に関するメモが書き込まれ、割り当てられているリソースが明記され、完了するまでに要する時間を見積もる必要があります。もし、外部への流出コストがある場合は、その

費用の見積もりも入れたほうがよいでしょう。実行プランをつくるためには、7章の内容検討で作成したものと、これまでに作成した概要資料や視覚化されたイメージにもう一度目を通し、作成する必要のあるテンプレート、ツール、アジェンダ、サポート用のコンテンツを洗い出しましょう。

変革のプランをつくる

　従業員の変化に対する準備が整っていないことが原因で、これまで皆さんが設計に投入してきた労力が水の泡になり、従業員から仕組みを拒否されるということは起きてほしくないでしょう。実際のところ、変革の進め方は非常に重要なテーマですので、次の10章で解説します。

展開戦略とスケジュールを見直し、更新する

　新たなパフォーマンス・マネジメントの仕組みが設計され、他との影響関係（タレント・マネジメント、ITシステム、その他パフォーマンス・マネジメント以外のプロセスとの関係）が明確になったところで、体制をつくる（Mobilize）のフェーズで計画した取り組みの道筋を見直す絶好のタイミングとなりました。展開戦略とスケジュールを再考しましょう。当初計画した通りに、新たなパフォーマンス・マネジメントの仕組みを展開することは理にかなっていますか？　あるいは、設計した仕組みによって、展開戦略とスケジュールを変える必要がありますか？　この段階で計画を修正することは、何ら恥ずかしいことではありません。実際、その反対です。組織にどう展開していくのかということについては柔軟に試行錯誤しながら、仕組み自体も段階を経て変化していくことを念頭に置いておいてください。ここまで仕組みをつくることにたくさんの時間と労力を費やしてきましたので、組織全体にどのように導入していくかについては、じっくり考えましょう。

運用を助けるツールをつくる

　ここまでのプロセスを通じて、新たなパフォーマンス・マネジメントの仕

組みを定義し、実現するための成果物ができてきたことと思います。たとえば、設計の基本方針、選択した施策とその内容についてまとめた表、その他の説明資料などがあると思います。これらに手を加え、加工することで、変革に向けた従業員の準備を整え、「ニュー・ノーマル：新たな標準」への移行がスムーズに行えるようになります。具体的には、おそらく学習支援ツール、研修資料、オンラインツールといったものになるでしょう。また、運用を支援するために必要となる他のコンテンツも具体的に明確にするとよいでしょう。その中には、次のものが含まれるかもしれません。簡単に表現されたプロセスのフロー図、役割と責任を整理した図（RACIチャート*）、イベント予定のカレンダー、期待される行動についてのガイド、よくある質問FAQ）、実例、学習ツール、テンプレートやツールの説明などです。

仕組みを持続させるための方法を明確にする

新たなパフォーマンス・マネジンメントの仕組みは、外部環境の変化や、組織と従業員のニーズの変化とともに進化する、生きたプロセスです。また、新たな仕組みを使った経験が蓄積されると、うまくいったことやうまくいかなかったことについて学んだことから、調整したいことも出てくるかもしれません。これをうまく取り入れるために、以下の質問に答えながら、仕組みを持続させるための計画をつくるのがよいでしょう。

- 誰がパフォーマンス・マネジメントの仕組み、あるいはプロセスのオーナー（責任者）ですか？
- パフォーマンス・マネジメントの仕組みをどれぐらいの頻度で見直し、更新しますか？
- どのようにフィードバックを得て、改良や変化の必要性について評価しますか？
- 提案された変化をどのように管理しますか？　誰がその管理プロセスに参画しますか？

---

*RACI は、Responsible（実行責任者）、Accountable（説明責任者）、Consulted（協業先）、Informed（報告先）の頭文字を取ったもの。
RACI チャートは、プロジェクトにおける役割分担を明確化するのに有効とされている。

万歳！ PM Reboot プロセスの5つのフェーズを完遂しました

　PM Reboot（パフォーマンス・マネジメントの再起動）プロセスについて、これまで5つの章（5章〜9章）にわたって述べてきましたが、初めて読んだときは吸収するのに何日か、あるいは何週間か、かかったかもしれません（各ステップの簡単なまとめとして、図表9-2のプロセス図を参照してください）。もちろん、著者として、あなたが一言一句反芻しながら、熱心な仲間とともにパフォーマンス・マネジメントの理想郷へと勇気をもって人々を導く想像をしてくれたらうれしいです。しかし、概要をつかむために、ブリトーとソーダを食べながら、30分くらいパラパラとページをめくる程度であることもわかっています。それでも、正直なところ、私の気持ちは少しも傷つきません。パフォーマンス・マネジメントの仕組みを新しくするプロセスが骨の折れる仕事であることを実感していますので、もし、あなたが最初から資料に対して完全なコミットメントをもつことができていたならば、私は敬服します。もし、まだそのような時間やエネルギーを割くことができなくても、それもまた OK です。この本を手に取った誰もが、いきなりそのプロセスに頭から飛び込む準備があるとは限らないということを認識しています。時が来たら、何度もこの本に戻れるようにという考えで、これらの章を書いています。それが来週になるのか、2年後になるのかはわかりません。この本は各ステップを示すガイドブックになればと思いますが、ツールボックスやウェブ上に掲載されている資料も、あなたが必要だと思ったときにいつでも利用可能なものにしておきます。

図表9−2　PM Rebootのプロセスのまとめ

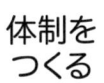				
体制を つくる	**枠組みを 描く**	**内容を 検討する**	**実行プラン を練る**	**運用する**
計画をつくり、 参加者を招待し、 取り組みを始める	設計の基本方針 を合わせる	新たなパフォーマンス・ マネジメントの仕組 みを設計し、テストし、 検証する	新たなパフォーマンス・ マネジメントの仕組 みの質を高め、その他 の仕組みとの影響関 係に対処する	変革を計画し、 実行し、評価する
■経営層を導く ■今後の道筋を計画 　する ■適切な人を対話に 　招く	■スタート地点を知る ■自組織の目的地を 　理解する ■自組織に独自の設 　計の基本方針をつ 　くる ■枠組みを描く 設計の基本方針を クラウドソーシング する	■新たなパフォーマンス・マ 　ネジメントの内容を検討 　する 　・ブレインストーミングを 　　する 　・施策を選択する 　・網羅できているかを確 　　認する 　・施策の内容を検討する ■施策の内容を検証する	■実行プランと運用を準備する 　・新たなパフォーマンス・マネジメントの仕組みを 　　視覚化する 　・影響関係(タレント・マネジメントの仕組み、それ 　　以外のプロセス)に対処する 　・ITシステムとテクノロジーの戦略を明確にする 　・実行プランをつくる 　・変革のプランをつくる 　・スケジュールを見直し、更新する 　・運用を助けるツールをつくる 　・仕組みを持続させるための方法を明確にする	

第10章

定着させる

　私たちは、プロセスの改革に向けて多大な労力とリソースを割いてきたのに、悲惨にも失敗に終わるチームの話を聞いたことがあるでしょう。あるいは、場合によってはそのチームの一員だった人もいるでしょう。失敗に終わるプロジェクトでは、従業員は参画せず、リソースが枯渇し、抵抗が高まります。経営陣も「本当は最初から乗り気ではなかった」と言いながら、船から降りていきます。混乱が起こり、気勢をそがれ、結果的に潜在的な価値を実感しないまま終わってしまうのです。

　皆さんが一生懸命取り組み、構築した、新たなパフォーマンス・マネジメントがこのような残酷な運命に苦しむことがないようにしましょう。皆さんの組織において、パフォーマンス・マネジメントの改革を担うときには、いったん導入したら、その仕組みが定着し続けることができるような戦略が必要となります。変革のためのアプローチをよく考えることは、皆さんが苦労しながらつくり上げてきた、自組織に合わせた最新のパフォーマンス・マネジメントが無駄にならないための最良の投資です。

　その点を考慮に入れながら、この章を通して、新たなパフォーマンス・マネジメントの賛同の集め方、導入の仕方、仕組みを持続させるための運用の進め方について検討する方法を紹介します。ただし、チェンジ・マネジメント全体に対する助言をするわけではありません。導入を推進する上で考慮すべき重要なポイントや、今後直面するであろう避けることのできない抵抗に対する効果的な対応のコツを共有します。このパフォーマンス・マネジメントのシフトにおける人間的な側面についても共有したいことがたくさんがありますが、あまりにも多いため、ここでは紹介することはできません（もしかすると、次の書籍で紹介できるかもしれません）。その代替案として、変

革についてのコンテンツやツールを私たちのウェブサイトである www.The
PMReboot.com で紹介しています。最終的には、本章の内容と、パフォーマ
ンス・マネジメントの Redesign（再設計）のパートにある「支援と同意を
得るためのポイント」、ウェブサイトにある関連資料の３つが、皆さんに効
果的な枠組みや意味のある洞察を提供することでしょう。それによって、パ
フォーマンス・マネジメントの新しいアプローチがより好意的に受け入れら
れ、早くに周囲からの支援を得ることができ、組織の中で定着するものとな
ればと思います。

優先順位の高い皆さんの新たな役目：変革をリードする

　伝統的なパフォーマンス・マネジメントが新たなものに替わったというわく
くわくするようなニュースを、CEO からのたった１回のメール告知で終わ
らせようと考えてはいけません。新たなパフォーマンス・マネジメントの導
入が、すでに決まった話として知らされた場合、皆が最初から同意して参画
し、楽しみな状態になるような、都合のよいコミュニケーション方法という
のは存在しません。格好いいビデオメッセージ、手の込んだプレゼンテーシ
ョン、ケーキ、ピザ、シャンパンで盛り上げるようなミーティングでは不可
能です。それよりも、シンプルに従業員に参画してもらうことのほうが価値
があります。
　「どうしてそれではだめなのか？」と尋ねたくなるかもしれません。感情
的なことは横に置いて、言う通りに動いてくれる優秀なスタッフが数人いれ

ば、何とかできないのでしょうか？　いいえ、できないのです。そういうものではないのです。

　従業員全員が参画していなかったとしても、前に進めてしまいたいという衝動は理解できますが、少し減速することにもそれなりの利点があります。チェンジ・マネジメントがうまくできていると、従業員はそのプロセスに関わっていると感じ、共通の目標（この場合、新たなパフォーマンス・マネジメント）に向けて一致団結して行動します。従業員がどれくらい関わればよいのでしょうか？　お答えしましょう。効果的なチェンジ・マネジメントによって、組織変革の成功確率は96％へと高まります。[1] さらには、調査によると、卓越したチェンジ・マネジメントに基づいたプロジェクトは、そうでないプロジェクトに比べ、プロジェクト目標を達成する、あるいは上回る可能性が6倍であることがわかっています。[2] 素晴らしいパフォーマンス・マネジメントの仕組みを新しく構築し、それを導入したのに、変革プロセスをしっかりとマネジメントできないということは、高性能の競技用自転車を製作し、その自転車にタイヤがないのと同じです。

　皆さんが変革（新たなパフォーマンス・マネジメントのような大変革）を起こそうと燃えているときに、従業員の中に頑なで、理解しようとせず、さらに悪いことには、抵抗し、まったくコミットしようとしない人々がいた場合、それを受容することは難しいことでしょう。皆さんがそのような状況に置かれたときは、深呼吸して、これまで皆さんが歩んできた長い道のりを考えてみましょう。パフォーマンス・マネジメントの変革の旅路が始まったときのことを思い出してみてください。すべての人が皆さんとともにこれまで旅をしてきたわけではありません。今、皆さんがすべきことは、これまで関わってこなかった人々の目線に立つことです（時には、それがいら立たしいことであっても、です）。そして、時間を掛けて、彼らの共感が高まるように働きかけます。新たなパフォーマンス・マネジメントの導入に組織全体を巻き込むには、従業員は、何が、なぜ起きているかを知り、どのような影響が自分たちにあるのかを理解し、変革導入後に成果を挙げるための十分な準備ができている必要があります。ここは、手間を惜しむところではありません。なぜなら、素晴らしい仕組みというのは、従業員がその目的を理解し、価値を認め、活用するための準備が整い、実際に活用するメリットを感じる

ことではじめて、本当に素晴らしいものになるからです。

説得力のある説明をする

　未来のパフォーマンス・マネジメントの仕組みに対する意味のある支援を
得て、仲間の同意を確実に得るために最も基盤となるのは、変革の必要性に
関する説得力のある説明です。これは、なぜ今新たなパフォーマンス・マネ
ジメントに変革する必要があるのかについて人々に説明し、より良いやり方
を思い描けるように想像力を喚起する、説得力のあるストーリーをつくるこ
とを意図しています。

　変革の妙なところは、それが最善の結果を生み出すためだとわかっている
ときでさえも説得するのは難しいということです。変革が建設的であり、必
要なことであると明確なときでさえ、従業員が変化に抵抗するのはなぜでし
ょうか？　神経科学によると、私たちの脳の働き方にその答えがあるのかも
しれません。変化はストレスを生み出し、そのストレスによって、闘争・逃
走反応を引き起こすホルモンが分泌されます。これは、人は論理的な意思決

定をしているつもりだとしても、言動はかなりの度合いで感情にコントロールされていることを意味します。チップ・ハースとダン・ハース（Chip and Dan Heath）は『スイッチ！（Switch）』という書籍において、この現象を象使いと象という簡単な例示で、科学者ではない私たちにもわかるように説明してくれます。[3] 象使いは私たちの合理的な側面であり、事実に基づき情報を処理していきます。象は感情的な側面です。象使いは指示と分析をしますが、最終的には、象による物事を成し遂げる推進力がなければなりません。変革に関しては、象使いに納得がいくまで説明することができます。しかし、もし、象が別の方向に進むことに決めたら、どちらが勝つのかはかなり明白です。ハース兄弟がいうように、新たな方向に進もうとするならば、象使いと象の両方を説得する必要があります。

　変革の必要性に関する説得力のある説明とは、新たな仕組みによって得られる実際の利益と心理的な利益の両方を伝え、象使いと象の両方に訴えかけるものです。そのためには、未来のビジョンを描き、新たな仕組みの重要なポイントを共有し、実行プランを計画し、想定される結果や利益、コストを簡単に説明する必要があります。皆さんは、それを素晴らしい物語にしつつ、簡潔で、力強く、イメージが湧き、楽しい、とりわけ記憶に残るような話にしたいでしょう。正直なところ、本当に皆の心を確実につかむことはかなり難しいのですが、それは不可能なことでしょうか？　いいえ、そんなことはありません。しかし、しっかり取り組まなければそれを実現することはできません。

　皆さんは、これまでの道のりの最初から、この物語を創り続けています。皆さんの今の使命は、聴衆である従業員の心と頭に訴えかけるために、皆さんがこれまで学んできたことを見直し、新たなパフォーマンス・マネジメントのために思い描いてきたことを見つめ、良いところを拾い上げ、その情報を整理することです。皆さんはキーマンとなる影響力のある人や意思決定者の支援をもうすでに得ているはずですが、この物語は残りの従業員に向けてのものです。皆さんは、この物語を知らない人々の共感を呼び、すでに知っている人々の決意をさらに固めながら、皆が共鳴するような状態をつくる必要があります。

　最も良い方法は、初めにビジネスの側面、つまり伝統的なパフォーマンス・

マネジメントのやり方が、組織にとって実額ベースでどれだけコストがかかっているかを問いかけることかもしれません。まだ、皆さんがそれを行っていないのであれば、伝統的なパフォーマンス・マネジメントで費やした総時間とリソースを正確に算出し、パフォーマンス・マネジメントの変革に取り組まないことによる機会損失のコストを示すとよいでしょう。ほとんどの組織は、少ない便益（利益）を得るために多大なリソースを費やしているということをこれまで直視したことはないでしょう。CEB 社[*]の最近の分析によると、平均的なマネジャーは、パフォーマンス・レビュー（年次評価）の関連業務に年間 200 時間以上も費やしているとのことです。[4] もし、その数字を仮の状況に当てはめてみると、以下のように、伝統的なパフォーマンス・マネジメントが高コストであることが容易に理解できます。

> 年 1 回のパフォーマンス・レビュー（年次評価）の準備と実行に、平均 200 時間を費やす 500 人のマネジャーを含めた 4,000 人の従業員がいます。マネジャーは年間 10 万時間を費やしています。マネジャー以外の従業員は、それぞれパフォーマンス・レビュー（年次評価）の準備と参加のために 20 時間を費やしているので、年間 7 万時間が従業員の時間としてさらに費やされています。それらを合計すると、つまり業務時間として 17 万時間を費やしていることになります。1 時間あたりの賃率を 50 ドルとすると、850 万ドルのコストがかかっています。私たちはこの投資に見合うリターンを得ているのでしょうか？　年間 17 万時間あれば、他にどんなことを成し遂げることができるでしょうか？

あるいは、HR の戦略的な価値を高めるという結論に焦点を絞ると、こんなふうになります。

> 私は、現状のパフォーマンス・マネジメントのプロセスに対して年間どれぐらいの時間を費やしているのか、HR に質問してみました。そうすると、彼らは業務時間の 50％を費やしていると答えました。衝撃的でした。50％ですって？　その理由を尋ねたところ、プロセスが複雑なこ

＊パフォーマンス・マネジメント等に関するリサーチ＆コンサルティングファーム

とが大きな理由で、そのため準備したり、発生する問題に対処したりする時間が増えているとのことでした。また、誰がレビュー（業績の振り返り）を行っていないか、評価がしっかりできていないかなど、ルールを逸脱している人をチェックしているとのことです。最後には、レビュー（業績の振り返り）によって発生する数多くの従業員関連の問題の対応にHRは追われてしまいます。HRがパフォーマンス・マネジメントのプロセスを監督することにすべての時間を投入するとしたら、彼らはどうして戦略的な役割を担うことができるのでしょうか？

いったんビジネスの側面を固めたら、現状のパフォーマンス・マネジメントの感情面に意識を向けます。皆さんが感情面である「象」に語りかけようとするときは、話すよりも、見せることのほうが最善です。チェンジ・マネジメントの父とされるジョン・コッター（John Kotter）によれば、変化の必要性を示そうとする際、実際に見て、触れて、感じることができるような説得力のあるものを見せることが、従業員の参画につながる最善の方法としています。[5] これが、広告においては、私たちの注目を集めるためにイメージやストーリーを活用したり、自動車教習所の教官が10代の生徒にショックを与えるために恐ろしい自動車事故のビデオを見せたりする理由です。

　企画を売り込む際も同じです。象の共感を得るために従業員に見せるものについてよく考えましょう。それは、フォーカスグループへのインタビューで聞かれた声の引用、従業員が現状のパフォーマンス・マネジメントについての考えを語ったビデオクリップ、あるいは、年に一度のレビュー（年次評価）の莫大な量を示す書類の山でもよいかもしれません。また、取り組みの初期に行った、フォーカスグループへの1対1のインタビュー、内外のベンチマークについて考えてみましょう。それからできる限り説得力のある方法で物語を語ります。考慮すべき人間的側面を強調し、皆さんの組織にとって意味のあるバリューや文化の要素と変革の必要性とをつなげていきましょう。

　このメッセージが十分に理解され、「あなたの言う通りだ。私たちはこのパフォーマンス・マネジメントを変える必要がありますね」という声が上がるようになれば、いま考えているありたいパフォーマンス・マネジメントの姿についての話を始めるタイミングです。チップ・ハースとダン・ハースの

『スイッチ！』から別のアイデアを拝借すると、たとえば、美しい旅行先からポストカードで「ここで会いましょう！　素晴らしいところでしょう」と従業員に送っていると考えてみるとよいでしょう。[6] 詳細に入る必要はありません。新しいパフォーマンス・マネジメントが組織にもたらす良い影響を大まかに共有すればよいのです。皆さんのゴールは、未来のビジョンに共感してもらい、いつ何が起こるのかという計画を把握するのに十分な情報を彼らに伝えることです。その際、話す内容は概要にとどめておき、彼らから注目を集め、彼らの想像を刺激するものにすることが大切です。

　それが完成したとき、どのような状態になっているでしょうか？　それは皆さん次第です。美しくデザインされたプレゼンテーションの図かもしれませんし、ショートビデオ一式、ソーシャルメディアによるキャンペーン、あるいは、それらの組み合わせによる展開もあるかもしれません。あらためてですが、正しい答えはありません。皆さんの組織を念頭に置いて、コミュニケーションの手段や方法を設計しましょう。ぜひ創造的になり、誰が聴衆かということを念頭に置き、人々の目線に立ち、ストーリーを語ることで「バーニング・プラットフォーム（前に進むしかないと従業員が実感しているような状態）」をつくるよう努めてください。あなたの情熱とわくわくする気持ちを注ぎ込みましょう。それから演壇に上り、変革の伝道者になりましょう。

変革を計画する

　皆さんは、これまで新たなパフォーマンス・マネジメントの仕組みを設計し、その実行にあたっての現実も把握してきました。しかし、すべては素晴らしい変革の計画なしでは何の意味もありません。真に素晴らしい計画にするためには、変革の大きさや従業員が経験する変化の性質をしっかりと理解することが必要です。また、これらの変化を誰が経験し、どのような影響がもたらされるのかを理解することも必要でしょう。つまり、このプロセスによって、リンゴを積んだ台車がひっくり返って駄目になってしまうように、皆さんの組織の従業員のこれまでのやり方がどれくらい通用しなくなってしまうのでしょうか？　そして、これは、私たちがどれくらいの数のリンゴを失うことを意味しているのでしょうか？

　変革のマネジメント（従業員と話し、参画を促し、よく理解してもらい、期待感を膨らませてもらい、知識を身につけてもらうこと）に専心するためにどれくらい労力が必要になるかは、変革の大きさに直接関係しています。皆さんが望む変革は、比較的実行しやすいでしょうか？　あるいは、既存のアプローチをほとんど壊し、ゼロからつくり直すことが求められるような構造的な転換となり、企業文化の核となっているところにまで影響を及ぼす揺らぎとなるのでしょうか？

　皆さんの組織で実現しようとしている変化のタイプを明確にするためには、変革によるインパクト（影響）、リスク、変革疲れについてよく考えるべきです。この3つのそれぞれについて、話せることはたくさんあります。私のビジネス・パートナーで、ピープルファーム社の共同創設者であり、チェンジ・マネジメントのグルでもあるベス・モンタグ＝シュマルツ（Beth Montag-Schmaltz）なら、書こうと思えば本一冊、あるいは、インパクト（影響）、リスク、変革疲れについてそれぞれ1章ずつは書けると言いそうです。ひょっとすると、そのうちに本を執筆するかもしれませんが、今回はこれらの留意事項について、それぞれ簡潔に触れていきましょう。

主要なインパクト（影響）を明確にする

　自明のことかもしれませんが、あなたがリーダーとして最初に取り組むべきことは、時間を取って、この変革が組織にもたらすインパクト（影響）を明らかにすることです。私たちの業界では、これを「インパクト・アセスメント（インパクト評価）」と呼びます。良いインパクト・アセスメントは「誰がインパクトを受けるのか」を明らかにすることから始めます。経験する変化の性質に基づき、同じような立場で同じような変化を経験する従業員の集団を明らかにして、インパクトを受ける人々を論理的にグループ化します。そのグループは、一般社員、ピープル・マネジャー（現場の人事担当）、HRビジネス・パートナー、経営陣などの集団に分類されるでしょう。「誰」が影響を受けるのかの検討を通じて、設計段階に立ち返り、新たなパフォーマンス・マネジメントの仕組みの内容検討の段階において、各施策に関連する人々として明らかにしたグループについて再考することを念頭に置きしょう。ハイポテンシャル層の従業員向けの特別なプログラムを作成しましたか？　もし、答えが「はい」ならば、ハイポテンシャル層が経験する変化の性質は他者とは異なるものになるため、ハイポテンシャル層は独自のステークホルダーとなるでしょう。

　このプロセスを通して、各グループについての理解が深まるので、変革のプロセスにおいて、それぞれのグループにどのようなサポートを行うのが最良なのかが明らかになるでしょう。インパクト・アセスメントを行った際に、よく見過ごしたり、過小評価したりしてしまうものがあります。その例を以下に示します。

- ● **役割の変化**

　新たなパフォーマンス・マネジメントの導入によって、期待されていることが変化する役割はあるでしょうか？　もし伝統的なパフォーマンス・マネジメントから新たなものへと移行したならば、何らかの役割に対する期待の変化はきっと起きるでしょう。たとえば、HR は監視ゲームから脱却し、その代わり、コンテンツをつくり、ベストプラクティスを把握した上で、それを組織に展開していく役割へと移行していくでしょう。

● マネジャーの期待

以前は、ピープル・マネジャー（現場の人事担当）は、期日通りにレビュー（評価結果）を回収することで、報酬を得ることができたかもしれません。しかし、今、部下をもつマネジャーに期待される成果は、多くの時間を担当チームとともに過ごし、「メンバーのキャリア・ゴールの達成に向けてサポートしている」といわれるようになることです。それは大きな変化です。これらの期待の変化を部下をもつマネジャー以外の人々にも伝えることを忘れないでください。以前は「良い」とされていたものが、今は大きく異なっているということをすべての人が理解しているほうが効果的です。

● スキルギャップ

変化を持続させるために、新たなスキルを高める必要があるということは、疑う余地はないでしょう。多くの場合に共通するマネジャーのスキルとしては、よりいっそう対話に基づいた、従業員主導の人材育成の方法に取り組むことができるスキルです。それが身につくように、マネジャーを再教育する必要があるでしょう。ただし、対人スキルよりもむしろ技術的な専門性によって昇進してきたマネジャーが、こうした人材育成をうまく実行できるとは期待できません。新たなスキルが必要とされるところを判断し、その上で、これらのニーズに十分対応できるように、変革のプランに時間と労力を注ぎましょう。

● 従業員への権限委譲

多くの従業員から「自分自身のキャリアを決める主人になりたい」という声が上がることを期待する一方、現実は、この水準のアカウンタビリティ（責任）をもつことに自信がない人も多いのです。私たちはこのアカウンタビリティ（責任）を親、教師、管理者に一任するよう、これまで育てられてきました。人によっては、フィードバックを求めるということに慣れるのは困難です。これは、より良い状態に向けた変革のはずなのに、かなりの抵抗を受ける可能性もあるという好例です。しかも、それは最も予想外である従業員本人からの抵抗です。

私たちの習性として、「自分を守る所を見つけようとする」というのが
あります。それは、私たちが責任、義務、選択する機会のない安心な所
です。なぜなら、もし私たちが選択すれば、責任を負うことになります
よね。

－セス・ゴーディン、"カゴを探している鳥"

(SETH GODIN, "A BIRD IN SEARCH OF A CAGE")[7]

　皆さんはこれらのインパクト（影響）にどのように対処しますか？　とにか
く従業員と話すことから始めましょう。デザインチームは、新たなパフォー
マンス・マネジメントの仕組みについて最もよく知っているので、彼らと協働
しましょう。それから、マネジャー、ビジネスリーダー、プロセスリーダー、
そして、変革によって影響を受ける人やさまざまなことに洞察を提供してく
れるかもしれない人なら誰にでも、前提の正当性を尋ねて確認しましょう。
また、新たなパフォーマンス・マネジメントの仕組みを本格展開した後も、
計画を修正する心づもりでいましょう。なぜなら、最初に予測できなかった
インパクト（影響）があるかもしれないからです。

リスクを評価する

　次に、どれくらいのリスクを引き受けるのかを明らかにするために、本格
展開の複雑さを予想しましょう。複雑さは、インパクト・アセスメントのと
きに明らかにしたグループの数や、それらのグループを超えて対応しなけれ
ばならない地域的かつ文化的な違いによっても決まります。また、その複雑
さは、新たなテクノロジーとの影響関係かもしれませんし、企業文化の変革
や新たな買収による統合といったより大きな取り組みと、新たなパフォーマ
ンス・マネジメントの仕組みの展開をつなげるという形でも現れるかもしれ
ません。
　リスクを評価するとき、ステークホルダーの一覧の中でどのグループが、
プログラム自体の成功やブランド、カスタマー・エクスペリエンス（顧客体験）
のいずれかにより高いリスクを引き起こす可能性があるかをよく考える必要

もあります。たとえば、どのグループが顧客と直接やりとりする役割なのでしょうか？　カスタマー・エクスペリエンス（顧客体験）に災難が起こるようなリスクを軽減するために、そのグループのマネジメントがよく行き届いた状態であることを確実に実現したいでしょう。また、もし計画に完全に関与していないと、パフォーマンス・マネジメントの展開プロジェクトを壊してしまう可能性のある人々のことも考慮しておきましょう（もし、あなたが所属する HR チームが取り組みを妨害したとするならば、どれだけ大変なことになるでしょう）。こうしたリスクが高いチームや個人に対しては、最大の配慮と対応を行う必要があります。そして、もしインパクト（影響）も大きく、リスクも高いチームがあるならば、それらの人々に対応することが最優先事項です。

変化の飽和状態について考える

　前述した通り、私たちは変化に抵抗する傾向があります。そこで、従業員に一度にあまりにも多くの変化を与えてしまうと、何が起きるでしょうか？望ましくないことがいろいろ起こります。従業員の退職率の増加、プロジェクトが失敗する確率の上昇、生産性の低下、不満の噴出、やる気の喪失、そして、長期欠勤率の増加です。変革の推進者はこれを「変革疲れ」と呼ぶそうです。新たなパフォーマンス・マネジメントを本格展開にするにあたり、これは対処したくないものです。こうした変化の飽和状態を回避する理想的な方法は、いずれかのグループが一度にあまりに多くの変化に見舞われるということがないように、導入のタイミングを調整していくことです。もちろん、今日の変化の速いビジネス環境においては現実的ではないかもしれません。しかし、一度にあまりにも多くの変化が起きることによって過重負担となることを避けるために、他の仕組みの導入を担当しているマネジャーと連携するといった努力を少しでも行うとよいかもしれません。

変革プランをつくる

　今こそ、新たなパフォーマンス・マネジメントを本当に定着させるために、今後行う予定のチェンジ・マネジメントの活動を洗い出し、変革プランをつくるときです。ここでは、新たなパフォーマンス・マネジメントの導入への移行プロセスを助けるために、これから何をするのかを決定します。素晴らしい変革プランとは、誰に対して（前もって明確にしたステークホルダーのグループ）、何を（たとえば、計画されたコミュニケーションや学習イベントなどの変化の推進活動の種類）、いつ行うのか（それぞれのグループにコンテンツを提供し、関わってもらう適切な時期）について検討することです。

🔧 変革プランをつくるためのガイド

　巻末のツールボックスの中に、皆さんが変革プランの策定をするための手順をまとめたファシリテーションガイドがありますので、参考にしてください。

現場の変革推進者を集める

　新たなパフォーマンス・マネジメントの導入の道のりにおいて、この取り組みを支援する変革の支持者のグループをつくるようにしましょう。現場の変革推進者、変革の支持者、変革の支援ネットワークなど、彼らを何と呼ぶかにかかわらず、新たなパフォーマンス・マネジメントへの移行プロセスを成功させる上で、彼らは重大な役割を果たします。グループには、それぞれの主要な領域（所属、地域、個別の団体など）から必ず誰かが代表して参加しているとよいでしょう。この厳選された人々には、なぜ変えようとしているのか、新たなやり方とはどのようなものか、どんなプロセスで変えるのかといったことについて学んでもらいます。彼らの使命は、変化に対する従業員全体の受け入れ態勢を強化し、変革に関する情報やキーメッセージを強調することです。良い現場の変革推進者は、従業員が変化の道のりを進むことを手助けし、正しい方向を示し続けます。彼らは、従業員が新たなやり方でうまくいっていると感じ、長期的にコミットメントし続けてもらえるように、新たなパフォーマンス・マネジメントの導入から導入後にわたって支援を提供します。また、彼らは双方向のパイプ役として、彼らの支持層に情報を共有する手助けをするだけでなく、その後の進捗状況についてのフィードバックや洞察を提供する役割を担ってもらうことができます。

　現場の変革推進者の最も重要な役割は、おそらく人々の熱意を生み出すことでしょう。仲間のチームメンバー（従業員が知っており、信頼を置いている人）が従業員を勇気づけ、参画するように促すことの影響力を過小評価してはいけません。これらの変革の使者は、第一線にいる従業員と強い信頼関係をもっています。そのため、彼らの言葉で「最終的にこの取り組みが素晴らしいものになる」と伝えてもらうほうが、皆さんが美しい言葉で語るよりも、従業員の心に力強く響くでしょう。

抵抗を予期する

　皆さんの新たな考えやアプローチは、きっと抵抗に遭うものと思っておきましょう。実際、もし抵抗がなかったらショックを受けるべきです。抵抗はいろんな理由から、さまざまな形で現れます。どのような変革の取り組みでも、一般的に抵抗の根本には、失うことの恐れ、不確実さ、驚き、変革疲れ、無能であることの恐れ、業務負荷の増加への恐れがあります。[8] 変化のインパクトと、遭遇する可能性のある抵抗の性質を評価する際には、「致命的な欠陥」から離れ、「根本的なシフト」を実現することで、それぞれのステークホルダーのグループにどのような影響を与え、どのような反応を引き起こすのかを判断するとよいでしょう。以下に、対処する必要がある抵抗についての分析を始めるためのいくつかの例を紹介します。

● **失うことの恐れ**

　多くの場合、失うことの恐れを抱きやすい人々として、経営陣、マネジャー、そして、HR チームのメンバーもそうなる可能性があります。彼らは何を失うことを恐れているのでしょうか？　最もよくあるのは、権力やコントロールしている感覚を失うことです。マネジャーは、従業員主導のプロセスへとシフトすることは、組織内における自分たちの権力

を弱めてしまうものと信じているかもしれません。経営陣は、レイティング（評価段階付け）や決まった評価分布をやめることは、結果をコントロールしたり、人事の意思決定をコントロールしたりする力を低下させてしまうものと感じているかもしれません。HR のメンバーは、従業員の属性や所属によって異なる仕組みを導入することに対して、混沌した状況（カオス）を生み出し、経験、質、結果の一貫性をコントロールする自分たちの能力を低下させてしまうものと思っているかもしれません。

　私は、この種の抵抗には真っ向から挑むことをお勧めします。抵抗している理由についてはっきりと示してもらい、関連する人々と徹底的に話し合いましょう。自分の経験やストーリーを共有してくれる人々に話し合いに参加してもらうことで、不安を軽減し、取り組みに賛同してもらいましょう。

● **不確実さ**

これは、従来の仕組みとは大きく異なる仕組みにした場合に、大きなリスクとなる抵抗です。トップダウンによる、マネジャー主導のパフォーマンス・マネジメントでこれまでのキャリアを過ごしてきた従業員は、「根本的なシフト」で示されている考えに懐疑的になる可能性が高いでしょう。しばしば上がる懸念は、「この新たなモデルでは、アカウンタビリティ（成果責任）が果たされなくなるのではないか」というものです。数週間前に、私たちのクライアントの 1 つで、幹部クラスに対してプレゼンテーションを行ったときにも、この懸念が主なものでした。「根本的なシフト」について説明し、例を示した際に、CEO が言った感想は「私たちは感傷的なものは求めていない」でした。

　このような、抵抗が生じる典型的な例は、不確実さが原因となっており、彼が知っていることから離れ、実現しているところを見たことがない考えに取り組むことに抵抗を覚えたからです。このような疑い深い人に出会ったときは、彼らの自信を育むために、研究、データ、実例、ストーリーに頼るのが有益だと思います。パイロット導入を実施することもまた非常に効果的です。個別の環境の中で、どれぐらいうまくいくか

について、従業員に本格展開する前に示すことができます。

● 無能であることの恐れ

変化へ適応する上では、自身の能力に対する不安が、ある種の最大の抵抗を引き起こします。さらに悪いことに、その抵抗は受け身的な形で現れ、認識することがより難しくなります。従業員は、自分たちが頭が悪いと見られること、理解できていないこと、あるいは新たなやり方の中で失敗することにかなりおびえています。仕事における知識やスキルから得たプライドが危険にさらされると、この抵抗は特に起こりやすくなります。一般的なパフォーマンス・マネジメントのモデルから、より本質的で全体的なものへと転換すると、それまでのパフォーマンス・マネジメントの仕組みの設計、トレーニング、プロセスの管理にかなりの時間を注ぎ込んだHRのビジネス・パートナーは、新たなプロセスでうまく従業員を導くことができるか、疑念をもつ可能性があるかもしれません。マネジャーは、キャリアについて議論する準備がまったくできておらず、これまでにない透明性とオープンさに慣れていないと感じるでしょう。無防備であることやリスクを感じている人たちに、自信をもってもらえるように、これらのリスクを早い段階で明らかにし、的を絞った介入策を講じることが大切です。

● 増加する業務負荷の恐れ

従業員とマネジャーは、共にこうした抵抗を経験します。この抵抗は、年1回、あるいは2回の評価レビューを廃止し、継続的な対話を行うことを支持するという考え方によって引き起こされます。また、マネジャーが結果に対してより責任をもつ必要があり、安易にHRの推奨や方針、ガイドラインを頼りにすることができないことを実感することによって、副産物として現れます。このリスクを軽減する最良の方法は、アプローチをできる限りシンプルで、使いやすいものにすることです。その上で、関わる人全員に対して、新たなパフォーマンス・マネジメントに組み込んだプロセス、ツール、システムを効果的に使いこなすためのトレーニングを提供することです。学習曲線を短縮することで、早いう

ちに支援を受け、適応の速度を上げることができます。

　抵抗については、他にもまだまだあります。ここで覚えておきたいことは、これらのすべての反応は当然ですし、変化が起きたときに感じるさまざまな感情を表現しているということです。皆さんの仕事は、できる限りそうした感情を予測し、それに対応する準備を行い、共感的でいることです。そして、人々が新たな仕組を受け入れる（あるいは、好きになる）ことができるように、時間とエネルギーを注ぎましょう。

　もちろん、抵抗が当たり前だからといって、正当なフィードバックを無視してもよいというわけではありません。それは私が言わんとしていることではありません。なぜならば、抵抗を起こす人々の中には、まっとうな理由で、新たなアプローチの中の弱点を見出している人もいるからです。彼らの洞察は、最終的にはより良い結果を生み出すことにつながるでしょう。彼らの声を聴くことができるように、設計プロセスの早い段階で彼らには参画してもらいたいものです。つまり、抵抗に耳を傾けるということです。その上で、その根本を明らかにしてみましょう。それは、もうすぐやってくる変化や個人的に受ける影響に対して抱く一時的な不安でしょうか？　あるいは、プロセスを手助けしたいという気持ちから現れたのでしょうか？　抵抗の中には、取り入れる価値のあるフィードバックを提供するものがある一方、抵抗する人々に単に向き合うしかない場合もあります（こちらが大多数かもしれませんが）。そうした状況の中で、従業員は機械ではないということにあらためて気づかされるでしょう。変革の推進者として、皆さんは、最終的にどのように人々を目的地に連れていくのかを考えなければなりません。そのためには、変革をマネジメントし、変化の道のりを共に歩んでくれるように、象と象使いの両方に働きかけることしかありません。

反対する人々に備える

　ある忙しい金曜日、私は午前中に西海岸のクライアントと会い、オフィスに戻ってからの午後、東海岸のクライアントからの電話に出ました。限られた数時間の間に、両方のクライアントが現行のパフォーマンス・マネジメントについて、まさに同じ言い回しを使っていました。「私たちのパフォーマンス・マネジメントは良い（fine）です」。

　週末、その言い回しが、うっとうしいポップコーンの殻が歯の間に詰まっているかのように私の脳裏から離れませんでした。私はそれぞれのクライアントにとって、この言葉が何を意味しており、「良い（fine）」という当たり障りのない言葉の背景にどんな忌わしい真実が隠れているのか、じっくりと考えてみました。私はその言い回しをこれまでに何度も聞いてきたため、余計に耳障りに聞こえました。

　彼らが、自分たちのパフォーマンス・マネジメントは良い（fine）と話してくれるときに、どんなことを意味しているのか。もしかすると、それは、次のようなことかもしれません。

F

恐怖（Fear）：私たちの組織では、その議題に取り組む勇気がありません。

疲労（Fatigue）：私たちは、これまで何年もパフォーマンス・マネジメントのプロセスのマイナーチェンジをし続けています。何十年もの議論の末、やっと評価尺度に同意しました。なぜ今変更するのでしょうか？

I

想像（Imagination）：私たちは、より良いものがあるということを想像できません。今の仕組みが好きなわけではありませんが、他に何ができるのでしょうか？　私たちが知っているやり方を続けたほうがいいのです。

信じられない（Inconceivable）：レイティング（評価段階付け）なしで、どのようにパフォーマンスを評価するのでしょうか？　一貫したレイティングのプロセスがないということはあり得ません。

N

私の問題ではない（Not my problem）：私たちはきちんとプロセスとツールをつくりました。もしマネジャーが部下とうまく話ができていないとしても、それは私たちの責任ではありません。

提案が受け入れられない（Never fly）：経営陣にどのように売り込めばいいのか、まったくわかりません。

E

他のみんなも、このようにやっている（Everyone else does it this way）：私たちは、実用性が十分に確認されていないものを試して、痛い思いはしたくはありません。

　加えて、「私たちのパフォーマンス・マネジメントは良い（fine）です」という言い回しが表す期待値は低く、私たちがどれだけ従業員のことが見えていないかを示しています。私たちは彼らのためにと思って、良い（fine）という結果にすっかり甘んじているように見えます。しかし、パフォーマンス・マネジメントに投資する意図が、組織の人々が戦略やゴールとつながり、傑出した個人の貢献を認識し、それぞれ個人の能力開発を強化しようとするものならば、良い（fine）状態のままでいいわけではありません。

　伝統的なパフォーマンス・マネジメントを守ろうとする人や、深く根づい

ているプロセスを変えることに恐れを抱いている人と議論するときには、いつも同じ反論を耳にします（私は、そのような議論をたくさん経験してきたことを信じてください）。あまりに何回も同じことを耳にするので、皆さんの組織においても、以下の反対意見に対する回答を準備する価値があるかもしれません。これらの一般的な反対意見を聞いたことがあるのではないでしょうか。

「私の上司はそんなことは受け入れません」

これまで説明してきましたように、「上司」に対して特別に注意を払うことは賢明です。彼らを巻き込み、教育し、共に取り組めるようにしていきましょう。もし上司が伝統的なパフォーマンス・マネジメントに近いマインドセットの人ならば、これが一夜にして起こることはもちろん期待できません。彼らの目線に立ち、計画をつくり、進める速度を調整し、あなたの決心を貫き通しましょう。彼らが本当に気に掛けていることを見つけ出し、説得材料と関連づけましょう。彼らの「象」が乗り気になる必要があるのですが、ほとんどのリーダーは、自身が「象使い」の意向に従っていると思いたいことを理解しておきましょう。

あなたは、「象」と「象使い」の両者の意思決定の側面から、上司に対して如才なく振る舞い、働きかけも創意工夫しなければならないかもしれません。

「私たちはマネジャーを信頼することができません」

これは、経営陣を巻き込むということ以外で、2つ目によく聞く大きな懸念であり、もっともなことです。私たちは、良い、あるいは、どちらかといえば素晴らしいマネジャーにかなり頼った仕組みを実行しようと考えているため、この問題によって急に立ち止まってしまう組織もあります。しかも、簡単な問題ではありません。この問題は、仕組み、役割定義、マネジャーへ

の期待について、多くの疑問を呈するものです。多くの組織は管理が強すぎる一方で、リーダーの導きが弱すぎることで苦しんでいます。こうしたことが起こる理由は、マネジャーは、人を扱う能力やマネジメントのスキルによってではなく、しばしば技術的かつ実用的な専門知識によって昇進するからです。また、工業化社会の遺産（捨て去ることのできない、いにしえから行ってきた技術や仕様など）により、管理者の数や監督者の階層が過多になってしまい、やっとそれらの仕組みを壊そうとしている段階です。結局は、ほとんどの組織で、これまで素晴らしいリーダーを育成することへの投資が不足していました。最近経験したような不況の時期では、なおさら投資が減少します。つまり、こうした傾向の影響を受けて、マネジャーに関する問題が煩雑かつ面倒なものとなり、結局それらは最大の悩みの種となるのです。

　もし、あなたがこの懸念に共感するならば、それをより大きな問題（言い換えれば、あなたがマネジャーを信頼しないという事実）に対処するためのモチベーションとして活用するようにお勧めします。玉ねぎの皮をむくように、１つひとつ見ていきながら、マネジャーに対する懸念の根本にあることを見つけ出しましょう。あまりに多くのマネジャーがいるのでしょうか？　それとも、あまりに多くのレベルがあるのでしょうか？　彼らは適切な人材ではないのでしょうか？　彼らのゴールは組織全体として価値を置いているものとずれていますか？　私はこれらの問題は素早く、容易に解決できるというつもりはありません。実際、これは、まったく別の議題として扱うべきなのかもしれません。しかし、マネジャーの能力を信頼していないということとは、パフォーマンス・マネジメントに及ぼす影響よりも、一層広範囲な影響を及ぼす結果となります。つまり、マネジャーに対する不信は、何があろうと対処する必要があります。そして、もしマネジャーの能力をうまく構築することができれば、あなたが向かおうとするところのどこにでも行けるような強力な組織をつくることができるでしょう。

　もちろん、誰がマネジャーだったとしても、彼らが新たなパフォーマンス・マネジメントにおいて役割を担えるように、準備を整えることに投資する必要があるでしょう。ここまでのストーリー全体を通して、マネジャーたちの巻き込み方について話をしてきました。特に、もしマネジャーが担う役割が本質的に変化していくならば、経営幹部と同じように、マネジャーにも格別

の配慮をする必要があるでしょう。マネジャーがコントロールを手放すことが必要になることもあります。たとえば、従業員に自分のキャリアをマネジメントする主導権を渡したり、数字による指標なしに報奨を決定したりするようになることなど、他に慣れる必要のある役割もあるかもしれません。そして、多くの場合、話をすることから聞くことや支援することへと、彼らの基本的な動き方を変化させていく必要があるでしょう。これらの変化は心地のよいものではないかもしれませんが、問題はありません。あなたは、彼らをまさに変化へと導き、能力を高める支援を行い、後押しするツールを提供し、時々チェックイン（現状の確認）をして、うまくできているのか様子を見る必要があるでしょう。

「それをしないことは、とても違和感があることなのです」

　パフォーマンス・レビュー（業績の振り返りと評価）やレイティング（評価段階付け）をやめようとする際、私たちが直面する課題（チャレンジ）は、私たちの基本的な心理状態です。私たちは、幼少のころから社会に出てからもずっと、行ってきたことのほとんどすべてにおいて、他者と比較され、順番づけされる世界で育てられてきました。私たちが赤ん坊だったころ、私たちの発達は他の赤ん坊とパーセンタイル*で順番づけされてきました。学校に入学すると、私たちの成績は標準化された試験に基づいて測定され、評価されます。私たちはこれらの評価によって承認を得るように、幼少のころから訓練されてきました。そして、私たちの価値は、ある標準値に対する数字や文字の採点によって決まるものという考え方を受け入れるようになります。

　分布曲線による標準化された評価プロセスであるレビュー（評価段階付け）のシステムをやめるという考え方に、私たちが違和感を覚えるのは驚くことではありません。私たちは、自分自身の価値を証明するために、定期的な評価段階付けに期待を寄せながら（あるいは依存しながら）、これまでの人生を生きてきました。だからと言って、その定期的なランキングを本当に必要

---

*計測値を小さい値から大きい値に並べ替え、全体を 100 とした場合、小さいほうから数えて何番目かを示す。全体における位置を表す単位で、30 パーセンタイルは下から 30 番目であることを意味する。

としているというわけではなく、私たちにとって良いものというわけでもないのです。私たちのほとんどは、大学の成績も SAT（米国の大学進学適性試験）の点数のどちらも、将来どんな人間になるか、どれくらいの可能性で成功するかを測定することはできないということに、ずっと昔に気づいていました。そして、正直なところ、パフォーマンス・レイティングシステム（評価段階付け）も然りです。従業員が組織においてどうしたら成長し、成功できるのかについて、本人たちと良い会話を行うことのほうが、意味のないレビュー（評価）を何百回も行うことよりも価値があるのは、間違いありません。

「レイティング（評価段階付け）なしで、どうやって報酬を決定するのでしょうか？」

　同様に、きっと組織の多くの人が「報酬の公平性」という枠組みと格闘していると私は思います。それは、賃金モデルの歴史や報酬設計の標準的なアプローチの影響を受けて、3つの共通のゴールの中で最も厄介な問題です。この変化によって、報酬設計のチームは考え方をシフトすることが求められ、さまざまな形でその影響が出るでしょう。私は、新たなパフォーマンス・マネジメントによって、報酬設計チームが自分たちの報酬戦略の全体を再考するきっかけとなった組織をこれまで見てきました。しかし一方で、報酬設計チームが頑なに自分たちの考えに固執し、取り組み全体が突然中止になってしまう場面にも遭遇してきました。後者の結果を回避する最も良い方法は、報酬設計チームに新たなパフォーマンス・マネジメントを推進する協力者になってもらえるよう働きかけ、設計プロセスの早期の段階から巻き込むことです。

　また、ある番号を機械（あるいはスプレッドシート）に入力すると、自動的に別の数字が出力されるということに魅力を感じてしまうのも事実であり、その誘惑に対処する必要もあります。これによって、意思決定の責任を放棄することができ、実際はグレー以外は決してないはずの領域で、黒と白を判断できたかのように錯覚してしまうのです。私たちが、人間の優れた判断力や独特な視点を報酬決定プロセスに取り入れようとする考えを心地よく

感じられるようになることが、極めて重要なことなのです。

　もし、あなたや報酬設計チームがまったく関わらないとするならば、何が起きるでしょうか？　実は、組織における新たなパフォーマンス・マネジメントを設計する際に、「組織のパフォーマンス向上」と「人の成長」のみを強調し、報酬の公平性を全体像から完全に除外してしまうと何が起こるかを見たことがあります。それは、チェーンが外れた自転車に乗るようなものです。惰性で坂を下ることはできるかもしれませんが、それ以上のことはできないでしょう。「報酬の公平性」は、新たなパフォーマンス・マネジメントを完全なものにするためには必要不可欠な部分であり、従業員はそれが含まれていると期待しているものです。全体像から報酬を除外してはいけないのです。

「法務部門は激怒するでしょう！」

　私たちは、問題行動や問題となるパフォーマンスに関して、これまでの行動が文書で記録されている必要があることを知っています。そして、1年に一度のレビュー（年次評価）がそれに該当すると思っています。しかし、大抵、年次評価は使えません。私がこれまで指摘してきましたように、私たちは従業員をあまりにも寛大に格付けし、厄介な問題になる可能性のある事柄を軽視したり、あるいは、なかったことにしてごまかしてしまったりします。これが、成果が伸び悩んでいる従業員と、良い成果を挙げている従業員の結果が同じように見えてしまう理由です。何が問題かというと、もし法的な問題が発生したり、単に従業員の行動やパフォーマンスに対して何らかの措置を講じる必要が生じたとき、私たちが従業員のこれまでの経緯について本当に知っていることと、そこまで悪くも見えない過去のレビュー（評価）の数々との間に挟まれて、苦境に立たされてしまうことです。これが混乱した状況につながる可能性があります。こうした落とし穴を回避するために、事態が発生したときに文書としてまとめたほうがよいでしょう。そうすると、その問題の情報は、新しく、正確な情報として記録されるでしょう。そして、それらは、法的な記録としても有効なものとなり、全体としても行動を起こしやすい状態ができるでしょう。

「なぜ変革をするのでしょうか？　他の皆もこのようにやっています」

　大多数の組織は、いまだ伝統的なプロセスを使っていますが、形勢は変わりつつあります。今日、評判が良い、未来志向の組織が、新しいやり方で「組織のパフォーマンス向上」「人の成長」「報酬の公平性」に取り組んでいます。実際、これらの先駆者たる組織は、革新的なパフォーマンス・マネジメントの推進によって、かなりポジティブな形で表出しています。そうした世間からの注目が、エンプロイヤー・ブランド（求職者が競合他社と比べて自社をどれぐらいポジティブに捉えているかの評価）に良い影響を与えることは間違いありません。ここで、決断が必要です。皆さんが最前線に立つ準備があるのか、それとも競合が先を行った後に、後手の対応をするかです。もしかしたら、他に対応すべきより大きな課題があるという理由で、待たなければならないかもしれません。あるいは、いつか足をバタバタさせて泣きわめながら、パフォーマンス・マネジメントの新たな世界に引きずり込まれるまで先延ばしするかもしれません。好むと好まざるとにかかわらず、世界は変化しています。そして、伝統なやり方は、最終的には積み重なる研究や進化していく従業員の期待の重みで崩壊するでしょう。先頭に立つのか、後を追うのか、皆さんの選択に委ねられています。

勇気を振り絞る

　あなたは今、新たなパフォーマンス・マネジメントの仕組みを設計し、実行に移したくてうずうずしていることでしょう。ここで、鏡をじっくりと見つめ、決心を強化しましょう。なぜかというと、これまで説明してきたように、伝統的なパフォーマンス・マネジメントのどんな変更も、組織の多くの従業員（ひょっとすると、その一部にはとても地位の高い人々もいるかもしれませんが）が猛烈に抵抗してくるかもしれないからです。あなたのそばに誰かが支援者としてついてくれていたとしても、この取り組みに責任をもたなければなりません。自信をもって部屋に入り、新たなパフォーマンス・マネジメントを精いっぱい売り込まなければなりません。あなたは、異論に答え、経営幹部を導き、鋼のような決意と揺らがない自信をもって反対意見に立ち向かうことになるでしょう。

　良いニュースは、（前章までの私のアドバイスに従ってきたのであれば）あなたにはあなたを支援する活気にあふれたデザインチームがいます。このチームは、一緒に新たなパフォーマンス・マネジメントの仕組みを評価し、設計し、実行プランの策定をしてきました。この人たちがあなたを支援してくれることは、大きな財産となります。しかし、悪いニュースは、彼らが組

織の中でわずかな比率しか占めておらず、あなたには引き続き大仕事が残っているということです。

　率直に言って、この変革を推進していくには勇気と忍耐がいります。さらに、「人生において行う価値がある大抵のことには勇気がいる」という昔のことわざに強く同意します。大人であったとしても、厳しい課題や突然の変化に立ち向かう結果として、たとえばこぶやあざができるような危険を冒すことをためらいます。これが多くのリーダーがつまずき、失敗する原因です。彼らは新しい道筋へと皆を導きたいと思っても、「慣れ親しんで、安全な」という誘惑の声を聞き続けるのです。メリアムウェブスター英英辞典（Merriam-Webster）によれば、「勇気（courage）」は「危険を冒して進み、目的を貫き、危険、恐れ、困難に屈しない精神的もしくは倫理的な強さ（mental or moral strength to venture, persevere, and withstand danger, fear, or difficulty）」と定義されています。[9] 変化は、怖いために困難であり、怖いのは未知のものに対する恐れがあるためです。慣れ親しんだ習慣や日課に対する安心感が、私たちを強く引き戻すことがあります。変化に向けてどれほど自分自身を鼓舞し、新たな地平線に向かって帆を上げ航路を進もうとしても、私たちの心の奥には「そこにはドラゴンがいるのだ！　手遅れになる前に引き返そう！」という声が常に聞こえているのかもしれません。

> リーダーは人々が望む場所へ連れていく。偉大なリーダーは人々が必ずしも望んでいる場所ではなく、行くべき場所へと連れていくのだ
>
> 　－　ロザリン・カーター（ROSALYNN CARTER）[10]

　その声を無視しましょう。はるか向こうにより望ましいやり方があるということに疑いの余地がないことを確信したからこそ、今ここにいるのです。あなたは調査を終え、事実を把握しました。それらを通じて、あなたの組織は、新たなパフォーマンス・マネジメントが心底必要だということがわかりました。あなたの専門知識を信頼しましょう。あなたの胆力も信頼しましょう。あなたのここまでの準備を信頼しましょう。そして、あなたのチームを信頼しましょう。そもそも、この旅路を始めるたくさんの妥当な理由がある

ということを思い出してください。地球は平らではありません。ドラゴンもいません。あなたが定めた航路は正しく、必要なものなのです。さあ、出航しましょう。

ツールボックス

自組織に独自の設計の基本方針をつくる

目的

　デザインチームとともに、新たなパフォーマンス・マネジメントの仕組みの設計に向けて、基本的なゴールとなる「設計の基本方針」をつくります。

現在地

体制を つくる	枠組みを 描く	内容を 検討する	実行プラン を練る	運用する
計画をつくり、参加者を招待し、取り組みを始める	設計の基本方針を合わせる	新たなパフォーマンス・マネジメントの仕組みを設計し、テストし、検証する	新たなパフォーマンス・マネジメントの仕組みの質を高め、その他の仕組みとの影響関係に対処する	変革を計画し、実行し、評価する
■ 経営層を導く ● 今後の道筋を計画する ■ 適切な人を対話に招く	■ スタート地点を知る ■ 自組織の目的地を理解する ■ **自組織に独自の設計の基本方針をつくる** ■ 枠組みを描く 設計の基本方針をクラウドソーシングする	■ 新たなパフォーマンス・マネジメントの内容を検討する ・ブレインストーミングをする ・施策を選択する ・網羅できているかを確認する ・施策の内容を検討する ■ 施策の内容を検証する	■ 実行プランと運用を準備する ・新たなパフォーマンス・マネジメントの仕組みを視覚化する ・影響関係(タレント・マネジメントの仕組み、それ以外のプロセス)に対処する ・ITシステムとテクノロジーの戦略を明確にする ・実行プランをつくる ・変革のプランをつくる ・スケジュールを見直し、更新する ・運用を助けるツールをつくる ・仕組みを持続させるための方法を明確にする	

ヒントやコツ

　以下のプロセスは、デザインチーム全員が、同じ部屋に集まっていること を想定しています。もし、そうでない場合は、昔ながらのペンと紙の替わり に、テクノロジーを創造的に活用することで、同様のプロセスを行うことが できます。

プロセス

1. 部屋にフリップチャートを置き、以下の見出しをつけます
   - 全体
   - 人の成長
   - 報酬の公平性
   - 組織のパフォーマンス向上

図表T–1　PM Reboot（パフォーマンス・マネジメントの再起動）の推進力 となることをフリップチャートの見出しにする

2. 下記の表にあるそれぞれの質問を大きな付箋に書き出します。そして、
付箋をそれぞれ該当するフリップチャートに貼り出します。

図表T-2 設計の基本方針についての質問

全体	・最も重要な結果とは何ですか？ ・成功とは、従業員がパフォーマンス・マネジメントを＿＿＿＿＿＿＿＿＿＿＿＿＿＿＿＿＿＿と評していることを指します ・成功とは、マネジャーがパフォーマンス・マネジメントを＿＿＿＿＿＿＿＿＿＿＿＿＿＿＿と評していることを指します ・チームが経験する最大の変化は＿＿＿＿＿＿＿＿＿＿＿＿＿＿＿＿＿＿＿＿＿です ・これまでと同じままでよいことは何ですか？
人の成長	・パフォーマンス・マネジメントによって、どのような素晴らしいキャリアのきっかけとなるでしょうか？ ・生み出したい、または強化したいエンプロイー・エクスペリエンス（従業員の体験）をどんな言葉で表現しますか？ ・フィードバックを提供したり、受けたりすることを言い表す言葉を3つ挙げるとしたら、どのようなものになるでしょうか？ ・パフォーマンス・マネジメントで解決を手助けしたい人材に関する課題やニーズとして、どんなものがありますか？
報酬の公平性	・新たに提示する報酬の哲学を言い表す言葉を3つ挙げるとしたら、どのようなものになるでしょうか？ ・最も報酬を与えたい行動とは、どのようなものですか？ ・将来、報酬はどのように決定されますか？
組織の パフォーマンス 向上	・パフォーマンス・マネジメントは、どんな戦略的なゴールや必須事項を後押しするでしょうか？ ・パフォーマンス・マネジメントは、個人やチームをビジョン、戦略、業務計画に結びつけるにあたり、どのような役割を担いますか？ ・強化したい、あるいは導入したい文化的な規範のトップ3を挙げてください。（または、消し去りたいものはありますか？）

　全員で、それぞれの質問についての回答を声に出して挙げてもらうのではなく、メンバー一人ひとりが質問の回答を付箋に一件一葉で書き出します。参加者は個々人が望めば、1つの質問に対して複数の回答をすることができます。ただし、それぞれの回答を別の付箋に書き出してもらう必要があります。全員が質問への回答を書き終えたら、記入した付箋を所定のフリップチャートのそれぞれの質問の下に貼り出すように依頼します。

図表T-3　設計の基本方針の質問に対する回答終了後

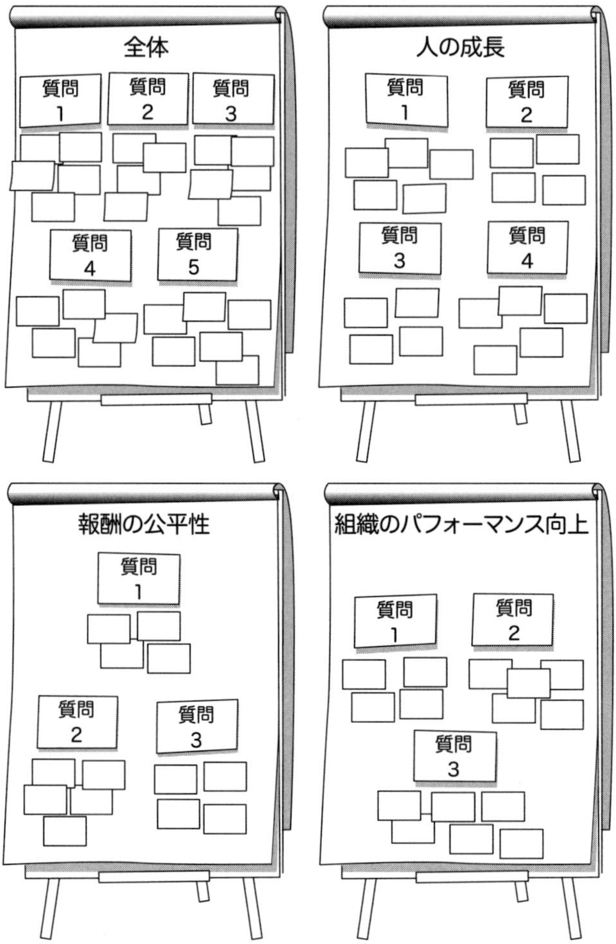

3. 全員が付箋を貼り出したら、4つのフリップチャートごとに小グループに分かれてもらいます。そして、同じような回答を近くに寄せて分類します。それから、つくった類似グループ（クラスター）を表す説明文を書きます。

　たとえば、以下のようなものです。

  • 「全体」のフリップチャートで、次のようなクラスターをつくったと想定してみましょう。

図表T–4　付箋の回答例

従業員は、プロセスが簡単だと考える	従業員が時間を費やした価値があったと言う	マネジャーは掛かる時間が減ったと言う	年に1回、相当な時間をかけるのではなく、時々わずかな時間を掛ける
成功＝シンプル！	成功＝必要最小限なものだけになっている	成功＝すべての"ノイズ"を取り除く	私たちの効率性を重んじた文化を称賛するということは変わらない

- その後に、この回答のクラスターに対して、チームは次のような声明文を書きました。

図表T–5　フリップチャートの声明文例

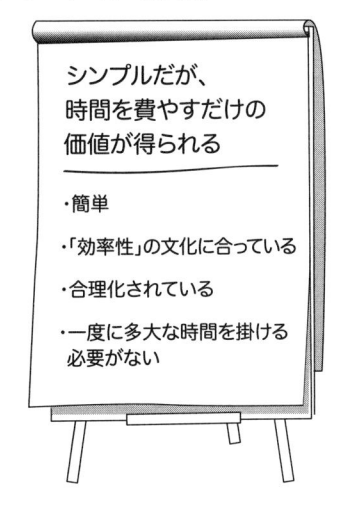

4. 4つのフリップチャートの担当チームがそれぞれ整理・分類を行ったら、それぞれが提案するテーマについて交代で発表します。書記役の人が、新しい紙に声明文の草案を書き出します。これらが設計の基本方針になる可能性のある原案です。

5. 次に、グループ全員で一歩離れて、4で作成した声明文の一覧を見ます。

重複しているところに気づくかもしれません。時間を取って、その重複部分を取り除きましょう。また、可能なところは統合し、意味をはっきりさせるために小見出しをつけるなどの微調整も行います。

6. 一覧表が比較的きれいに整理・分類できたら、今度は優先順位付けを行います。一人が複数の投票を行うというやり方に基づき、デザインチームメンバーそれぞれに丸シールを6枚ずつ配り、望ましい結果を生み出すために最も重要だと感じる設計の基本方針のところに、それらのシールを貼ってもらいます。もし、ある人が3枚のシールを1つの設計の基本方針のところに貼りたいなら、それもOKです。複数枚貼った基本方針が、その人にとって、とても重要であるということを示しています。

7. 投票が終わったら、合計枚数を数え、何も書いていない新たな紙に、投票数の最も多かった設計の基本方針から順番に書き直します。もし7つか8つの設計の基本方針があるなら、どこまでを採用するのか、チームで決める必要があるでしょう。投票数が少なかったいくつかの意見を、投票数が多い設計の基本方針に組み込むこともできるでしょう。あるいは、心に留めておくものの、他の設計の基本方針のほうが自組織にとってより重要だからという理由で、結果的に採用されないものもあるかもしれません。

8. 全体を眺めてみて、いかがでしょうか？　いくつかの質問を自分たち自身に投げかけ、グループメンバーと次のことを確認します。「この設計の基本方針の一覧は、提供したい施策の本質を捉えたものになっていると思いますか？」「誰か知らない人がその一覧表を読んだとき、その人は、私たちが従業員にどのような経験をしてもらいたいと考えているかを理解することができるでしょうか？」「何か重要な点を見落としていないでしょうか？」「チームは大胆に、伝統や従来の考えに挑むことができたでしょうか？」「皆さんは一覧表を見て、わくわくし、次の段階へと進む準備はできていますか？」

図表T−6　設計の基本方針の一覧表例

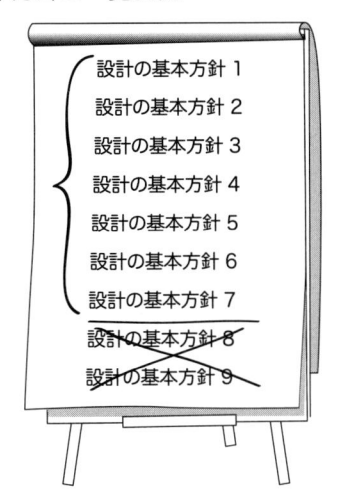

9. この時点で、誰かに、一覧表の内容について優先度の高い順番に入力してもらい、その文書をデザインチームに配ります。一晩、あるいは1日か2日、個々人で設計の基本方針について振り返ります。

10. それからデザインチームでもう一度集まり、一緒に最終確認を行った上で終了します。こうして皆さんの「設計の基本方針」ができました。

設計の基本方針のワークシートとスケッチ

目的

　次の段階では、自組織のパフォーマンス・マネジメントの枠組みを描きます。この枠組みを描くことで、「設計の基本方針」と３つの共通のゴール（組織のパフォーマンス向上、人の成長、報酬の公平性）との関連度が視覚化されたイメージをつくることができます。そして、それぞれの設計の基本方針が、３つの共通のゴールのどれに強く反映しているのかを確認し、３つの共通のゴールとの相互の関連度について議論します。

現在地

				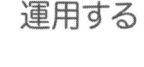
体制を つくる	枠組みを 描く	内容を 検討する	実行プラン を練る	運用する
計画をつくり、参加者を招待し、取り組みを始める	設計の基本方針を合わせる	新たなパフォーマンス・マネジメントの仕組みを設計し、テストし、検証する	新たなパフォーマンス・マネジメントの仕組みの質を高め、その他の仕組みとの影響関係に対処する	変革を計画し、実行し、評価する

■経営層を導く ■今後の道筋を計画する ■適切な人を対話に招く	■スタート地点を知る ■自組織の目的地を理解する ■自組織に独自の設計の基本方針をつくる ■**枠組みを描く** 設計の基本方針をクラウドソーシングする	■新たなパフォーマンス・マネジメントの内容を検討する ・ブレインストーミングをする ・施策を選択する ・網羅できているかを確認する ・施策の内容を検討する ■施策の内容を検証する	■実行プランと運用を準備する ・新たなパフォーマンス・マネジメントの仕組みを視覚化する ・影響関係（タレント・マネジメントの仕組み、それ以外のプロセス）に対処する ・ITシステムとテクノロジーの戦略を明確にする ・実行プランをつくる ・変革のプランをつくる ・スケジュールを見直し、更新する ・運用を助けるツールをつくる ・仕組みを持続させるための方法を明確にする

ヒントやコツ

● 必ず優先度の高い順番に設計の基本方針が並ぶようにしておきます。

● もし設計の基本方針が、3つの共通のゴールのうちのいずれかに強く影響しているものではなく中立的なものの場合は、それぞれのゴールに対し「普通＝2」と評価します。（たとえば、「シンプルにしよう」というのは、これに該当するかもしれません）

● 設計の基本方針が、それぞれのゴールをどの程度踏まえているかを評価するのに、正解も不正解もありません。ここでは、一貫した評価方法を用いることが鍵となります。

● 追加のワークシートやスケッチが、www.thePMReboot.com にあります。

プロセス

設計の基本方針のワークシートを記入する

1. 設計の基本方針を優先度の高い順に最初の欄から記入していきます。（図表T‐7参照）。

2. 列ごとに設計の基本方針が3つの共通のゴールとどの程度関連しているかを評価します。考えやすくするために、一番上のそれぞれの欄に注記をしています。評価の尺度はシンプルに以下のようにします。

   ● 高い＝3
   ● 普通＝2
   ● 低い＝1
   ● まったく当てはまらない＝0

3. セルごとに記入した数字（0から3の皆さんの評価結果）と、セルにすでに設定されている数字を掛けます。計算結果は○□◇の形の中に記入します。

4. 各セルの記入を終えたら、3つの縦の列それぞれを合計します。

設計の基本方針のスケッチを描く

5. 枠組みを描くための設計の基本方針のスケッチ（図表Ｔ－8参照）に移ります。

6. それぞれの縦の列の合計値をスケッチ上の対応した軸に記入します。つまり、図表Ｔ－8にある3つの共通のゴールの軸のそれぞれ（○□◇）に対応する合計値を記入します。

7. 合計値の数字に合わせて軸上に点を描きます（たとえば、人の成長の欄の合計値が35だった場合、「人の成長」の軸上の35の場所に印をつけます）。

8. 枠組みをつくるために、軽く3点を線で結びます。それぞれの線の太さを決定するために、設計にあたり3つの共通のゴールの相互の関連度について考えましょう。関連度に合わせて線を記入します。第6章で説明したように、強いつながりは太い線で、弱いつながりは細い線（あるいは、点線）で描きます。

議論を深める質問

- 皆さんが描いた枠組みは、皆さんの期待している結果を表したものになっていますか？
- 特に強化したいゴールに、適切に重点が置かれていますか？
- もし現状のパフォーマンス・マネジメントのプロセスについて、同じワークシートを完成させたとしたら、どのようなものが描かれるでしょうか？

図表T-7　設計の基本方針のワークシート

	以下に設計の基本方針を優先度の高い順に書きます	〇組織のパフォーマンス向上 ・戦略とゴールの整合性 ・組織文化の強化 ・戦略的コミュニケーション	□人の成長 ・キャリア開発 ・トップ・パフォーマー（優秀な人材）のリテンション ・リーダー/マネジャーの育成	◇報酬の公平性 ・報酬の差別化 ・昇進と昇格 ・報酬全般と承認
①		＿＿＿ × 3＝〇	＿＿＿ × 3＝□	＿＿＿ × 3＝◇
②		＿＿＿ × 3＝〇	＿＿＿ × 3＝□	＿＿＿ × 3＝◇
③		＿＿＿ × 3＝〇	＿＿＿ × 3＝□	＿＿＿ × 3＝◇
④		＿＿＿ × 2＝〇	＿＿＿ × 2＝□	＿＿＿ × 2＝◇
⑤		＿＿＿ × 2＝〇	＿＿＿ × 2＝□	＿＿＿ × 2＝◇
⑥		＿＿＿ × 2＝〇	＿＿＿ × 2＝□	＿＿＿ × 2＝◇
⑦		＿＿＿ × 1＝〇	＿＿＿ × 1＝□	＿＿＿ × 1＝◇
⑧		＿＿＿ × 1＝〇	＿＿＿ × 1＝□	＿＿＿ × 1＝◇
	合計			
高い＝3、普通＝2、低い＝1、まったく当てはまらない＝0				

図表T-8　設計の基本方針のスケッチ

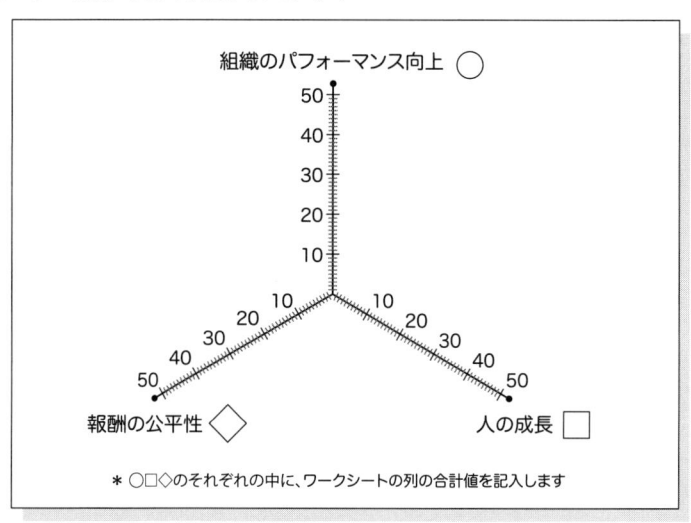

＊ 〇□◇のそれぞれの中に、ワークシートの列の合計値を記入します

PM Reboot（パフォーマンス・マネジメントの再起動）のスケッチ

目的

　ここでは、次のことを行うために、PM Reboot（パフォーマンス・マネジメントの再起動）のスケッチの方法について説明します。

- 現状のパフォーマンス・マネジメントと望ましいパフォーマンス・マネジメントの視覚化されたイメージをつくる。
- この取り組みが何の取り組みなのかを素早く確認する。
- 設計の基本方針について、最初のいくつかの発想を得る。

　私たちは、以下のことを行うために、グループ用の PM Reboot（パフォーマンス・マネジメントの再起動）のスケッチ方法も説明します。

- まず、デザインチームのメンバーそれぞれから意見を出してもらうことで、設計プロセスを開始する。
- より広範囲の人々を話し合いに招く。
- 自組織の多様なチームを超えて、どの設計の基本方針に価値があるのかを理解する。
- 皆さんが招待した人それぞれにとって、3つの共通ゴールの中で、どれが最も重要かを確認する。
- 設計の基本方針の優先度について目線を合わせることをゴールとして、データや視覚化されたイメージからの洞察を活用しながら、設計に関する会話を行う。

現在地

 体制を つくる	 枠組みを 描く	 内容を 検討する	 実行プラン を練る	 運用する
計画をつくり、参加者を招待し、取り組みを始める	設計の基本方針を合わせる	新たなパフォーマンス・マネジメントの仕組みを設計し、テストし、検証する	新たなパフォーマンス・マネジメントの仕組みの質を高め、その他の仕組みとの影響関係に対処する	変革を計画し、実行し、評価する
▪経営層を導く ▪今後の道筋を計画する ▪適切な人を対話に招く	▪スタート地点を知る ▪自組織の目的地を理解する ▪自組織に独自の設計の基本方針をつくる ▪枠組みを描く 設計の基本方針をクラウドソーシングする	▪新たなパフォーマンス・マネジメントの内容を検討する ・ブレインストーミングをする ・施策を選択する ・網羅できているかを確認する ・施策の内容を検討する ▪施策の内容を検証する	▪実行プランと運用を準備する ・新たなパフォーマンス・マネジメントの仕組みを視覚化する ・影響関係(タレント・マネジメントの仕組み、それ以外のプロセス)に対処する ・ITシステムとテクノロジーの戦略を明確にする ・実行プランをつくる ・変革のプランをつくる ・スケジュールを見直し、更新する ・運用を助けるツールをつくる ・仕組みを持続させるための方法を明確にする	

ヒントやコツ

- HR リーダーは、経営陣との会話を始めるためにグループ用のスケッチを高い頻度で使用します。
- 人々に考え、話してもらうための良い方法です。

プロセス

あなた自身のスケッチを描くために

1. 「PM Reboot (パフォーマンス・マネジメントの再起動) のスケッチブック」は、**www.thePMReboot.com** でアクセスすることができます。以下

の手順でツールを活用することができます。

2. それぞれの質問ごとに、現状のパフォーマンス・マネジメントの実践について最も表している評価点を選びます。評価点は、次のシンプルな評価尺度を用いています。

0＝まったく実践していない

1＝時々実践している人もいる

2＝確実に実践しており、私たちのやり方そのものとなっている

実践にあたってのスタート地点を素早く見つけるために、現状を評価する幅広い質問の中から12の設問を選択しています。

PM Reboot（パフォーマンス・マネジメントの再起動）のスケッチでは、「あらかじめ準備された」設計の基本方針の一覧表から選ぶ仕組みになっています。皆さんがやるべきことは、単にその中（訳者加筆：パフォーマンス・マネジメントの未来に関するビジョンを表す設計の基本方針のリスト）から上位6個を選ぶことです。（そのため、私たちはパフォーマンス・マネジメントをReboot（再起動）している組織が、一般的によく使っている19個の設計の基本方針をつくりました。これらは、皆さんの設計の基本方針の一貫性を確認する上で、間違いなく役に立つとは思いますが、皆さんがつくった設計の基本方針ではないので、皆さんの組織にカスタマイズされたものではありません。皆さん自身の設計の基本方針を使うことが常に最良です！）

3. 「作成する(Generate)」を押します。皆さんの選択に基づき、パフォーマンス・マネジメントの現状と望ましい状態の枠組みが作成されます。

有料のオンラインツールを活用し、グループでスケッチを描く

1. もし、皆さんがより多くの人と一緒に検討したいならば、PM Reboot（パフォーマンス・マネジメントの再起動）のスケッチブックの「複数ユーザー用」に更新しましょう。参加してもらいたい人々を招き、一斉

に取り組みましょう。

2. PM Reboot（パフォーマンス・マネジメントの再起動）のスケッチブックでは、皆さんが指定したグループ宛に自動の招待メールが送られます。皆がそれぞれの枠組みを描き終えたら、その結果を閲覧したり、要約レポートを作成したりすることができます。

3. 一人ひとりのパフォーマンス・マネジメントの枠組みや構造を見ることで、設計の基本方針や重要と考えている3つの共通のゴールに対して、どれだけ足並みがそろっているのかの洞察を得ることができます。

議論を深める質問

- このグループは、どの程度足並みがそろっていますか？　それによって、設計に関する話し合いを始めるための確固たる土台が出来上がっているでしょうか？
- 3つの共通ゴールのうち最も重要だと考えているものについて、このグループの見解は一致していますか？
- スタート地点については合意していますか？　もし、合意してないとしたら、なぜですか？
- グループの足並みをそろえるために、自組織に独自の設計の基本方針を書くとしたら、どのように書きますか？

設計の基本方針をクラウドソーシングする

目的

　実例を示しながら、設計の基本方針をクラウドソーシングすることの価値を説明します。

現在地

体制を つくる	枠組みを 描く	内容を 検討する	実行プラン を練る	運用する
計画をつくり、参加者を招待し、取り組みを始める	設計の基本方針を合わせる	新たなパフォーマンス・マネジメントの仕組みを設計し、テストし、検証する	新たなパフォーマンス・マネジメントの仕組みの質を高め、その他の仕組みとの影響関係に対処する	変革を計画し、実行し、評価する

■経営層を導く ■今後の道筋を計画する ■適切な人を対話に招く	■スタート地点を知る ■自組織の目的地を理解する ■自組織に独自の設計の基本方針をつくる ■枠組みを描く **設計の基本方針をクラウドソーシングする**	■新たなパフォーマンス・マネジメントの内容を検討する ・ブレインストーミングをする ・施策を選択する ・網羅できているかを確認する ・施策の内容を検討する ■施策の内容を検証する	■実行プランと運用を準備する ・新たなパフォーマンス・マネジメントの仕組みを視覚化する ・影響関係（タレント・マネジメントの仕組み、それ以外のプロセス）に対処する ・ITシステムとテクノロジーの戦略を明確にする ・実行プランをつくる ・変革のプランをつくる ・スケジュールを見直し、更新する ・運用を助けるツールをつくる ・仕組みを持続させるための方法を明確にする

ストーリー

　ピープルファーム社では、7名で構成されたチームで、www.thePM Reboot.com にある PM Reboot（パフォーマンス・マネジメントの再起動）のスケッチブックのクラウド版を行いました。設計の基本方針として彼らが選

択した結果は、図表Ｔ－９に示されています。縦列は、話し合いの参加者の選択内容を表しています。全体を一覧すると、どの基本方針について参加者の見解がそろっていて、どれがそろっていないかがわかります。興味深いことに、この例では、ほとんどすべての人が選択した設計の基本方針が１個だけあります。つまり、グループ全体でしっかりと考えが一致しているのは１個だけであることを意味します。ほんの１個だけです！ 誰も選択していない設計の基本方針は３個ありました。たった１票のものは５個ありました。つまり、何が重要でないかについては、ある程度見解がそろっていることを示しています。しかし、残りの10個の設計の基本方針については、７票のうち、たった２～４票しか得ていないことが示されています。それは、見解がそろっているとはいえません。まだやるべきことがありそうです！

図表Ｔ－９　「集合体」チームの例

設計の基本方針の候補	合計	ドク（先生）	グランピー（おこりんぼ）	ハッピー（ごきげん）	スリーピー（ねぼすけ）	バッシュフル（てれすけ）	スニージー（くしゃみ）	ドーピー（おとぼけ）	一致度
基本方針M	6	■	■	■	■	■	■		
基本方針J	4		■	■			■		
基本方針G	4				■	■		■	
基本方針D	4	■			■			■	
基本方針I	3				■				
基本方針F	3	■							
基本方針C	3			■					
基本方針E	3					■	■		
基本方針B	3					■			
基本方針A	2	■		■					
基本方針R	2					■			
基本方針O	1								
基本方針L	1								
基本方針Q	1			■					
基本方針N	1	■							
基本方針K	1							■	
基本方針H	0								
基本方針S	0								
基本方針P	0								

まず、チームメンバーはお互いの設計に関する考えの傾向を知り、次はそれぞれがパフォーマンス・マネジメントの枠組みをスケッチとして描きました。それを使って、もう一歩踏み込んだ見解の一致度について評価を行いました。「1枚の絵は1000語に匹敵する」ということわざのように、これらのスケッチによって、7人のメンバーそれぞれが3つの共通のゴール（組織のパフォーマンス向上、人の成長、報酬の公平性）に対して、どれぐらい関心が向いているかが視覚的にわかります。このように設計の優先順位をスケッチとして表すことで、パフォーマンス・マネジメントの枠組みについての個々人の類似点や相違点を比較することができます。

　こうすると、メンバーがそれぞれの基本方針を選択した理由について、理解がより深まります。数人が異なる設計の基本方針を選択すると、一見、見解が一致していないように見える可能性があります。しかし、枠組みをスケッチとして描くと、彼ら全員が実は同じ項目を支持していることに気づくことがあります（たとえば、「報酬の公平性」にもっと重点を置きたいといったように）。すると、グループが、最初に思っていた以上に連携が取れているということをこのときに学ぶことができます。つまり、このようにもう一歩だけ踏み込むことで、他の人の観点について気づくきっかけとなると同時に、視覚化されたスケッチに基づいて議論したり、すり合わせたりしやすくなります。

　このグループの7人のメンバーの回答を統合して、全員の分をまとめたスケッチをつくると、図表T-10のように「組織のパフォーマンス向上」と「人の成長」により関心が向いているものになりました（これらのゴールの数値軸の先のほうまでグラフが伸びていることでわかります）。次に、メンバー2人の個別の回答を見てみましょう（図表T-11参照）。違いを確認しましょう！　ドクは報酬の公平性に重点を置いています。一方、ハッピーは人の成長に強い関心が向いています。個人の枠組みを調べることで、それぞれのメンバーが、将来の新たなパフォーマンス・マネジメントの仕組みの中で、重点を置きたい方向についてより多くの洞察が得られます。この場合、パフォーマンス・マネジメントの本質的な設計の詳細に足を踏み入れる前に、ドクとハッピーには話し合うべきことがあるという結論に至るかもしれません。

図表T–10　設計の基本方針のスケッチ

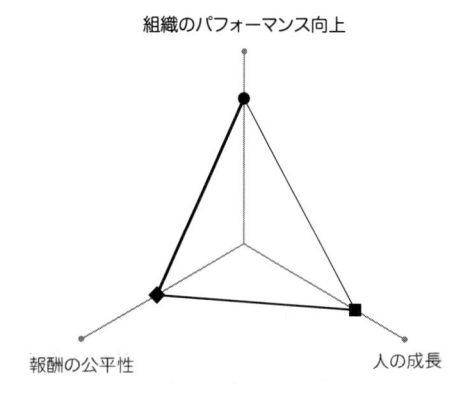

図表T–11　チームメンバーの枠組みの例

<u>ドク</u>　　　　　　　　　　　　<u>ハッピー</u>

「報酬の公平性」に重点を置いています。　　「人の成長」に重点を置いています。

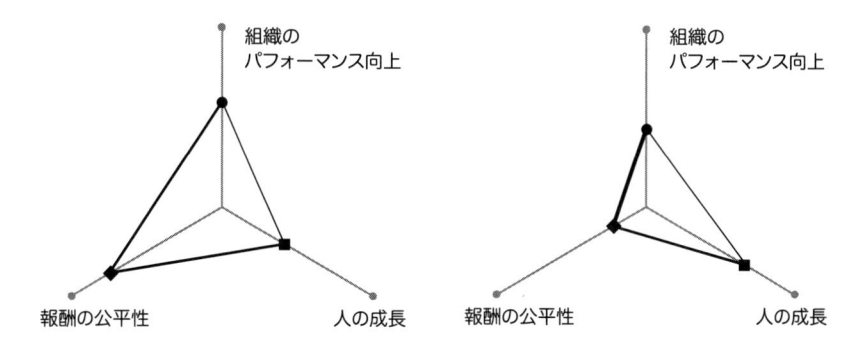

　私たちが提供している簡単なオンラインのスケッチブックによって、どんな規模のチームであっても、妥協や譲歩が必要な点を明らかにすることができます。また、たった数分間だけで、人々の考えや好みについて知るための視点を手に入れることができます。少なくとも、人々に考え、話してもらうきっかけにはなります。

内容の検討に向けたチェックリスト

目的

　このチェックリストは、施策の内容を検討する段階において、どんな選択肢があるのかをじっくりと検討することを支援します。次のような用途でお使いください。

- 選択したパフォーマンス・マネジメントの施策を確認する
- まだ検討していなかった他のアイデアを探索する

現在地

体制を つくる	枠組みを 描く	内容を 検討する	実行プラン を練る	運用する
計画をつくり、参加者を招待し、取り組みを始める	設計の基本方針を合わせる	**新たなパフォーマンス・マネジメントの仕組みを設計し、テストし、検証する**	新たなパフォーマンス・マネジメントの仕組みの質を高め、その他の仕組みとの影響関係に対処する	変革を計画し、実行し、評価する

■経営層を導く ■今後の道筋を計画する ■適切な人を対話に招く	■スタート地点を知る ■自組織の目的地を理解する ■自組織に独自の設計の基本方針をつくる ■枠組みを描く 　設計の基本方針をクラウドソーシングする	■ **新たなパフォーマンス・マネジメントの内容を検討する** ・ブレインストーミングをする ・施策を選択する ・ **網羅できているかを確認する** ・施策の内容を検討する ■施策の内容を検証する	■実行プランと運用を準備する ・新たなパフォーマンス・マネジメントの仕組みを視覚化する ・影響関係（タレント・マネジメントの仕組み、それ以外のプロセス）に対処する ・ITシステムとテクノロジーの戦略を明確にする ・実行プランをつくる ・変革のプランをつくる ・スケジュールを見直し、更新する ・運用を助けるツールをつくる ・仕組みを持続させるための方法を明確にする

ヒントとコツ

- それぞれのカテゴリーについて、複数のパフォーマンス・マネジメントの施策を選んでも大丈夫です。
- 従業員の属性や所属の違いに合わせて、アプローチを変えて対応することを検討してみてもよいでしょう。
- 現状のパフォーマンス・マネジメントのプログラムを構成している施策を確認します。それらの施策を残すのか、修正するのか、撤廃するのかを明確にします。
- 自分たちが選んだ施策が、十分に大胆なものになっているかを検討する時間を取ります。

プロセス

　チームで、それぞれのカテゴリーを1つひとつ検討していきます。選択した施策について議論し、抜け落ちている施策がないかも確認しましょう。また、最初に選択したパフォーマンス・マネジメントの施策以上に効果的と思われる施策がないかを検討しましょう。次の図は、単なるヒントとして捉えてください。最終的に、新たなパフォーマンス・マネジメントの仕組みを構成する施策が何かについて、チーム内で議論を促進するツールとして活用しましょう。(図表T−12参照)

図表T−12　内容の検討に向けたチェックリスト

施策のカテゴリー	パフォーマンス・マネジメントの施策
ゴール設定と人々の連携	・カスケード式のゴール設定 (ゴールを引き継がせる、もしくは自由に選択できるようにする) ・ゴールの共有 (マネジャーあるいはチームごとに) ・個人のターゲット設定 ・プロジェクトやイベントのゴール設定 ・コミットメントの設定 ・能力開発ゴールの設定

施策のカテゴリー	パフォーマンス・マネジメントの施策
フィードバックとパフォーマンス向上への洞察	・自己評価 ・マネジャーや管理者による評価 ・同僚同士、もしくはチームでのフィードバック ・インフォーマルに、随時フィードバックを行う
コーチングとメンタリング	・マネジャーあるいは管理者がコーチになる ・フォーマルなメンタリング ・外部のコーチ ・同僚同士、もしくはチームでのフィードバック ・インフォーマルに、随時フィードバックを行う
キャリアと育成の計画	・フィードバックのプロセスを伴った総合的なキャリア開発の機会提供 ・個別の能力開発プランやプログラムの機会提供 ・会社のゴールと整合性を取る ・個人のキャリアの希望（将来の役割）と整合性を取る ・コンピテンシーモデル／行動と整合性を取る
タレント・レビューと人材に関する洞察	・なし ・人事が監査を行い、評価結果のバイアスを検証 ・関連するパフォーマンスを評価するためのタレント・レビューの実施 ・特筆すべきパフォーマンスを特定するためのタレント・レビューの実施 ・サクセッション・プランニング（後継者育成計画）や要員配置の検討に向けたタレント・レビューの実施 ・リテンション（人材の保持）の状況とパフォーマンスのリスクを評価するためのタレント・レビューの実施 ・報酬戦略や報酬の意思決定に関する検討材料を得るためのタレント・レビューの実施
報酬全般	・能力に応じた基本給 ・役割に応じた基本給 ・給与バンドを広く設定 ・給与バンドを狭く設定、または役割に応じて管理 ・昇給（メリット・インクリース） ・ボーナス・プログラム ・レコグニション（承認）プログラム

内容の検討のワークシートとスケッチ

目的

新たなパフォーマンス・マネジメントの仕組みの内容を検証するために、以下の取り組みを実施して、パフォーマンス・マネジメントの枠組みを描き直します。

- 選択した施策と3つの共通のゴールとの関連を表すビジュアルを作成する。
- 選んだ施策が、実現したい構造や重点を置きたい領域に忠実であるかを検証する。
- 3つの共通のゴールの相互のつながりを探求する。
- 次のステップに進む前に、デザインチームに、新たなパフォーマンス・マネジメントの内容を検証してもらう。

現在地

体制をつくる	枠組みを描く	内容を検討する	実行プランを練る	運用する
計画をつくり、参加者を招待し、取り組みを始める	設計の基本方針を合わせる	新たなパフォーマンス・マネジメントの仕組みを設計し、テストし、検証する	新たなパフォーマンス・マネジメントの仕組みの質を高め、その他の仕組みとの影響関係に対処する	変革を計画し、実行し、評価する
■経営層を導く ■今後の道筋を計画する ■適切な人を対話に招く	■スタート地点を知る ■自組織の目的地を理解する ■自組織に独自の設計の基本方針をつくる ■枠組みを描く 設計の基本方針をクラウドソーシングする	■新たなパフォーマンス・マネジメントの内容を検討する ・ブレインストーミングをする ・施策を選択する ・網羅できているかを確認する ・施策の内容を検討する ■施策の内容を検証する	■実行プランと運用を準備する ・新たなパフォーマンス・マネジメントの仕組みを視覚化する ・影響関係(タレント・マネジメントの仕組み、それ以外のプロセス)に対処する ・ITシステムとテクノロジーの戦略を明確にする ・実行プランをつくる ・変革のプランをつくる ・スケジュールを見直し、更新する ・運用を助けるツールをつくる ・仕組みを持続させるための方法を明確にする	

ヒントとコツ

- 設計の基本方針が、それぞれのゴールをどの程度踏まえているかを評価するのに、正解も不正解もありません。一貫した評価方法を用いることが鍵となります。

内容検討のワークシートの作成ステップ

1. 選択したパフォーマンス・マネジメントの施策を6つの施策のカテゴリーに書き出すことで、新たなパフォーマンス・マネジメントの仕組みを要約します。(図表 T−13 参照)
2. カテゴリー(行)ごとに、その仕組みが共通のゴールの実現に、どの程度貢献しているかを評価します。以下のようにスコアをつけてください。
   - 高 = 3
   - 中 = 2
   - 低 = 1
   - まったく貢献していない = 0
3. 表を埋めたら、縦列の数値を足し合わせます。

内容検討のスケッチの作成ステップ

4. 内容の検討のスケッチ (図表 T−14 参照) を使って、内容検討の枠組みをスケッチします。
5. 設計の基本方針をスケッチしたときと同じように、各列の合計値をスケッチ上の同じ図形 (○□◇) の中に記入します。つまり、3つのゴールの各軸に対応する数字を書き込みます。
6. 合計値の数字に合わせて軸上に点を描きます。
7. 3つのゴールの関連性の強さに合わせて、3点を結ぶ線を引きます。繰り返しになりますが、強いつながりがある場合は太い線を引きます。そして、弱いつながりの場合は細い線 (もしくは点線) を描きます。

議論を深める質問

- それぞれの枠組みを比べてみるといかがでしょうか？
- もともと意図している実現したい状態に合っていますか？
- 検討した施策は十分なレベルに達していますか？　従業員とマネジャーが望ましい経験を生み出せるような、大胆な施策を選択できていますか？
- 新たなパフォーマンス・マネジメントの仕組に満足していますか？

図表T-13　内容検討のワークシート

各カテゴリーのパフォーマンス・マネジメントの施策の要約	〇組織のパフォーマンス向上 ・戦略とゴールへの人々の連携 ・組織文化の強化 ・戦略的コミュニケーション	□人の成長 ・キャリア開発 ・トップ・パフォーマー（優秀な人材）のリテンション ・リーダー/マネジャーの育成	◇報酬の公平性 ・報酬の差別化 ・昇進と昇格 ・報酬全般と承認
① ゴール設定と人々の連携			
② フィードバックとパフォーマンス向上への洞察			
③ コーチングとメンタリング			
④ キャリアと育成の計画			
⑤ タレント・レビューと人材に関する洞察			
⑥ 報酬全般			
総合	〇 _____	□ _____	◇ _____

高＝3、中＝2、低＝1、まったく貢献していない＝0

図表T–14　内容検討のスケッチ

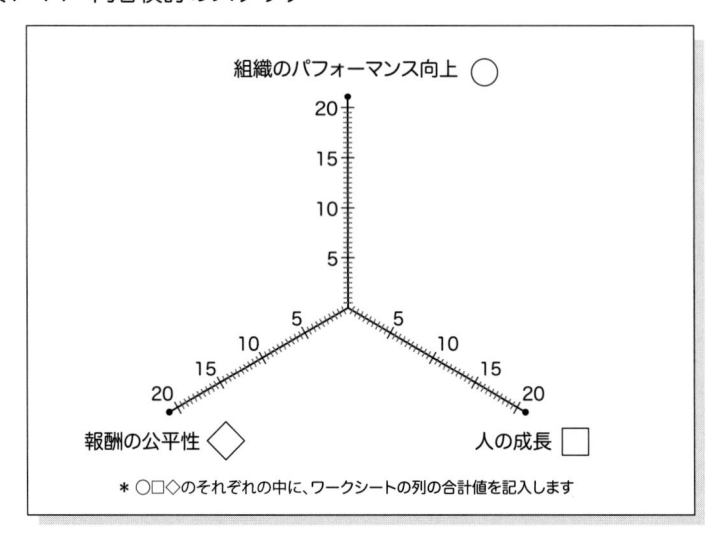

* ○□◇のそれぞれの中に、ワークシートの列の合計値を記入します

変革プランの策定ガイド

目的

　チェンジ・マネジメントの取り組みを推進するための包括的な変革プランを策定します。新たなパフォーマンス・マネジメントによって、影響を受けるすべての人の意識を高め、理解を促進し、賛同を得る方法を計画しましょう。素晴らしい変革プランにするために、以下の質問に基づき考えてみましょう。

- 誰がこの変革によって影響を受けますか？　ステークホルダーのグループにはどのようなものがありますか？
- ステークホルダーのグループのそれぞれが経験する変化の性質には、どのようなものがありますか？
- いつ、それぞれのステークホルダーを巻き込みますか？　また、彼らは、どのタイミングで、チェンジ・カーブ（変化曲線）のどの地点にいるとよいでしょうか？
- それぞれのステークホルダーに、どれぐらいの支援や情報が必要ですか？

現在地

体制を つくる
計画をつくり、参加者を招待し、取り組みを始める

枠組みを 描く
設計の基本方針を合わせる

内容を 検討する
新たなパフォーマンス・マネジメントの仕組みを設計し、テストし、検証する

実行プラン を練る
新たなパフォーマンス・マネジメントの仕組みの質を高め、その他の仕組みとの影響関係に対処する

運用する
変革を計画し、実行し、評価する

■経営層を導く ■今後の道筋を計画する ■適切な人を対話に招く	■スタート地点を知る ■自組織の目的地を理解する ■自組織に独自の設計の基本方針をつくる ■枠組みを描く 設計の基本方針をクラウドソーシングする	■新たなパフォーマンス・マネジメントの内容を検討する ・ブレインストーミングをする ・施策を選択する ・網羅できているかを確認する ・施策の内容を検討する ■施策の内容を検証する	■実行プランと運用を準備する ・新たなパフォーマンス・マネジメントの仕組みを視覚化する ・影響関係(タレント・マネジメントの仕組み、それ以外のプロセス)に対処する ・ITシステムとテクノロジーの戦略を明確にする ・実行プランをつくる ・**変革のプランをつくる** ・スケジュールを見直し、更新する ・運用を助けるツールをつくる ・仕組みを持続させるための方法を明確にする

ヒントやコツ

1. 変革プランを策定しているときは、そのプランを人々に共有する必要があることを忘れないでください。一般的に変革プランはかなり複雑なものですが、人々は巨大なエクセルのスプレッドシートを見るのを最も嫌がります。それよりはむしろ、主要なステークホルダーがチェンジ・カーブ（変化曲線）をどのようにたどっていくのかをビジュアル化して示すほうがよいでしょう。一方、たとえ大きなシートであったとしても、共有のためには1枚で収まるシートを作成しましょう。プランを素早く、容易に理解できるものにすることが目的です。

2. いろいろなことが起きたり、変わったりするので、プランの内容を常に更新し、必要に応じて修正します。

変革プランを作成する流れ（ステップ）

1. 大きな用紙を1枚用意します。たとえば、フリップチャートや模造紙（ブッチャー・ペーパー）などです。

2. 検討を通じて明らかになったステークホルダーのグループをそれぞれ付箋に書き出し、用紙の左側に縦に並べて貼り出します（それぞれのグループへの影響の度合いを付箋に書き込むのもお勧めです。むしろ、影響度の順番にステークホルダーを並べるとよいかもしれません）。

3. 用紙の上段には、新たなパフォーマンス・マネジメントが立ち上がるまでの月次と週次のスケジュールを作成します。そして、スケジュールには、CEO の基本方針説明、来年の戦略作成の時期、特に気を付けておきたい今後の繁忙期などの重要なマイルストーンを記入します。

4. 今度は、ステークホルダーそれぞれのチェンジ・カーブについて、じっくりと考えます（www.thepmreboot.com/toolbox にチェンジ・カーブに関するより詳細な情報があります）。つまり、作成したスケジュールのそれぞれのタイミングで、彼らがチェンジ・カーブのどの地点にいる必要があるかを考えます。皆が必ずしも同じときに同じ状態である必要はありません。もしかすると、経営陣と HR ビジネス・パートナーといった2つのグループは、（残りの組織へ展開する前に、それらのグループを味方につけておきたいため）他のグループよりも先行してチェンジ・カーブの先に進んでいるとよいかもしれません。パフォーマンス・マネジメントをどのように演出し、どの領域に最も重点を置くべきか、設計チームとともに検討しましょう。

5. 次に、それぞれのステークホルダーをチェンジ・カーブの先へと導くためにどうするかについて、アイデアを付加していきましょう。もしかすると、決定的に重要なステークホルダーに対しては、外部からスピーカーを招いてキックオフを行うとよいかもしれません。あるいは、徐々にわ

くわく感や機運が高まるように、キャンペーン戦略を検討するのもよい
かもしれません。途中段階では、従業員にプロセスとツールを一通り説
明し、質疑応答を行い、楽しく、ポジティブな環境に参加できるよう、
オープンハウス（オープンな場で対話できる機会）を実施することも考
えてみましょう。また、レディネス（受け入れ態勢）が高まるように、
十分熟慮しましょう。レディネス（受け入れ態勢）は、たとえば、マネ
ジャー研修や仕組みの一部を試行してみることで高めることができる
かもしれません（試行した場合は、より良く、より簡単なやり方につい
ての洞察も得られるかもしれません）。アイデアはいくらでもあるでし
ょう。策定にあたってのコツは、誰に対してどんな情報を共有する必要
があるのか、時間やお金の制約がある中で、どれぐらいの準備をする必
要があるのかを理解することです。この手順を終えると、良い変革プラン
のバージョン1が出来上がっていることでしょう。

6. いったんこのプランができると、詳細をつくり始めることができます。
私は変革プランの活動それぞれの範囲、時期、対象、成果物、成功の基
準、可能であれば、効果測定について記述した、かなり詳細なプロジェ
クト概要をつくるのが好きです。

終わりに

　前書きでデイブ・ウルリッチが述べているように、この本は、あなたが抱えるパフォーマンス・マネジメントの頭痛を即座に癒すことを約束してくれるような、魔法の薬ではありません。しかし、私はそれ以上に価値あるものを提供してきたつもりです。取り組みのすべてのプロセスで、計り知れないほどの副次的な効果があることを実感できたのではないでしょうか。デザインチームおよび自組織とともに、このプロセスを一度歩んでみると、想像以上にあなた自身が強くなり、能力を高めることができるでしょう。また、自己や自組織、そして自社の戦略への理解も深められると思います。さらに、自社の戦略がいかにパフォーマンス・マネジメント（すでにパフォーマンス・マネジメントとは呼ばれていないかもしれませんが！）で具現化されているか、またされるべきかに関する知識を高めることもできるでしょう。そしてもちろん、皆さんの組織に合うように思慮深く設計され、実装された、まさにカスタマイズされた新たなパフォーマンス・マネジメントの施策を実行できるでしょう。しかし、それがすべてではありません。あなたが築いたパフォーマンス・マネジメントの仕組みなので、当初のものから修正し、適応し、編集するスキルをもっているはずです。つまり、あなたは自組織がどこへ向かおうと、また世界がどう変化しようと、パフォーマンス・マネジメントを意味あるものに維持し続けることができるのです。

　お気づきになられたかもしれませんが、本書で繰り返し登場する大事なテーマは、このプロセスが「もの」に関するものではないということです。コンピュータのソフトウェアやサーベイ（調査）、レビュー（評価）のフォーム（様式）やプロセスの計画といったものではありません。すべてにおいてキーとなるのは、ものではなく「人」です。彼らに語りかけ、彼らの声に耳

を傾け、エンゲージメントを高め、彼らを信頼することが中心にあります。そして何よりも、「プロセスが人に仕える」のであって、その逆ではないという事実を忘れないようにすることが重要です（なぜ、私たちが自分たちの会社をピープルファーム＜ PeopleFirm ＞と名付けたのか、おわかりになりましたか）。私たちは、人間性を職場に持ち込む必要があります。そして、パフォーマンス・マネジメントを再考することは、そのための素晴らしい機会なのです。

競争力の源泉となる最後の未開拓分野

　人や組織文化についていうならば、最後に２つの考えの紹介なくして、この本を書き終えることはできません。１つ目は、「ビジネスにおいて、競争力の源泉となる、最後の未開拓分野は『人』である」ということです。この四半世紀の間、私はマネジメントのコンサルタントとして、数多くの組織で幅広い組織文化やマネジメントのスタイルに接する機会に恵まれ、興味深い視点を得ることができました。こうしてこっそりと職場を観察できるという独自の立場から、あることが明確になったのです。

　その重要な考え方に基づいて、私は自分のキャリアや自社の評価を築いていきました。それは、数多くある企業の中から、自分たちを際立たせることができる要因は、唯一「人」であるということです（テクノロジーでもなく、新規的なマネジメントの仕組みでもなく、商品やサービスでもなく、人なのです）。ウェブやクラウド上のアプリケーションが進化したことにより、組織の形態やサイズにかかわらず、より対等にビジネスで戦える基盤ができました。このことは、テクノロジーが以前ほど重要な差別化要因にはなり得ないことを意味します。また、戦略、商品、マーケティング、サービスといったようなものでさえも、すべては人に依存します。勝利を収める組織というのは、明確な目的に向かって最高の人材がチームとなって働いている組織なのです。そして、そうした人材やチームづくりを実現することが、あなたの最優先事項であるはずです。優れた人材を採用し、必要なツールを提供でき

たなら、あなたが邪魔をしない限り、彼らは自身で成長していくための準備を整え、意志をもって成長していくことでしょう。

　私のアプローチの基盤には、信頼があることにお気づきになったと思います。私たちの多くは、これまで「人を管理すること」を教わってきました。しかし、私がそれとは真逆のこと、つまり、「シンプルに人を信じ、解放することを学びましょう」と言っても、驚くことはないでしょう。

　コントロールを手放すことには少し恐れが伴うかもしれませんが、それはパフォーマンスを高め、最高の人材を引き付け、自組織で働き続けてもらうために必要なことなのです。信頼、共有されたゴール、多様な意見、そして透明性に基づいた新たな世界を大切にする時代がやってきました。そうした世界を実現することではじめて、私たちは最後の競争力の源泉となるリソースである「人」から、最大限の価値を得ることができるのです。

組織文化の変革を促進するパフォーマンス・マネジメント

　近年では、組織文化の変革に取り組むことへの依頼がかつてないほど増えています。多くの組織が、自分たちの組織文化をある程度残しながらも、望ましくない習慣を排除したり、行動を制限したり、あるいは新たな規範を加えることによって、チームの機能を最適化したり、日常の仕事の経験に変化を生み出していきたいと考えているようです。そして、今回ご紹介した取り組みの素晴らしいところがもう1つあります。それは、今回設計したパフォーマンス・マネジメントの施策を通して、あなたが実現したい組織文化についての非常に強いメッセージを、人々に発信できるということです。施策の立案にあたっては、唯一あなたの組織だけに適するように、柔軟にカスタマイズすることが可能です。そして、こうした柔軟性をもつことは、実現したい組織文化に向けて、あなたが極めて戦術的に取り組めることを意味しています。

　もちろん、これは諸刃の剣になる可能性があります。あまりに多くのリーダーが、現状のパフォーマンス・マネジメントの施策がどんな文化的なメッ

セージを発信しているかについて考慮していません。もし、あなたがある種の組織文化を築くことを主張するとして（たとえば、信頼や透明性に富んだ文化を築きたいなど）、パフォーマンス・マネジメントのアプローチがそれとは反対のメッセージを送っていたならば（たとえば、システムの一部が従業員に隠されてしまっているなど）、その新たな理想の実現に向けて真に進歩するには多大な困難が伴うでしょう。パフォーマンス・マネジメントは、自組織では何が求められ、重視され、価値があるものなのかを伝える上で重要な役割を担うのです。私の言っていることが信じられないですって？　だったら、ランチのときに従業員と同じテーブルに座って、パフォーマンス・マネジメントについてあれこれ尋ねてみるといいでしょう。新人であれ、ベテランであれ、どんな役割に就いていようと、ほとんどすべての従業員にとって、パフォーマンス・マネジメントは関心度が高く、話題が豊富なテーマです。ただし、それは、違った理由からですが…。

　組織文化は扱いづらいものですが、同時に大きな力をもっています。私が働くピープルファーム社では、組織文化の定義を「ここでの人々の物事の進め方」というようなシンプルなものにしています。また、私はファスト・カンパニー誌（Fast Company）に掲載されたショーン・パー（Shawn Parr）氏の次の主張をよく引用します。「組織文化とは、あなたの戦略やブランドが成長する（もしくはゆっくりと死を迎える）環境のことです」（括弧内は筆者の追記）。[1] こうしたメッセージは少し誇張気味に聞こえるかもしれません。しかし、私は組織文化こそが、健全で強い組織と、生命維持装置につながれたような弱々しい組織との間の分水嶺になることを、まさにこの目で見てきたのです。

　もし、組織文化の変革があなたのゴールの1つであるならば、設計プロセスの初期の段階からそのゴールを念頭に置くようにしましょう。組織文化に関して、何が「発信したくない」メッセージなのか、また「発信したい」メッセージが何かを理解し、設計の基本方針の中に組み込むようにします。変革の初日から、こうした観点を確実に考えながら取り組めるようにすることが重要です。

今後もつながり続けましょう

　私は読者の皆さまに、パフォーマンス・マネジメントの変革がなぜ必要かの理由を提示するとともに、実践に向けたツールを提供することに全力を尽くしてきました。いよいよたすきはあなたに託されました。しかし正直にいうと、巣から羽ばたくよう、私があなたを押し出してしまっていると感じることもあります。あなたが、自分の力で飛び立つために必要なものはすべて得たことは間違いありません。ただし、単独で飛行する必要がないことも事実です。あなたと同じようにジャンプを試みる準備ができている人はたくさんいます。彼らは、古いパフォーマンス・マネジメントのやり方を捨て去り、新世界に向けて、勇敢にも新たな道を開拓したいと考えています。しかし、その多くの人が、自分一人で成し遂げねばならないと考えてしまっています。旧態依然とした組織の中で、あなたが唯一無二の預言者のような存在になってしまうことは、特に避けなければいけません。こうした事態は、あなたをおじけづかせるでしょうし、最悪の場合、恐怖に陥れてしまうかもしれません。そこで私が提言したいのは、「事態が困難なときは、コミュニティを見つけなさい」という前提に基づいて、パフォーマンス・マネジメントをReboot（再起動）させることに情熱をもち、志を同じくする者同士でグループを形成することです。私は皆でディスカッションできるような場を思い描いています。取り組み事例が共有されたり、サポートを提供し合ったり、問いを投げかけたり、他者の成功から学んだり、刺激を受けたりすることができる場を築いていきたいと思います。

　そうした考えをもとに、私はLinkedIn上に「PMリブート（PM Reboot）」というグループをつくりました。このグループに参加して、質問や提案、失敗例や得られた教訓、批判などをぜひ投稿してみてください。このグループでの唯一のグランド・ルールは、「売り込みはなし」ということです。売り込みで多くの人の時間を無駄にしたくないからです。それ以外はすべて、誰もが公平な立場で参加できる場として運営します。特に覚えておいていただきたいのは、私が答えをすべてもっているわけではないということです。実のところ、むしろ私が皆さんの考えやアイデアを聞かせてほしいと考えています。結局のところ、私も皆さんと同じように会話から多くのことを学びた

いのです。お互いの経験を共有し合いながら、支援的なコミュニティを形成し、刺激に富み、革新的なアイデアを生み出すフォーラムを皆で一緒に創っていきましょう。

　最後に何かアドバイスが欲しいですって？　それならば、ぜひ覚えておいていただきたいのは、「ローマは一日にしてならず」ということです。ありきたりなフレーズかもしれませんが、私はこの言葉をとても気に入っています。ここで誤解しないでいただきたいのですが、実は私は誰よりもせっかちです。私は会議室で同僚と一緒に、ホワイトボードに気が狂ったように落書きしたり、ブレーンストーミングをしたり、議論したり、知識やアイデアを得たり、時々笑い合う時間を共有したりしながら、素晴らしい何かをつくり出すことが大好きです。そこで創造されるのは、知的で、効果が高く、洗練されたものであり、一人の力で生み出せるものをはるかに超えて素晴らしいものです。それが私の楽しさの源であり、プロフェッショナルとしてのやりがいがあるところでもあります。しかし、私たちが一生懸命仕事に取り組んだ成果を目にしたいとどんなに熱望しても、その価値のすべてが最初の数日や数週間で現れるわけではないということも、これまでの経験の中で学んできました。「本当の成功」が訪れるのは、その成果物が組織に永久に根づくような、何か形あるものに進化したときなのです。そのときに初めて対価を得られるのであり、それは一晩で手にすることができないもので、健全な頭痛や心痛を経験することなしには起こり得ないものです。私が常に思い起こすようにしているのは、変革とはプロセスであり、一度きりのイベントではないということです。時には、たくさんの忍耐と粘り強さが求められます。

> 間違いを犯すコストは、何もしないでいることによるコストよりも小さい
> セス・ゴーディン、『ポーク・ザ・ボックス（Poke the Box）』
> （邦題『「見えてる人」になるたった1つの法則』）[2]

　ですから、あなたがパフォーマンス・マネジメントのReboot（再起動）に取り組むにあたって、すべてが円滑にいくとは約束することはできません。実際のところ、きっと円滑にはいかないでしょうということは約束できます。あなたにできることは、自組織にとって最適な施策を選択することにコミッ

トし、皆がそれに乗れるように最善を尽くすことです。そして1つ深呼吸を
したら、あなた自身がその変化を生きることを始めましょう。最初は少しぐ
らつくかもしれませんが、パニックにならないでください。あなたが美しい
仕組みをつくる際に使ったツールは、変革の道を進みながら微調整を行う上
でずっと活用し続けることができるでしょう。何に取り組もうと、どんな障
壁にぶつかろうと、自分を信じ、あなたのメンバーを信じ、プロセスを信じ
ましょう。後戻りしないで前進あるのみです。絶対に振り返らないでくださ
い。

　あなたのReboot（再起動）の旅路が素晴らしいものになることを願って
います。

参考情報一覧

第1章　the PM Reboot（パフォーマンス・マネジメントの再起動）へのいざない

1.　"On Performance," Integrating Performance, accessed February 8, 2015, http://www.integratingperformance.com.

2.　Peter Cappelli, "Should Performance Reviews Be Fired?" Wharton Center for Human Resources, April 27, 2011, accessed February 8, 2015, http://knowledge.wharton.upenn.edu/article/should-performance-reviews-be-fired/.

3.　Society for Human Resource Management, accessed February 8, 2015, https://www.insala.com/Articles/performance-management-software/performance-management-current-trends.asp

4.　Sylvia Vorhauser-Smith, "Three Reasons Performance Management Will Change in 2013," Forbes, December 16, 2012, http://www.forbes.com/sites/sylviavorhausersmith/2012/12/16/the-new-face-of-performance-management-trading-annual-reviews-for-agile-management/.

5.　Eric Mosley, "Performance Management Meets the Wisdom of Crowds," Globo force, 2012, accessed February 8, 2015, http://www.engagementstrategiesonline.com/Performance-Management-Meets-the-Wisdom-of-Crowds/.

6.　Mark Murphy, "The 3 Reasons Employees Hate Performance Reviews," Leadership IQ, May 1, 2012, http://www.hr.com/en/app/blog/2012/05/leadership-iq-article--the-3-reasons-employees-hat_h1p3ce7e.html

7.　Cliff Stevenson, "Performance Management: Sticking with What Doesn't Work," i4CP TrendWatchers, October 31, 2013, Issue 583, http://www.i4cp.com/trendwatchers/2013/10/31/performance-management-sticking-with-what-doesn-t-work

8.　David Rock, Josh Davis, and Beth Jones, "Kill Your Performance Ratings: Neuroscience Shows Why Numbers-Based HR Management Is Obsolete," Strategy+Business, issue 76 (Autumn 2014), http://www.strategy-business.com/media/file/00275_Kill_Your_Perfomance_Ratings.pdf

9. Ray Williams, "Why CEOs need to scrap employee reviews," Psychology Today, May 17, 2011, accessed February 8, 2015, https://www. psychologytoday.com/blog/wired-success/201105/why-ceos-need-scrap-employee-performancereviews.

第2章　8つの致命的な欠陥

1. Daniel Pink, "The Puzzle of Motivation," TED Talk, July 2009, accessed February 8, 2015, http://www.ted.com/talks/dan_pink_on_motivation.html.

2. Daniel H. Pink, Drive: The Surprising Truth About What Motivates Us (New York:Riverhead Books, 2011).

3. David Rock et al., "Kill Your Performance Ratings."

4. Dick Richards, Artful Work: Awakening Joy, Meaning, and Commitment in the Workplace (San Francisco: Berrett-Koehler Publishers, 1995), 65.

5. David Rock et al., "Lead change with the brain in mind," NeuroLeadership Journal, issue 4, http://www.davidrock.net/files/07_Lead_change_with_the_brain_in_mind_US.pdf; David Rock, Your Brain at Work (New York: HarperCollins, 2009), http://www.your-brain-at-work.com/.

6. Josh Bersin, "The Myth of the Bell Curve: Look for the Hyper-Performers," Forbes, February 19, 2014, accessed February 8, 2015, https://www.forbes.com/sites/joshbersin/2014/02/19/the-myth-of-the-bell-curve-look-for-the-hyperperformers/#18e32f3ebbca

7. Rick Maurer, Tools for Giving Feedback (Portland OR: Productivity Press, 1994), 51.

8. Samuel Culbert and Lawrence Rout, Get Rid of the Performance Review!: How Companies Can Stop Intimidating, Start Managing—and Focus on What Really Matters (New York: Business Plus, 2010).

9. Cappelli, "Should Performance Reviews Be Fired?"

10. Marcus Buckingham, "Putting the Strengths-Based Perspective to Work," the Marcus Buckingham Company (TMBC), 2010, p. 2, accessed February 8, 2015,http://jimseybert.com/wp-content/uploads/2010/09/TMBC-Strengths-White-Paper_JS.pdf.

11. Vauhini Vara, "The Push Against Performance Reviews," New Yorker, July 24,2015, http://www.newyorker.com/business/currency/the-push-against-performance-reviews

12. Tony Schwartz, "The Only Thing That Really Matters," Harvard Business Review, June 1, 2011, https://hbr.org/2011/06/the-only-thing-that-really-mat.html.

13. Tom Coens and Mary Jenkins, Abolishing Performance Appraisals: Why They Backfire and What to Do Instead (San Francisco: Berrett-Koehler Publishers, 2002), 93.

14. Mark de Rond, "Always Rely on a Team, Not Individuals," Forbes, August 5, 2010, accessed February 8, 2015, http://www.forbes.com/2010/08/05/teams-teamwork-individuals-leadership-managing-collaboration.html

15. Culbert and Rout, Get Rid of the Performance Review!, 63.

16. Marcus Buckingham, "Most HR Data Is Bad Data," Harvard Business Review, February 9, 2015, https://hbr.org/2015/02/most-hr-data-is-bad-data.

17. John Smith, "The Traditional Rating Scale: Needs Improvement," Employee Performance & Talent Management, February 22, 2011, http://employee-performance.com/blog/the-traditional-rating-scale-needs-improvement/.

18. CRG emPerform, "Does Your Performance Rating Scale Need Improvement?" Employee Performance & Talent Management, May 6, 2014, accessed February 8, 2015, http://employee-performance.com/blog/does-your-performance-rating-scale-need-improvement/.

19. Peter Block, in foreword to Tom Coens and Mary Jenkins, Abolishing Performance Appraisals: Why They Backfire and What to Do Instead (San Francisco: Berrett-Koehler Publishers, 2000), xiii.

20. Alfie Kohn, Punished by Rewards: The Trouble with Gold Stars, Incentive Plans, A's, Praise, and Other Bribes (New York: Mariner Books, 1999), 56.

21. Pink, Drive.

22. Alfie Kohn and Jennifer Powell, "How incentives undermine performance," Journal for Quality and Participation 21, no. 2 (March–April 1998): 8.

23. Nina Gupta and Atul Mitra, "The Value of Financial Incentives: Myths and Empirical Realities," ACA Journal 7, no. 3 (Autumn 1998): 62, http://www.researchgate.net/publication/274719227_The_value_of_inancial_incentives_Myths_and_empirical_realities.

24. Martin Dewhurst, Matthew Guthridge, and Elizabeth Mohr, "Motivating people: Getting beyond money," McKinsey Quarterly, November 2009, accessed February 8, 2015, http://www.mckinsey.com/insights/organization/motivating_people_getting_beyond_money.

25. Murphy, "The 3 Reasons Employees Hate Performance Reviews."

26. W. Edwards Deming, Out of the Crisis, "Deadly Disease #3—Evaluation of Performance, Merit Rating, or Annual Review" (Cambridge, MA: MIT Press, 2000), 102.

第3章　8つの根本的なシフト

1. John Maynard Keynes, The General Theory of Employment, Interest, and Money (CreateSpace Independent Publishing Platform, November 15, 2011).

2. Jessica DuBois-Maahs, "Should Salaries Be Transparent?" Talent Management, December 12, 2013, accessed February 8, 2015, http://www. talentmgt.com/articles/should-salaries-be-transparent.

3. Attributed to US Supreme Court Justice Louis Brandeis, accessed February 8, 2015, http://www.brandeis.edu/legacyfund/bio.html.

4. Susan Scott, Fierce Leadership: A Bold Alternative to the Worst "Best" Practices of Business Today (New York: Crown Business, 2011).

5. Pink, Drive.

6. What's Working study, Mercer, 2011, http://www.slideshare.net/ PingElizabeth/mercer-whats-working-research

7. Pink, Drive.

8. "Six Hidden Enemies That Threaten to Undermine Post-Recession Corporate Performance," Executive Conference Board, 2010, http://www.prweb.com/ releases/CEB/ExecutiveGuidance2010/prweb2974314.htm.

9. Samuel A. Culbert, "Get Rid of the Performance Review!" Wall Street Journal, October 20, 2008, http://www.wsj.com/articles/ SB122426318874844933

10. Beverly Kay and Sharon Jordan-Evans, Love 'Em Or Lose 'Em (Oakland, California: Berrett-Koehler Publishers, 2014).

11. "2013 SHRM/Globoforce Employee Recognition Survey," Globoforce, May 29, 2013, accessed September 11, 2015, http://www.globoforce.com/news/ pressreleases/shrmgloboforce-survey-reveals-new-insights/.

12. Scott, Fierce Leadership.

13. John R. Childress and Larry E. Senn, The Secret of a Winning Culture (Provo, Utah: Executive Excellence Publishing, 2002).

14. Pink, Drive.

15. As quoted in Kohn, Punished by Rewards, 122.

16. Fred C. Lunenburg, "Goal-Setting Theory of Motivation," International Journal of Management, Business, and Administration 15, no. 1 (2011), accessed February 8, 2015, http://www.nationalforum.com/Electronic%20 Journal%20Volumes/Lunenburg,%20Fred%20C.%20Goal-Setting%20 Theoryof%20Motivation%20IJMBA%20V15%20N1%202011.pdf

17. Simon Sinek, "Why good leaders make you feel safe," TED Talk, March 2014. http://www.ted.com/talks/simon_sinek_why_good_leaders_ make_you_feel_safe?language=en.

18. Tomas Chamorro-Premuzic, "Does Money Really Affect Motivation? A Review of the Research," Harvard Business Review, April 2013, accessed February 8, 2015, https://hbr.org/2013/04/does-money-really-affect-motiv.

第4章　3つの共通のゴール

1. WorldatWork and Sibson Consulting, 2010 Study on the State of Performance Management, October 2010, accessed February 8, 2015, http://www.worldatwork.org/waw/adimLink?id=44473.

2. Bersin, "The Myth of the Bell Curve."

3. Scott Bohannon, "Six Enemies of Post-Recession Performance," Executive Conference Board Presentation, October 14, 2010, p. 21, http://www. cebglobal.com/exbd/executive-guidance/archive/index.page

4. Susan Sorenson, "How Employee Engagement Drives Growth," Gallup Business Journal, June 20, 2013, accessed February 8, 2015, http://www.gallup.com/ businessjournal/163130/employee-engagement-drives-growth.aspx.

5. Towers Watson, 2012 Global Workforce Study: Engagement at Risk— Driving Strong Performance in a Volatile Global Environment, accessed February 8, 2015, http://www.towerswatson.com/assets/pdf/2012-Towers-Watson-Global-Workforce-Study.pdf.

6. Kevin Kruse, "Employee Engagement: The Wonder Drug for Customer Satisfaction," Forbes, January 7, 2014, accessed February 8, 2015, http:// www.forbes.com/sites/kevinkruse/2014/01/07/employee-engagement-the-wonder-drug-for-customer-satisfaction/

7. WorldatWork and Sibson Consulting, 2010 Study on the State of Performance Management.

8. CEB, Executive Guidance for 2013: Breakthrough Performance in the New Work Environment, accessed February 8, 2015, http://www.executiveboard. com/exbd-resources/pdf/executive-guidance/eg2013-annual-final.pdf.

9. Carol Morrison, "How to Align Your Employees to Strategic and Business Goals," I4CP Productivity Blog, October 31, 2014, accessed February 8, 2015, https://www.i4cp.com/productivity-blog/2014/10/31/how-to-align-your-employees-to-strategic-and-business-goals

10. Louis Efron, "Six Reasons Your Best Employees Quit You," Forbes, June 24, 2013, accessed February 8, 2015, http://www.forbes.com/sites/louisefron/2013/06/24/six-reasons-your-best-employees-quit-you/.

第5章　体制をつくる

1. Prosci, Inc. Best Practices in Change Management—2014 Edition, p. 4, accessed February 28, 2015, http://offers.prosci.com/research/Prosci-2014-Best-Practices-Executive-Overview.pdf.

2. Stephen R. Covey, author of The 7 Habits of Highly Effective People (New York: Simon & Schuster, 2013): "Habit 2: Begin with the End in Mind," https://www.stephencovey.com/7habits/7habits-habit2.php.

3. Frank Kalman, "Adobe Checks In with Performance Conversations,"Talent Management, August 22, 2014, accessed February 8, 2015, http://www.talentmgt.com/articles/6719-adobe-check-ins.

第8章　現実化する

1. Shannon Taylor, "Confronting Challenges Related to Performance in Nonprofit Organizations," University of Georgia, accessed February 24, 2015, http://www.uga.edu/nonprofit/Academics/StudentDocs/Challenge.doc

2. Marc Lindenberg, "Are We at the Cutting Edge or the Blunt Edge? Improving NGO Organizational Performance with Private and Public Sector Management Frameworks," Nonprofit Management and Leadership 11, issue 3 (2001): 255.

3. John C. Sawhill and David Williamson, "Mission Impossible? Measuring Success in Nonprofit Organizations," Nonprofit Management and Leadership 11, issue 3 (Spring 2001): 371–86.

4. Peter Drucker, The Essential Drucker: The Best of Sixty Years of Peter Drucker's Essential Writings on Management (New York: HarperBusiness, 2003).

5. Geert Hofstede, Culture's Consequences: Comparing Values, Behaviors, Institutions, and Organizations Across Nations (London, UK: Sage Publications, 2003).

第 10 章　定着させる

1. Prosci, "Importance of Change Management," accessed February 8, 2015, http://www.prosci.com/change-management/why-change-management/.

2. Prosci, "Change Management Tutorial," accessed February 8, 2015, http://www.change-management.com/tutorial-case-mod3.htm.

3. Chip Heath and Dan Heath, Switch: How to Change Things When Change Is Hard (New York: Crown Business, 2010).

4. Lillian Cunningham, "In big move, Accenture will get rid of performance reviews and rankings," Washington Post, July 21, 2015, http://www.washingtonpost.com/news/on-leadership/wp/2015/07/21/in-big-move-accenture-will-get-rid-of-annual-performance-reviews-and-rankings/.

5. John P. Kotter and Dan S. Cohen, The Heart of Change: Real-Life Stories of How People Change Their Organizations (Boston, MA: Harvard Business Review Press, 2012), 37.

6. Heath and Heath, Switch.

7. Seth Godin, "A Bird in Search of a Cage," Seth's Blog, February 5, 2015, http://sethgodin.typepad.com/seths_blog/2015/02/a-bird-in-search-of-a-cage.html

8. Rosabeth Moss Kanter, "Ten Reasons People Resist Change," Harvard Business Review, September 25, 2012, accessed February 18, 2015, http://blogs.hbr.org/2012/09/ten-reasons-people-resist-chang/.

9. 9. Merriam-Webster Dictionary, s.v. "courage," accessed February 28, 2015, http://www.merriam-webster.com/dictionary/courage.

10. Rosalynn Carter, Biography.com, http://www.biography.com/people/rosalynn-carter-9240052#road-to-the-white-house.

終わりに

1. Shawn Parr, "Culture Eats Strategy for Lunch," Fast Company, January 24, 2012, accessed February 25, 2015, http://www.fastcompany.com/1810674/cultureeats-strategy-lunch.

2. Seth Godin, Poke the Box (Steamboat Springs, CO: Portfolio, 2015).

参照文献

Articles

Ariely, Dan. "What's the Value of a Big Bonus?" New York Times, November 19, 2008. Accessed February 28, 2015. http://www.nytimes.com/2008/11/20/opinion/20ariely.html?_r=0.

Associated Press. "US Economy May Be Stuck in Slow Lane for Long Run." CNBC, February 10, 2014. http://www.cnbc.com/id/101402528

Banner, D. K., and R. A. Cooke. "Ethical Dilemmas in Performance Appraisal." Journal of Business Ethics 3, issue 4 (1984): 327–33.

Bennett, Nathan, and G. James Lemoine. "What VUCA Really Means for You." Harvard Business Review, January–February 2014. Accessed February 8, 2015. https://hbr.org/2014/01/what-vuca-really-means-for-you/ar/1.

Bersin, Josh. "The Myth of the Bell Curve: Look for the Hyper-Performers." Forbes, February 9, 2014. Accessed February 8, 2015. http://www.forbes.com/sites/joshbersin/2014/02/19/the-myth-of-the-bell-curve-look-for-the-hyper-performers/.

Bock, Diane. "Performance Management: The Final Frontier?" Development Dimensions International, September 2014. Accessed February 8, 2015. http://www.ddiworld.com/blog/tmi/september-2014/performance-management-the-final-frontier#.VNa2PfnF_Ro.

Buckingham, Marcus. "Most HR Data Is Bad Data." Harvard Business Review, February 9, 2015. https://hbr.org/2015/02/most-hr-data-is-bad-data.

------------. "Putting the Strengths-Based Perspective to Work." The Marcus Buckingham Company (TMBC), 2010: 2. Accessed February 8, 2015. http://www.tmbc.com/legacy/sites/default/files/services_downloads/Strengths_White_Paper.pdf.

Burg, Natalie. "How Technology Has Changed Workplace Communication." Forbes,December 20, 2013. Accessed February 8, 2015. http://www.forbes.com/sites/unify/2013/12/10/how-technology-has-changed-workplace-communication/.

Cappelli, Peter. "Should Performance Reviews Be Fired?" Wharton Center for Human Resources, April 27, 2011, accessed February 8, 2015. http://knowledge.wharton.upenn.edu/article/should-performance-reviews-be-fired/.

CEB. Breakthrough Performance in the New Work Environment: Identifying and Enabling the New High Performer. http://www.executiveboard.com/exbd-resources/pdf/executive-guidance/eg2013-annual-final.pdf.

Chamorro-Premuzic, Tomas. "Does Money Really Affect Motivation? A Review ofthe Research." Harvard Business Review, April 2013. Accessed February 8, 2015. https://hbr.org/2013/04/does-money-really-affect-motiv/.

Cohn, Emily. "The Job Market Is Still Years Away from a Full Recovery." Huffington Post,January 11, 2015. Accessed February 8, 2015. http://www.huffingtonpost.com/2015/01/11/job-market-recovery-years-away_n_6451810.html

CRG emPerform. "Does Your Performance Rating Scale Need Improvement?" Employee Performance & Talent Management, May 6, 2014. Accessed February 8, 2015. http://www.employee-performance.com/blog/does-your-performance-rating-scale-need-improvement/

Cunningham, Lillian. "In Big Move, Accenture Will Get Rid of Performance Reviews and Rankings." Washington Post, July 21, 2015. http://www.washingtonpost.com/news/on-leadership/wp/2015/07/21/in-big-move-accenture-will-get-rid-of-annual-performance-reviews-and-rankings/.

Deci, Edward L. "Intrinsic Motivation, Extrinsic Reinforcement, and Inequity." Journal of Personality and Social Psychology 22, no. 1 (March 1972): 119–20. http://www.researchgate.net/publication/232461387_Intrinsic_motivation_extrinsic_reinforcement_and_inequity.

Dewhurst, Martin, Matthew Guthridge, and Elizabeth Mohr. "Motivating people: Getting Beyond Money." McKinsey Quarterly, November 2009. Accessed February 8, 2015. http://www.mckinsey.com/insights/organization/motivating_people_getting_beyond_money.

Drucker, P. F. "Managing Oneself." Harvard Business Review, January 2005. Accessed September 4, 2015. https://hbr.org/2005/01/managing-oneself.

Dubay, Curtis S., and Stephen Moore. Economy Better, but Still Growing Too Slowly Because of Anti-Growth Policy. Heritage Foundation. Issue Brief #4144. February 6, 2014. Accessed February 8, 2015. http://www.heritage.org/research/reports/2014/02/us-economy-growing-slowly-because-of-anti-growth-policy.

DuBois-Maahs, Jessica. "Should Salaries Be Transparent?" Talent Management, December 12, 2013. Accessed February 8, 2015. http://www.talentmgt.com/articles/should-salaries-be-transparent.

Falvey, Becky, and Lauren Ammon. "6 Tips for Better Performance Reviews." Resource Center and Industry Insights, February 10, 2014. Webinar and article. http://www.paycor.com/resource-center/6-tips-for-better-performance-reviews

Gilbert, Jay. "The Millennials: A New Generation of Employees, a New Set of Engagement Policies." Ivey Business Journal, September/October 2011. http://iveybusinessjournal.com/topics/the-workplace/the-millennials-a-newgeneration-of-employees-a-new-set-of-engagement-policies#.VMF_TSvF_Rp.

Globoforce. "Executive Brief: Performance Management, Meet the Wisdom of Crowds." 2012. http://talentsnapshot.com/wp-content/uploads/2012/11/Performance-Mgmt-Meet-the-Wisdom-of-Crowds.pdf

------------. "The Science of Happiness: How to Build a Killer Culture in Your Company." 2013. http://go.globoforce.com/ppc-rem-science-happiness-2014.html.

Gould, Elise. "At an Average of 246,000 Jobs a Month in 2014, It Will Be the Summer of 2017 Before We Return to Pre-recession Labor Market Health." Working Economics Blog, Economic Policy Institute, January 9, 2015. http://www.epi.org/blog/at-an-average-of-246000-jobs-a-month-in-2014-it-will-be-the-summer-of-2017-before-we-return-to-pre-recession-labor-market-health/.

Gupta, Nina, and Atul Mitra. "The Value of Financial Incentives: Myths and Empirical Realities." ACA Journal 7, no. 3 (Autumn 1998): 62.

Hamel, Gary. "First, Let's Fire All the Managers." Harvard Business Review, December 2011. https://hbr.org/2011/12/first-lets-fire-all-the-managers/ar/1.

-------------. "Moon Shots for Management." Harvard Business Review, February 2009. https://hbr.org/2009/02/moon-shots-for-management.

Harvard Business Press. Harvard Business Essentials: Performance Management: Measure and Improve the Effectiveness of Your Employees. Boston: Harvard Business School Press, June 1, 2006.

Irwin, Neil. "Why It Doesn't Feel Like a Recovery." Washington Post. Accessed February 8, 2015. http://www.washingtonpost.com/wp-srv/business/the-output-gap/.

Jacobsen, Darcy. "The Exceedingly Curious Origins of Performance Management." Globoforce. March 20, 2013. Accessed February 8, 2015. http://www.globoforce.com/gfblog/2013/the-exceedingly-curious-origins-of-performance-management.

Johnson, Bradford C., James M. Maniyika, and Lareina A. Yee. "The Next Revolution in Interactions." McKinsey Quarterly, November 2005: 25–26. http://www.mckinsey.com/insights/organization/the_next_revolution_in_interactions.

Lawrence, Kirk. "Developing Leaders in a VUCA Environment." UNC Kenan-Flagler Business School. 2013. http://www.growbold.com/2013/developing-leadersin-a-vuca-environment_UNC.2013.pdf.

London School of Economics and Political Science. "When Performance-Related Pay Backfires." June 25, 2009. http://www.lse.ac.uk/newsAndMedia/news/archives/2009/06/performancepay.aspx

Meister, Jeanne. "Corporate Social Responsibility: A Lever for Employee Attraction & Engagement." Forbes, June 7, 2012. http://www.forbes.com/sites/jeannemeister/2012/06/07/corporate-social-responsibility-a-lever-foremployee-attraction-engagement/.

Miller, Beth. "Banish 'Annual' from Your Performance Review Vocabulary." Entrepreneur, October 10, 2014. http://www.entrepreneur.com/article/237585

Morrison, Carol. "How to Align Your Employees to Strategic and Business Goals." i4CP Productivity Blog, October 31, 2014. http://www.i4cp.com/productivity-blog/2014/10/31/how-to-align-your-employees-to-strategic-and-business-goals.

Mosley, Eric. "Performance Management Meets the Wisdom of Crowds." Globoforce, 2012. Accessed February 8, 2015 http://www.engagementstrategiesonline.com/Performance-Management-Meets-the-Wisdom-of-Crowds/.

Moss Kanter, Rosabeth. "Ten Reasons People Resist Change." Harvard Business Review, September 25, 2012. https://hbr.org/2012/09/ten-reasons-people-resist-chang/.

Murphy, Mark. "The 3 Reasons Employees Hate Performance Reviews." Leadership IQ, May 1, 2012. http://www.hr.com/en/app/blog/2012/05/leadership-iq-article--the-3-reasons-employees-hat_h1p3ce7e.html

Noguchi, Yuki. "Behold the Entrenched—and Reviled—Annual Review." NPR, October 28, 2014. http://www.npr.org/2014/10/28/358636126/behold-theentrenched-and-reviled-annual-review.

Ordóñez, Lisa D., et al. "Goals Gone Wild: The Systematic Side Effects of Over-Prescribing Goal Setting." Harvard Business School Working Paper 09-083, February 2009. http://www.hbs.edu/faculty/Publication%20Files/09-083.pdf

Rao, Venkatesh. "An Organization Design Renaissance." Forbes, May 2012. http://www.forbes.com/sites/venkateshrao/2012/05/07/an-organization-design-renaissance/.

Reeves, Martin, Claire Love, and Nishant Mathur. "The Most Adaptive Companies 2012: Winning in an Age of Turbulence." BCG Perspectives, August 21, 2012. https://www.bcgperspectives.com/content/articles/corporate_strategy_portfolio_management_future_of_strategy_most_adaptive_companies_2012/#chapter1.

Resker, Jamie. "Performance Feedback Training for Managers." Managing Employee Performance Blog, September 29, 2013. http://info.employeeperformancesolutions.com/managing-employee-performance- blog/ bid/87164/Performance-Feedback-Training-for-Managers.

Rock, David, Josh Davis, and Beth Jones. "Kill Your Performance Ratings: Neuroscience Shows Why Numbers-Based HR Management Is Obsolete." Strategy+Business, issue 76 (Autumn 2014). http://www.strategy-business.com/media/file/00275_Kill_Your_Perfomance_Ratings.pdf

Schawbel, Dan. "Groundbreaking Survey Reveals the Rise of Freedom-Seeking Freelancers and Redefinition of Entrepreneurship." Millen nial Branding, May 14, 2013. http://millennialbranding.com/2013/millennials-future-work-study/.

Schwartz, Tony. "The Only Thing That Really Matters." Harvard Business Review, June 1, 2011. https://hbr.org/2011/06/the-only-thing-that-really-mat.html.

Slocum, David. "Six Creative Leadership Lessons from the Military in an Era of VUCA and COIN." Forbes, October 8, 2013. http://www.forbes.com/sites/berlinschoolofcreativeleadership/ 2013/10/08/six-creative-leadership-lessonsfrom-the-military-in-an-era-of-vuca-and-coin/.

Smith, John. "The Traditional Rating Scale: Needs Improvement." Employee Performance & Talent Management, February 22, 2011. http://www.employee-performance. com/blog/the-traditional-rating-scale-needs-improvement/.

Stevenson, Cliff. "Performance Management: Sticking With What Doesn't Work." i4cp TrendWatcher, Issue 583, October 31, 2013. http://www.i4cp.com/trendwatchers/2013/10/31/performance-management-sticking-with-what-doesn-t-work.

Sullivan, John. "How the Talent Management Function Can Thrive in a VUCA World." Talent Management Intelligence, Development Dimensions International (DDI), 2013. Accessed February 8, 2015. http://blogs.ddiworld.com/tmi/2013/10/how-the-talent-management-function-can-thrive-in-a-vuca-world.html.

Trakstar. "3 Steps to Flatten Rater Bias." September 12, 2013. http://www.trakstar.com/blog-post/3-steps-to-flatten-rater-bias/.

Vara, Vauhini. "The Push Against Performance Reviews." New Yorker, July 24, 2015. http://www.newyorker.com/business/currency/the-push-against-performance-reviews.

Vorhauser-Smith, Sylvia. "How the Best Places to Work Are Nailing Employee Engagement." Forbes, August 2013. http://www.forbes.com/sites/sylviavorhausersmith/2013/08/14/how-the-best-places-to-work-are-nailing-employee-engagement/.

------------. "Three Reasons Performance Management Will Change in 2013." Forbes. December 16, 2012. http://www.forbes.com/sites/sylviavorhausersmith/2012/12/16/the-new-face-of-performance-management-trading-annual-reviews-for-agile-management/2/.

The Week staff. "How Millennials Are Transforming the Workplace." The Week, August 24, 2012. Accessed February 8, 2015. http://theweek.com/articles/472913/millennials-are-transforming-workplace.

Williams, Ray. "Like It or Not, Millennials Will Change the Workplace." Financial Post, September 16, 2013. http://business.financialpost.com/2013/09/16/like-it-or-not-millennials-will-change-the-workplace/.

------------. "Why CEOs Need to Scrap Employee Performance Reviews." Psychology Today, May 17, 2011. http://www.psychologytoday.com/blog/wiredsuccess/201105/why-ceos-need-scrap-employee-performance-reviews.

Wirthman, Lisa. "Is Flat Better? Zappos Ditches Hierarchy to Improve Company Performance." Forbes, January 7, 2014. http://www.forbes.com/sites/sungardas/2014/01/07/is-flat-better-zappos-ditches-hierarchy-to-improve-company-performance/.

Wong, Yishan. "The Peculiar Origins of the Performance Review, and Other HR Bureaucracy." Forbes, February 11, 2012. http://www.forbes.com/sites/yishanwong/2012/02/11/the-peculiar-origins-of-the-performance-review-and-other-hr-bureaucracy/.

Zenger, Jack, Joe Folkman, and Scott Edinger. "How Extraordinary Leaders Double Profits." Chief Learning Officer. June 28, 2009. http://www.clomedia.com/articles/how_extraordinary_leaders_double_profits.

Studies

Deci, Edward L., Richard M. Ryan, and Richard Koestner. "A Meta-Analytic Review of Experiments Examining the Effects of Extrinsic Rewards on Intrinsic Motivation." Psychological Bulletin 125, issue 6 (1999), 659.

Ernst and Young. "Building a Better Working World." PRNewswire, September 3, 2013.
http://www.multivu.com/mnr/63068-ernst-and-young-llp-research-youngermanagers-rise-in-the-ranks.

------------. Younger Managers Rise in the Ranks: An Ernest and Young Study on Generational Shifts in the US Workplace. June 2013. http://www.ey.com/US/en/Issues/Talentmanagement/Talent-Survey-The-generational-management-shift.

Gensler. 2013 US Workplace Survey. July 15, 2013.
http://www.gensler.com/uploads/documents/2013_US_Workplace_Survey_07_15_2013.pdf

i4CP. The 2006 Performance Management Survey. November 30, 2006. http://www.i4cp.com/news/2006/11/30/the-2006-performance-management-survey.

Reeves, Martin, Claire Love, and Nishant Mathur. "The Most Adaptive Companies 2012: Winning in an Age of Turbulence." BCG Perspectives. Boston Consulting Group, August 21, 2012. Accessed February 8, 2015.
https://www.bcgperspectives. com/content/articles/corporate_strategy_portfolio_management_future_of_strategy_most_adaptive_companies_2012/#chapter1.

Rock, David, Josh Davis, and Beth Jones. "Kill Your Performance Ratings." Strategy and Business, Autumn 2014. http://digitaledition.strategy-business.com/article/Kill+Your+Performance+Ratings/ 1775896/219771/article.html.

Schawbel, Dan. "Millennial Branding and Beyond.com Survey Reveals the Rising Cost of Hiring Workers from the Millennial Generation," August 6, 2013. http://millennialbranding.com/2013/cost-millennial-retention-study/.

Society for Human Resource Management. SHRM Workplace Forecast: The Top Workplace Trends According to HR Professionals. May 2013. http://www.shrm.org/Research/FutureWorkplaceTrends/ Documents/13-0146%20Workplace_Forecast_FULL_FNL.pdf.

US Department of Commerce, Bureau of Economic Analysis. National Income and Products Accounts. Gross Domestic Product and Corporate Profits: Second Quarter 2015. August 27, 2015. http://www.bea.gov/newsreleases/national/ gdp/gdpnewsrelease.htm

Whiting, Dr. Jim, Elizabeth Jones, Dr. David Rock, and Xenia Bendit. "Lead change with the brain in mind." NeuroLeadership Journal, issue 4. Accessed February 8, 2015. http://www.davidrock.net/files/07_Lead_change_with_the_brain_in_ mind_US.pdf.

WorldatWork and Sibson Consulting. 2010 Study on the State of Performance Management. Sibson Consulting. October 2010. Accessed February 8, 2015. http://www.worldatwork.org/waw/adimLink?id=44473.

Presentations

Bohannon, Scott. "Confronting Six Enemies of Post-Recession Performance." Webinar by Corporate Executive Board (CEB). October 14, 2010.

CEB. Driving Breakthrough Performance in the New Work Environment: Identifying and Enabling the New High Performer. 2012. Accessed February 8, 2015. http://www.executiveboard.com/exbd-resources/pdf/executive-guidance/ eg2013-annualfinal.pdf.

Cornerstone. Reimagine Work. 2014. http://www.cornerstoneondemand.com/sites/ default/files/insight/csod-in-reimagine-work.pdf.

Deloitte. The Connected Workplace: War for talent in the digital economy. 2013. http://www2.deloitte.com/au/en/pages/economics/articles/the-connected- workplace.html.

Hauer, Terry, and Stacia Sherman Garr. "How Kelly Services Abandoned the Performance Score: Part 2 of the Abolishing Performance Scores Webinar Series." Bersin, October 2013. http://www.bersin.com/News/EventDetails. aspx?id=16775

Levensaler, Leighanne. The Essential Guide to Employee Performance Management Practices: Part 1. Bersin, October 15, 2008. http://www.bersin.com/Store/Details.aspx?docid=10337744.

McKinsey & Company. "Leaders everywhere: A conversation with Gary Hamel." May 2013. http://www.mckinsey.com/insights/organization/leaders_ everywhere_a_conversation_with_gary_hamel.

Books

Adams, J. Stacey, Jerald Greenberg, and Robert A. Baron. Behavior in Organizations. 5th ed. Englewood Cliffs, NJ: Prentice Hall, 1995.

Anchor, Shawn. The Happiness Advantage: The Seven Principles of Positive Psychology That Fuel Success and Performance at Work. New York: Crown Business, 2010.

Axelrod, Wendy, and Jeannie Coyle. Make Talent Your Business: How Exceptional Managers Develop People While Getting Results. San Francisco: Berrett-Koehler Publishers, 2011.

Bellman, Geoffrey, and Kathleen Ryan. Extraordinary Groups: How Ordinary Teams Achieve Amazing Results. San Francisco: Jossey-Bass, 2009.

Bennett, Sam, and Keegan-Michael Key. Get It Done: From Procrastination to Creative Genius in 15 Minutes a Day. Novato, CA: New World Library, 2014.

Berger, Lance, and Dorothy Berger. The Talent Management Handbook: Creating a Sustainable Competitive Advantage by Selecting, Developing, and Promoting the Best People. New York: McGraw-Hill Professional Publishing, 2010.

Block, Peter. Flawless Consulting: A Guide to Getting Your Expertise Used. 3rd ed. San Francisco: Pfeiffer, 2011.

------------. Stewardship: Choosing Service Over Self-Interest. San Francisco: Berrett-Koehler Publishers, 1993.

Buckingham, Marcus. Go Put Your Strengths to Work: 6 Powerful Steps to Achieve Outstanding Performance. New York: Free Press, 2010.

------------. StandOut: The Groundbreaking New Strengths Assessment from the Leader of the Strengths Revolution. Nashville, TN: Thomas Nelson, 2011.

Buckingham, Marcus, and Donald O. Clifton. Now, Discover Your Strengths. New York: Free Press, 2001.

Caraher, Lee. Millennials & Management: The Essential Guide to Making It Work at Work. Brookline, MA: Bibliomotion Inc., 2015.

Clark, Boyd, and Ron Crossland. The Leader's Voice: How Your Communication Can Inspire Action and Get Results! New York: Select Books, 2002.

Coens, Tom, and Mary Jenkins. Abolishing Performance Appraisals: Why They Backfire and What to Do Instead. San Francisco: Berrett-Koehler Publishers, 2002.

Cohen, Allan R., and David L. Bradford. Influence Without Authority. 2nd ed. Hoboken, NJ: Wiley, 2005.

Collins, Jim. How the Mighty Fall: And Why Some Companies Never Give In. New York: Jim Collins, 2009.

Covey, Stephen R. Principle-Centered Leadership. New York: Simon & Schuster, 1992.

Crane, Thomas G., and Lerissa Nancy Patrick. The Heart of Coaching: Using Transformational Coaching to Create a High-Performance Coaching Culture. New York: F T A Press, 2012.

Culbert, Samuel A., and Lawrence Rout. Get Rid of the Performance Review!: How Companies Can Stop Intimidating, Start Managing—and Focus on What Really Matters. New York: Business Plus, 2010.

Daniels, Aubrey C. OOPS! 13 Management Practices That Waste Time & Money (and what to do instead). Atlanta, GA: Performance Management Publications, 2009.

Deci, Edward L. Why We Do What We Do: Understanding Self-Motivation. New York: Penguin, 1995.

Deming, W. Edwards. Out of the Crisis. Reprint ed. Cambridge, MA: MIT Press, 2000.

Dykstra, Josh Allan. Igniting the Invisible Tribe: Designing an Organization That Doesn't Suck. Pismo Beach, CA: Silver Thread Publishing. 2012.

Fried, Jason, and David Heinemeier Hansson. Rework. New York: Crown Business, 2010.

Fullan, Michael. Change Leader: Learning to Do What Matters Most. San Francisco: Jossey-Bass, 2011.

Fulton, Roger. Common Sense Leadership: A Handbook for Success as a Leader. New York: Barnes & Noble Books, 2001.

Garvin, David A. Learning in Action: A Guide to Putting the Learning Organization to Work. Boston, MA: Harvard Business Review Press, 2003.

George, C. S., Jr. The History of Management Thought. Englewood Cliffs, NJ: Prentice-Hall, Inc., 1972.

Godin, Seth. The Big Moo: Stop Trying to Be Perfect and Start Being Remarkable. New York: Portfolio, 2005.

------------. The Icarus Deception: How High Will You Fly? New York: Portfolio, 2012.

------------. Poke the Box: When Was the Last Time You Did Something for the First Time? New York: Portfolio, 2011.

------------. Purple Cow: Transform Your Business by Being Remarkable. New York: Portfolio, 2009.

------------. Small Is the New Big: And 183 Other Riffs, Rants, and Remarkable Business Ideas. New York: Portfolio, 2006.

------------. Tribes: We Need You to Lead Us. New York: Portfolio, 2008.

------------. V Is for Vulnerable: Life Outside the Comfort Zone. New York: Portfolio, 2012.

Goldsmith, Marshall, and Mark Reiter. What Got You Here Won't Get You There: How Successful People Become Even More Successful. New York: Hachette Books, 2007.

Goleman, Daniel. Emotional Intelligence: Why It Can Matter More Than IQ. New York: Bantam Books, 2005.

Hamel, Gary. The Future of Management. Boston, MA: Harvard Business Review Press, 2007.

------------. What Matters Now: How to Win in a World of Relentless Change, Ferocious Competition, and Unstoppable Innovation. San Francisco: Jossey-Bass, 2012.

Hammer, Michael, and James Champy. Reengineering the Corporation: A Manifesto for Business Revolution. New York: HarperBusiness, 2006.

Harkins, Phil. Powerful Conversations: How High Impact Leaders Communicate. New York: McGraw-Hill Education, 1999.

Harmon, Roy L., and Leroy D. Peterson. Reinventing the Factory: Productivity Breakthroughs in Manufacturing Today, Vol. 1. New York: Free Press, 1989.

Harvey Yao, Sara. Get Present: Simple Strategies to Get Out of Your Head and Lead More Powerfully. Elements of Power, 2013.

Heath, Chip, and Dan Heath. Switch: How to Change Things When Change Is Hard. New York: Crown Business, 2010.

Hickman, Craig, and Tom Smith. The Oz Principle: Getting Results Through Individual and Organizational Accountability. New York: Portfolio, 2010.

Holman, Peggy, and Tom Devane. The Change Handbook: The Definitive Resource on Today's Best Methods for Engaging Whole Systems. San Francisco: Berrett-Koehler Publishers, 2007.

Hope, Jeremy, and Steve Player. Beyond Performance Management: Why, When, and How to Use 40 Tools and Best Practices for Superior Business Performance. Boston, MA: Harvard Business Review, 2012.

Johansen, Bob, and John R. Ryan. Leaders Make the Future: Ten New Leadership Skills for an Uncertain World. San Francisco: Berrett-Koehler Publishers, 2012.

Johnson, H. Thomas, and Andres Broms. Profit Beyond Measure—Extraordinary Results Through Attention to Work and People. New York: Free Press, 2000.

Kawasaki, Guy. Enchantment: The Art of Changing Hearts, Minds, and Actions. New York: Portfolio, 2011.

Kaye, Beverly, and Sharon Jordan-Evans. Love 'Em or Lose 'Em: Getting Good People to Stay. San Francisco: Berrett-Koehler Publishers, 2014.

Kohn, Alfie. Punished by Rewards: The Trouble with Gold Stars, Incentive Plans, A's, Praise, and Other Bribes. New York: Mariner Books, 1999.

Kotter, John P. Leading Change. Boston MA: Harvard Business Review Press, 2012.

Koulopoulos, Thomas, and Dan Keldsen. The Gen Z Effect: The Six Forces Shaping the Future of Business. Brookline, MA: Bibliomotion, 2014.

Maister, David H. Managing the Professional Service Firm. New York: Free Press, 1997.

Manganelli, Raymond L., and Mark M. Klein. The Reengineering Handbook: A Step-by-Step Guide to Business Transformation. New York: AMACOM, 1994.

Markle, Garold L. Catalytic Coaching: The End of the Performance Review. Westport, CT: Praeger Publishing, 2000.

Maurer, Rick. Feedback Toolkit: 16 Tools for Better Communication in the Workplace. Portland, OR: Productivity Press, 1994.

------------. Feedback Toolkit: 16 Tools for Better Communication in the Workplace, Second Edition. Portland, OR: Productivity Press, 2011.

Maxwell, John C. How Successful People Think: Change Your Thinking, Change Your Life. New York: Center Street of Hachette Book Group, 2009.

Maxwell, John C., and Stephen R. Covey. The 21 Irrefutable Laws of Leadership: Follow Them and People Will Follow You. Nashville, TN: Thomas Nelson, 2007.

Mintzberg, Henry. Managers Not MBAs: A Hard Look at the Soft Practice of Managing and Management Development. San Francisco: Berrett-Koehler Publishers, 2005.

Mosley, Eric. The Crowdsourced Performance Review: How to Use the Power of Social Recognition to Transform Employee Performance. New York: McGraw-Hill, 2013.

Oakes, Kevin, and Pat Galagan. The Executive Guide to Integrated Talent Management. Alexandria, VA: ASTD, 2011.

Oshry, Barry. Leading Systems: Lessons from the Power Lab. San Francisco: Berrett-Koehler Publishers, 1999.

Petrozzo, Daniel P., and John C. Stepper. Successful Reengineering. Hoboken, NJ: Wiley, 1994.

Pink, Daniel H. Drive: The Surprising Truth About What Motivates Us. New York: Riverhead Books, 2011.

Pollock, Roy V. H., Andrew McK. Jefferson, and Calhoun W. Wick. The Six Disciplines of Breakthrough Learning: How to Turn Training and Development into Business Results. New York: Pfeiffer, 2010.

Pulakos, Elaine D. Performance Management: A New Approach for Driving Business Results. New Jersey: Blackwell Publishing, 2009.

Reeve, Jonmarshall. Understanding Motivation and Emotion. 4th ed. Hoboken, NJ: Wiley, 2005.

Renvoise, Patrick, and Christophe Morin. Neuromarketing: Understanding the Buy Buttons in Your Customer's Brain. Nashville, TN: Thomas Nelson, 2007.

Ressler, Cali, and Jody Thompson. Why Work Sucks and How to Fix It: The Results-Only Revolution. New York: Penguin, 2010.

Richards, Dick. Artful Work: Awakening Joy, Meaning, and Commitment in the Workplace. San Francisco: Berrett-Koehler Publishers, 1995.

Rock, David. Your Brain at Work: Strategies for Overcoming Distraction, Regaining Focus, and Working Smarter All Day Long. New York: HarperBusiness, 2009.

Rosenzweig, Phil. The Halo Effect: . . . and the Eight Other Business Delusions That Deceive Managers. New York: Free Press, 2014.

Rummler, Geary A., and Alan P. Brache. Improving Performance: How to Manage the White Space on the Organization Chart. San Francisco: Jossey-Bass, 2012.

Russell, Jeff. Do What You Do Best: Outsourcing as Capacity Building in the Nonprofit Sector. Boise, ID: Elevate, 2013.

Ryan, M. J. AdaptAbility: How to Survive Change You Didn't Ask For. Your Coach In A Box, 2009.

Scholtes, Peter R. The Leader's Handbook. New York: McGraw-Hill, 1998 (chapter 9).

Schwartz, Peter. The Art of the Long View: Planning for the Future in an Uncertain World. New York: Doubleday, 1996.

Scott, Susan. Fierce Conversations: Achieving Success at Work and in Life, One Conversation at a Time. New York: Berkley Books, 2004.

------------. Fierce Leadership: A Bold Alternative to the Worst "Best" Practices of Business Today. New York: Crown Business, 2011.

Scott, W. D., R. C. Clothier, and W. R. Spriegel. Personnel Management. New York: McGraw-Hill, 1941.

Senge, Peter. The Fifth Discipline. New York: Doubleday, 1990.

------------. The Fifth Discipline: The Art & Practice of the Learning Organization. New York: Doubleday, 2006.

Shaw, Haydn. Sticking Points: How to Get 4 Generations Working Together in the 12 Places They Come Apart. Carol Stream, IL: Tyndale House Publishers, Inc., 2013.

Smither, James W. Performance Appraisal: State of the Art in Practice. San Francisco: Jossey-Bass, 1998.

Spitzer, Dean R. Transforming Performance Measurement: Rethinking the Way We Measure and Drive Organizational Success. New York: AMACOM, 2007.

Tichy, Noel M., and Warren G. Bennis. Judgment: How Winning Leaders Make Great Calls. New York: Portfolio, 2009.

Waller, Graham, and Karen Rubenstrunk. The CIO Edge: Seven Leadership Skills You Need to Drive Results. Boston MA: Harvard Business Review Press, 2010.

Wheatley, Margaret J. Leadership and the New Science. San Francisco: Berrett-Koehler Publishers, 1992.

Wheatley, Margaret J., and Myron Kellner-Rogers. A Simpler Way. San Francisco: Berrett-Koehler Publishers, 1996.

Young, Stephen. Micromessaging: Why Great Leadership Is Beyond Words. New York: McGraw-Hill, 2006.

TED Talks

Fried, Jason. "Why work doesn't happen at work." TED Talk, October 2010. http://www.ted.com/talks/jason_fried_why_work_doesn_t_happen_at_work?language=en.

Pink, Daniel. "The puzzle of motivation." TED Talk, July 2009. http://www.ted.com/talks/dan_pink_on_motivation.html

Robbins, Tony. "Why we do what we do." TED Talk, February 2006. http://www.ted.com/talks/tony_robbins_asks_why_we_do_what_we_do?language=en.

Sinek, Simon. "How great leaders inspire action." TED Talk, September 2009. http://www.ted.com/talks/simon_sinek_how_great_leaders_inspire_action?language=en.

Talgam, Itay. "Lead like the great conductors." TED Talk, October 2009. https://www.ted.com/talks/itay_talgam_lead_like_the_great_conductors/transcript?language=en

著者について

M. タムラ・チャンドラーは、ボナ・ファイド・ピープル・メイヴン（Bona Fide People Maven：真なる人の専門家）です。これは、人々のことを考え、彼らがどのように動機づけられるかを研究し、組織と人の双方に、最大限に価値をもたらすウィン・ウィンの状態、つまり組織が、モチベーションの高い人が素晴らしいパフォーマンスを生み出すことを実現できるよう、斬新で効果的な方法を開発することにキャリアの多くの時間を費やしてきた人を表しています。また彼女は、シアトルを拠点として活躍しているコンサルティング企業、ピープルファーム社（People Firm）の CEO・共同創設者でもあります。ピープルファーム社では、組織が従業員を活用し、動機づけ、（そしてもちろん）サポートする方法をより良くすることによって、その成功を支えることにフォーカスしています。

タムラは、『コンサルティング・マガジン（Consulting Magazine）』において、米国内のトップ・コンサルタントの一人として2度選ばれるなど、受賞歴があるリーダーとして、業界を牽引しています。25年以上にわたり、小さな非営利の芸術家団体から、巨大な多国籍企業に至るまで、多様で複雑なビジネス変革のプロジェクトを通して、クライアントを導いてきました。最近では、パフォーマンス・マネジメントの課題を解決することに、多くのエネルギーを注いでいます。彼女の PM Reboot（パフォーマンス・マネジメントの再起動）の仕組みは、イノベーティブで、カスタマイズが可能で、地に足の着いた手法であるとして、国際的にも高い評価を受けています。この手法は、否定的な意見にあふれ、それでも本質的な答えがなかったこの分野において、注目を浴びています。

仕事以外では、余暇の時間があると、夫と2人の子ども、3匹の犬とともに過ごすことを大切にしています。

監訳者紹介

阿諏訪　博一

株式会社ヒューマンバリュー代表取締役副社長。大学卒業後、民間企業を経て、現産業能率大学にて、社会人向け教育プログラムの開発に従事。

1995年からヒューマンバリューにて、学習する組織の実現に向けて、マネジメント革新、組織診断、社員意識調査の開発および実施、働きがい向上（ワーク・イニシアチブ）、ファシリテーター養成、システムシンキング、アクション・ラーニング、ポジティブ・アプローチ等のテーマから、組織変革コンサルティング、学習プログラム開発、ビジネスの成果向上と組織開発の融合等に取り組んでいる。

人事評価制度の革新、パフォーマンス・マネジメントの変革およびその定着化についても、制度設計、仕組みのデザインにとどまらずに、効果的な仕組みの運用を通じたマネジメントの革新、現場の定着化を通した働き方変革、カルチャーの変革に向けたコンサルティングに取り組んでいる。

訳者紹介

川口　大輔

　株式会社ヒューマンバリュー取締役主任研究員。早稲田大学院理工学研究科を修了。外資系企業を経て、株式会社ヒューマンバリュー入社。「学習する組織」をベースにした組織開発のコンサルティングに従事するとともに、HRや組織変革の国内外の動向に関して幅広い調査・研究を行っている。特に近年は、企業・行政体にて、全社的なマインドセットやカルチャーの変革、価値創造に従事する。

　訳書に『ワールド・カフェ〜カフェ的会話が未来を創る〜』『組織開発の基本〜組織を変革するための基本的理論と実践法の体系的ガイド〜』、共訳著に『脳科学が明らかにする大人の学習』（ヒューマンバリュー出版）がある。

　7章・8章・ツールボックスの翻訳を担当。

霜山　元

　株式会社ヒューマンバリュー研究員。人的価値・事業価値・社会的価値を創造し続ける組織経営の実現に向けた協働プロセスのデザインとファシリテーションに携わっている。

　また、パフォーマンス・マネジメント革新研究会の事務局を務めるなど、経営のあり方や組織文化に対して大きな影響を及ぼすパフォーマンス・マネジメントに関する取り組みにも携わり、様々な調査・発信も行っている。

　チーム・組織の状態を見える化して自律的な変化を促進するWebアプリ「Ocapi（組織変革プロセス指標）」の開発者の一人である。　訳書に『研修効果測定の基本』（ヒューマンバリュー出版）がある。

　1章、2章、3章、4章の翻訳を担当。

長曽　崇志

株式会社ヒューマンバリュー取締役主任研究員。上智大学法学部を卒業後、東京銀行（現三菱ＵＦＪ銀行）に入行。その後、ソニー株式会社、人材開発系ベンチャー企業を経て現職に至る。大手企業からベンチャー企業に至るまで、個人の内なる力を解放し、集合的な知性を生み出す組織学習を通じて、未来を創造するマネジメント・イノベーションを支援するプロジェクトに主に携わっている。また、「学習する組織研究会」を主催し、組織変革を推進する人々とのネットワークづくりや実践的なナレッジ生成の支援を行っている。

共訳書に『脳科学が明らかにする大人の学習 〜ニューロサイエンス・オブ・アダルトラーニング』がある。

6章・9章・10章、ツールボックスの翻訳を担当。

三宅　立晃

株式会社ヒューマンバリュー研究員。大学院にて環境科学の修士号を取得後、2004年に株式会社セールスフォース・ドットコムに入社。同社にて、日本を代表する企業のモノ売りからコト売りへといった営業改革に約10年従事。その間、IT を起点にしてクライアントのイノベーションを多数支援したが、これから本格的に訪れるデジタル革命の時代に、イノベーションを生み出す人と組織の力の重要性を強く認識し、2016年3月から株式会社ヒューマンバリューに加わる。現在は、人と組織の力を解放するピープルセンタードな経営システムの研究と、その具体的な施策としての人事制度、人材開発、パフォーマンス・マネジメント改革の支援を行っている。

5章の翻訳を担当。

時代遅れの人事評価制度を刷新する
— そのパフォーマンス・マネジメントは価値を生み出していますか?

2018 年 7 月 18 日　初版第 1 刷発行

著　者……… タムラ・チャンドラー

監　訳……… 阿諏訪博一

訳　者……… 株式会社ヒューマンバリュー
　　　　　　川口大輔、霜山元、長曽崇志、三宅立晃

発行者……… 兼清俊光

発　行……… 株式会社 ヒューマンバリュー
　　　　　　〒102-0082 東京都千代田区一番町 18 番地 川喜多メモリアルビル 3 階
　　　　　　TEL：03-5276-2888（代）　FAX：03-5276-2826
　　　　　　http://www.humanvalue.co.jp/hv2/publish/

スタッフ……… 神宮利恵、齋藤啓子、市村絵里、佐野シヴァリエ有香、北充生

装　丁……… 株式会社志岐デザイン事務所　小山巧

カバーイラスト… 江口修平

制作・校正 … 株式会社ヒューマンバリュー

印刷製本…… シナノ印刷株式会社

落丁本・乱丁本はお取り替えいたします。
ISBN 978-4-9906893-8-4